新文科建设教材　创意管理系列

乡村旅游创意管理

孙永龙　编著

清华大学出版社

北京

内 容 简 介

发展乡村旅游创意的关键在于创意的生成和融入,以及创意在乡村旅游开发中的有效管理。《乡村旅游创意管理》聚焦乡村旅游开发中的创意管理问题,提出乡村旅游创意、乡村旅游创意管理的概念及内容体系,对乡村旅游创意生成、乡村旅游创意阶层、乡村旅游创意产品、乡村旅游创意运营、乡村旅游创意营销、乡村旅游创意机制等管理问题进行了系统介绍。本书面向普通高等学校旅游管理专业的本科生和研究生,同时也可供旅游从业人员和研究人员了解和研究参考使用。

图书在版编目(CIP)数据

乡村旅游创意管理/孙永龙编著. —北京: 清华大学出版社,2023.8
新文科建设教材. 创意管理系列
ISBN 978-7-302-64543-6

Ⅰ. ①乡…　Ⅱ. ①孙…　Ⅲ. ①乡村旅游-商业管理-教材　Ⅳ. ①F590.75

中国国家版本馆 CIP 数据核字(2023)第 162127 号

责任编辑:陆浥晨
封面设计:常雪影
责任校对:宋玉莲
责任印制:沈　露

出版发行:清华大学出版社
　　　　网　　　址:http://www.tup.com.cn, http://www.wqbook.com
　　　　地　　　址:北京清华大学学研大厦 A 座　　　　邮　　编:100084
　　　　社 总 机:010-83470000　　　　邮　　购:010-62786544
　　　　投稿与读者服务:010-62776969, c-service@tup.tsinghua.edu.cn
　　　　质 量 反 馈:010-62772015, zhiliang@tup.tsinghua.edu.cn
　　　　课 件 下 载:http://www.tup.com.cn, 010-83470332
印 装 者:北京嘉实印刷有限公司
经　　销:全国新华书店
开　　本:185mm×260mm　　　　印　张:12.75　　　字　　数:283 千字
版　　次:2023 年 8 月第 1 版　　　　　　　　　　印　　次:2023 年 8 月第 1 次印刷
定　　价:49.00 元

产品编号:088640-01

前言

物质富足、精神富有是社会主义现代化的根本要求。随着经济的发展和生活水平的提高，人们越发追求精神享受、回归自然，乡村因其自然环境优美、乡风民俗多彩、参与项目众多，对旅游者的吸引力不断增强，乡村旅游已经发展成为最重要的旅游形式之一，并成为推进乡村振兴的重要引擎。根据《全国乡村旅游发展监测报告》，2012—2019 年，中国休闲农业与乡村旅游人数不断增加，从 2012 年的 7.2 亿人次增至 2019 年的 32 亿人次，占全年国内游客接待人数比例超 50%，增长十分迅速。但从发展实践来看，受人力、物力、资金、技术等因素的限制，国内乡村旅游仍以观光园、农家乐、采摘游、小吃街、小型娱乐、民宿等初级旅游产品为主，资源优势未有效转化为资本优势，产业潜力还有待进一步挖掘。

中国共产党第二十次全国代表大会报告提出，过去十年，我国实现了小康这个中华民族的千年梦想，经济实力实现历史性跃升，国内生产总值从 54 万亿元增长到 114 万亿元，我国经济总量占世界经济的比重达 18.5%，提高 7.2%，稳居世界第二位，人均国内生产总值从 39800 元增加到 81000 元。随着国家经济实力增强，人们消费结构升级加快，消费品质明显提升，消费重点从产品和服务向体验持续转移，旅游需求的数量日益增多，旅游者对文化的体验需求也在增加，"体验前所未有的旅行"逐渐成为消费主流，他们会主动避开过于商业化以及遭受污染的目的地，开始追求一种回归自然、自我参与式的旅游活动，且乐于通过参与创造活动实现个人价值。

在此背景下，旅游创意应运而生，创意旅游时代到来，旅游创意阶层崛起，并逐渐成为旅游业发展的中坚力量。对创意的早期描述，可以追溯到 1755 年，萨缪尔·约翰逊在他编写的词典中标出"Creat"这个词，意为"从无中形成"。创意是破旧立新的创造与继往开来的意识。旅游创意被认为是文化旅游的核心和灵魂，用创意产业的思维方式和发展模式整合旅游资源、培育旅游新业态、开发旅游新产品、锻造旅游产业链。乡村有良好的生态环境、历史悠久的农耕文明、异彩纷呈的民俗文化，是传统文化的根基所在，发展旅游创意具有天然优势。

为适应乡村旅游发展的趋势和旅游管理学科发展的需要，我们在密切结合国内乡村旅游发展实际，参考和借鉴国内外近年来出版的有关著作、教材和科研成果的基础上，编写了本书。

发展乡村旅游创意的关键在于创意的生成和融入，以及创意在乡村旅游开发中的有效管理。因此，本书的关注焦点集中在乡村旅游开发中的创意管理问题，从对乡村旅游概念、特征、类型分析入手，基于文化创意、管理学、旅游学理论提出乡村旅游创意概念，对乡村旅游创意活动中的管理问题进行系统介绍。全书共八章内容，内容涉及导论、乡村旅游创意管理理论基础、乡村旅游创意生成、乡村旅游创意阶层、乡村旅游创意产品、乡村旅游创意运营、乡村旅游创意营销、乡村旅游创意机制等。在全书的写作上，强调对实践性、规范性、生动性和前瞻性的结合。书中大部分内容都有典型案例介绍，通过案例呈现，使读者能够更好地理解理论知识，为读者提供解决问题的实际方案，引发读者进行有效的思考。

本书由孙永龙担任主编，负责全书的设计与统稿；付春燕、孙新、闫丽英、邹品佳四位老师和王春慧、陈娓两位研究生参与了部分章节的编写和审阅。本书具体编写任务分工如下：孙永龙、王春慧、陈娓编写第一、第四和第八章，付春燕编写第二章，孙新编写第三和第六章，闫丽英编写第五章，邹品佳编写第七章。

本书受到国家社科基金艺术学项目"民族地区创意旅游发展模式与机制研究"（项目编号：2021B1f02682）、陇原青年创新创业人才团队项目"三共视角下甘肃文化创意旅游产业发展研究"（项目编号：2021LQTD21）的帮助。在编写过程中，得到了国际创意管理专委会的大力支持，专委会主任杨永忠教授全程进行指导，在此表示诚挚的感谢。清华大学出版社编校团队给予了很多帮助和鼓励，感谢他们的支持。张静老师在本书编写过程中提供了很多宝贵意见，感谢她的帮助。

本书面向普通高等学校旅游管理专业的本科生和研究生，同时也可供旅游从业人员和研究人员了解和研究参考使用。

由于乡村旅游创意管理还是一个较新的研究领域，与本书切实相关的理论研究并不是很多，研究视角比较分散，可参考的文献资料较少，且限于作者的知识和水平，书中疏漏之处在所难免，权作抛砖引玉，敬请读者与同仁提出宝贵的意见。

孙永龙

2023 年 6 月 1 日于兰州

第一章

导　论

学习目标

- 了解旅游发展的历史、概念及本质
- 掌握乡村旅游的概念、特征与类型
- 了解创意、创意产业及文化创意产业的概念
- 掌握创意旅游及乡村旅游创意的概念
- 掌握乡村旅游创意管理的概念及其主要内容
- 了解乡村旅游创意管理的创新空间

第一节　乡村旅游概述

一、旅游发展的历史沿革

从历史唯物主义角度进行考察，可以得出一个结论，人类的旅行和旅游活动是社会经济发展的产物并随着社会经济的发展而发展。旅游需求的产生除收入、闲暇时间、交通等客观条件之外，还要有旅游的动机和愿望。根据旅游活动与经济社会发展之间的关系，可以将旅游发展的历程划分为以下三个阶段。

（一）19 世纪以前的旅行活动发展

目前，人们已经形成了一个共识，旅游是从早期旅行活动发展而来的。在原始社会的早期阶段，由于社会经济条件的限制，没有旅行的物质基础和主观愿望。在原始社会晚期，随着生产工具、生产技术的进步及社会大分工的出现，生产力得到发展，劳动剩余产品数量增多，专门从事贸易经商的商人阶级开始出现。商人为谋生计奔走于各地之间。《尚书·周书·酒诰》中描述了殷人商业旅行的状况——肇牵牛车远服贾。《史记》卷一百二十九"货殖列传"中写道："天下熙熙，皆为利来；天下攘攘，皆为利往。"人类最初的外出旅行实际上并非消闲和度假活动，而是人们出于现实主义和产品交换或经商的需要而产生的一种经济活动。综观历史上遗留下来的诸多著名的古老旅行线路，如"丝绸之路""香料之路""琥珀之路""食盐之路"等，都是这类活动留下的足迹。所以，联合国及世界旅游组织在很多研究报告中都曾指出，是商人开创了旅行的先河。

旅行与交通是密不可分的。随着生产力发展和产品、生产技术交换，催生了交通运输的发展与诞生，旅行活动的范围进一步扩大，人类的其他旅行活动也逐渐丰富起来。在奴

隶社会时期，就有了以奴隶主阶层享乐为代表的消遣旅行活动。进入封建社会时期，生产力水平进一步提高，水路运输、陆路运输得到了极大的发展，如京杭大运河的开通、秦朝"驰道"和"直道"的建设等，为旅行活动的扩大发展提供了必要的经济基础和便利条件。各种非经济目的的旅行不断扩大，并成为上层人士新生活方式的重要内容。在我国，出现了士人漫游、公务旅行、宗教旅行、帝王巡游等形式。但总的来讲，这一时期旅行活动的发展同各个国家的政治环境和社会经济状况有着直接的关系，非经济目的的旅行活动虽然有所发展，但在规模上居主导地位的始终是商务旅行。非经济目的的旅行活动，特别是消遣性旅行活动，其参加者多为统治阶级及其附庸阶层。

（二）近代旅游和旅游业的开端

19 世纪以后，现代意义的旅游才真正开始。始于 18 世纪 60 年代的工业革命加速了城市化的进程，改变了人们的生产生活方式，带来了阶级关系的变化及科学技术的进步。这一系列变化促使人们产生了外出旅游的动机，人们需要逃避城市生活的紧张节奏、拥挤嘈杂的环境压力及单一枯燥的工厂生活，向往回归自然、亲近自然。因消遣享乐目的而外出观光度假的旅游者在人数规模上大量增加，逐渐超过商务旅行成为主流，使旅游活动具有较为普遍的意义。工业革命促进了古代旅游向近代旅游的历史性转化。

工业革命后蒸汽机被广泛运用于交通运输领域，尤其是铁路运输的出现，为旅游业产生创造了条件：费用低廉、速度加快、运载能力提高、外出范围扩大等。工业革命同时带来了社会经济的繁荣，使普通大众有了外出旅游的条件。1841 年托马斯·库克组织了从莱斯特到拉巴夫勒的"业余性"旅游；1845 年，其创办了世界上第一家旅行社——托马斯·库克旅行社，开办商业性的旅游业务，编发《利物浦之行手册》，标志着近代旅游业的诞生。

1923 年 8 月，中国上海商业储备银行总经理陈光甫先生在该银行下创立旅行部，1927年 6 月旅行部独立挂牌注册，并易名为中国旅行社，其分支社遍布华东、华北、华南等地区的 15 个城市。中国旅行社的创立，是中国近代旅游业发展的标志。陈光甫先生因而成为我国近代旅游业的创始人。

（三）现代旅游业迅速发展

现代旅游是指第二次世界大战结束以后，特别是 20 世纪 60 年代以来，迅速普及于世界各地的社会化旅游活动。二战后，国际形势总体和平稳定，全球人口极速增长，世界经济稳步发展，交通运输技术迅速发展，生产自动化程度日益提高，教育水平和信息技术不断进步，国际交流日益频繁，旅游需求持续稳定扩大，促进旅游供给不断增长，各国政府普遍重视和支持旅游业发展。

早在 20 世纪 90 年代初，旅游业已发展成为超过石油工业、汽车工业的世界第一大产业，也是世界经济中持续高速增长的重要战略性、支柱性、综合性产业。目前，旅游已基本实现了休闲化、大众化和社会化，旅游市场的发育逐步走向细分化，主要体现为需求的个性化、旅游产品的创意化和定制化。二战后现代旅游活动迅速兴起与发展再次证明了旅游活动是人类社会经济发展到一定水平的产物，并且是随着社会经济的发展而不断演化。

二、旅游的概念及本质

（一）旅游的概念

第二次世界大战后，个人旅行的增长及其对国家和目的地经济繁荣的重要影响，使有关旅游定义的研究相应增多。1959 年，科罗拉多大学商业研究局局长 L.J 克朗朋（L.J Crampon）在西部旅行研究委员会的第一次年度会议上发表了题为《旅游研究》的演讲，提出什么是游客的问题，并指出当时各种游客定义中的差异性。30 年之后，史密斯（Smith，1988）回答了"什么是旅游"的问题，并说明在相关领域，并不缺乏有关旅游定义的答案。1963 年，西部旅行研究委员会发布了出版物《旅行者研究标准》，并在该标准中得出结论：精确旅游定义是不可能的，也是不必要的。1967 年，美国商务部的报告中，也得出了同样的结论。

尽管如此，新旅游定义的出现，并没有受到阻碍。迄今为止，关于旅游的定义，从不同的视角，人们对旅游的定义至少有上百种，可谓众说纷纭。以下主要从 7 个视角进行总结。

1. 要素满足角度

国际公务旅行组织联合会——后来被命名为世界旅游组织（World Tourism Organization，WTO）——在分析了 22 个国家使用的定义清单后，认为所有定义都有三个共同要素：游客居住地、旅行的地理环境和旅行持续时间。苏珊妮·库克（Suzanne Cook，1975）确定了旅游定义的 6 个要素：地理限制、旅行目的、旅行里程、离家时间、交通方式及其他限制因素。

2. 目的角度

1927 年，德国出版的《国家科学词典》给旅游下的定义是："狭义的理解是那些暂时离开自己的住地，为了满足生活和文化的需要，或个人各种各样的愿望，而作为经济和文化商品的消费者逗留在异地的人的交往。"19 世纪，《韦伯斯特大字典》中对"旅游"的注释是："一个人回到其出发地所经历的历程；是一次出自商务、娱乐和教育为目的所做的旅行，旅行期间通常计划访问不同的地方。"20 世纪 50 年代，奥地利维也纳经济大学旅游研究所提出，旅游可以理解为"暂时性在异地的人的空余时间活动，主要是出于休养；其次是出于受教育、扩大知识和交际的原因；再次是出于参加这样或那样的组织活动，以及改变有关的关系和作用"。法国学者让·梅特森（Jean MaSon，1966）则认为："旅游是一种休闲的活动，它包括旅行或在离开定居地点较远的地方逗留。其目的在于消遣、休息或为了丰富他的经历和文化教育。"尼尔·雷珀（N. Leiper，1995）认为旅游可以定义为以与休闲相关的目的进行的旅行和访问活动的一系列理论和实践。田中喜一（1950）认为，旅游是基于自由的动机而离开原居住地做旅行活动，并于逗留期间获得愉快的消费生活。

3. 行为现象角度

布卡特和迈德丽克（Burkart and Medlik，1981）将旅游定义为，除为了进行有偿工作以外的任何原因而离开正常居住地做短期外出访问（或离开家短期逗留别处）的现象。马勇，余冬林，周霄（2007）认为："旅游是人类的一种行为方式，是兼具劳作和休闲双重性质的人类非迁居性的旅行活动。偏重于劳作性的旅游叫价值创造性旅游，侧重于休闲性的旅游叫价值欣赏性旅游。"世界旅游组织（WTO，1991）把旅游定义为："由人们前往外地的旅行活动及其在该地的逗留活动组成。它是人们出于休闲、商务或其他目的，离开自己的惯常环境，前往某地旅行并在该地连续停留不超过一年的访问活动。"

4. 经济角度

施拉德（Schllard，1910）从经济学的角度出发，认为"旅游是外国或外地人口进入非定居地并在其中逗留和移动所引起的经济活动的总和"。熙恩尔（Hscnlern，1911）认为，所谓旅游，是指进入一定的地区、州或国家旅居而外出旅行的外宾入境、旅居和出境一切形式的现象以及与此现象直接有联系的现象，其中特别是作为经济的现象。1927年，玛瑞奥提（Mariotti）出版了《旅游经济讲义》（*Lezioni di economiatouristica*），首次从经济学角度对旅游现象做了系统的剖析和论证。他从旅游活动的形态、结构和活动要素的研究中，认为旅游活动是属于经济性质的一种社会现象。麦图景（McIntosh，1977）将旅游定义为吸引和运送旅游者，并满足他们的需求和要求的科学、艺术和商业。

5. 社会角度

汉泽克尔和科拉普夫（Hunziker and Krapf，1942）在《普通旅游学纲要》一书中提出："旅游是非定居者的旅行和暂时居留而引起的现象和关系的总和。这些人不会导致长期定居，而且不涉及任何赚钱的活动。"该定义被旅游科学专家国际联合会所采用，被称为艾斯特（AIEST）定义。格德纳和布伦特·里奇（Goeldner and Brent Ritchie，2005）将旅游定义为，在吸引和接待旅游和访客过程中，由旅游者、旅游企业、当地政府、当地居民相互作用而产生的现象与关系的总和。

6. 文化角度

克里斯·瑞安（C. Ryan，1991）从旅游文化视角，认为旅游是一门学问，即关于为那些离开家的旅游者提供住宿以及其支持系统的供应与需求过程中所带来的消费模式、收入、就业等方面变化的研究。沈祖祥（1990）在《观乎人文以化天下——旅游与中国文化论纲》中谈道："旅游是一种文化现象、一个系统，是人类物质文化生活和精神的一个最基本的组成部分，是旅游者这一旅游主体借助旅游媒介等外部条件，通过对旅游客体的能动活动，为实现自身某种需要而做的非定居的旅行的一个动态过程的复合体。"他认为，"旅游属于文化范畴，是文化的一个内容"。

7. 体验角度

谢彦君（1999）在其出版的《基础旅游学》中提出："旅游是个人前往异地寻求审美和愉悦为主要目的而度过的一种具有社会、休闲和消费属性的短暂经历。"旅游从一种审美活动上升为一种独特体验。卿志军（2009）也认为："旅游就是人们自愿从固定居住地和周围环境的限制中解脱出来，外出了解异域文化，放松身心的一种过程。因此，可以说旅游是人们寻求自我解放的一种方式。"

本书认为，旅游是个人为了满足休闲、商务、生活、文化等方面需求，离开惯常居住地，在异地旅行和逗留所获得的一种经历或体验。

（二）旅游的本质

旅游的本质问题一直是学者们热衷探索的重大理论问题，所以很多人对其进行探究。研究学者提出了不同的观点，比如：经济本质论，认为旅游是一种经济现象，是一种经济活动；文化本质论，强调旅游是满足人的精神需求的一种旅游本质论；仪式本质论，认为旅游是具有"仪式"性质的行为模式与游览的结合；社会本质论，认为旅游是一种社会交往。

谢彦君（1998）构建了旅游本质的认识框架，认为在旅游者的旅游目的与旅游者的实际行为之间，存在着层次众多、构成复杂的干涉因素。这些因素的复杂作用，使旅游行为最终会以极不相同的外部形式体现出来，形形色色，不一而足。然而，在这些复杂的因素之中，却有主次之分，彼此存在着决定与被决定的关系，由此也使得我们能够在认识旅游现象的时候抓住主要矛盾以及矛盾的主导方面，从而正确地认识旅游现象的本质，确立旅游知识共同体的内核。

由此可见，旅游的本质是由旅游的目的决定的，而这种目的最终会弥漫到整个旅游过程中，体现在旅游者的具体行为上，成为决定旅游者行为的根本力量。旅游的外部特征（暂时和异地）是区别具有相同目的（愉悦或休闲体验）的行为的基本尺度，恰恰是它们才使旅游成为旅游。旅游本质的认识框架如图1-1所示。

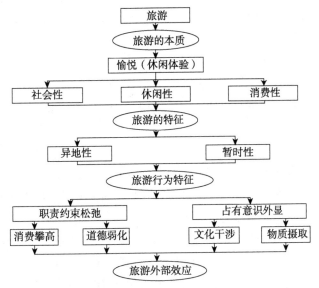

图 1-1 旅游本质的认识框架

资料来源：谢彦君. 论旅游的本质与特征. 旅游学刊，1998(4)：41-44，63.

三、乡村旅游的概念

（一）乡村旅游的发展历程

作为一种重要的旅游形式，乡村旅游在西方发达国家起步早，发展相对成熟。国外乡村旅游萌芽于 19 世纪中叶的欧洲，那个时期主要是在贵族阶层中流行。而真正意义上的大众化的乡村旅游起源于 20 世纪 60 年代的西班牙。工业化与城市化的迅猛发展造就了城市居民对乡村田园生活的渴望，由此促使西班牙规划建设了大量的农场和庄园，为旅游者提供徒步、骑马、滑翔、漂流、参加农事活动等多种旅游项目。此时的乡村旅游并未形成专门化的产业，尚处在初步发展阶段。20 世纪 80 年代，人们对于生态环境关注度的提高，推动了乡村旅游向绿色生态方向的转变。到了 20 世纪 90 年代，乡村旅游的文化性逐渐得到关注，此时的乡村旅游不仅仅只是生态旅游的重要组成部分，其功能也由观光娱乐向环保、教育等领域扩展。

作为一个历史悠久的农业大国，我国以多种多样的自然景观、丰富多彩的农耕文化资源获得发展乡村旅游的先天条件。就起源而言，目前被广泛认可的观点一般是，将 20 世纪 80 年代后期在深圳举办的荔枝节作为我国乡村旅游的标志。此后，在东部地区特别是大城市郊区纷纷效仿深圳荔枝节的做法，举办各具特色、形式多样的乡村旅游项目（田洪国，2014）。这个时期主要以欣赏田园风光的观光式旅游为主。20 世纪 90 年代开始，伴随着国际生态旅游观念的兴起，以及我国由计划经济向市场经济转型，人们对于休闲旅游需求的上升及国家政策的扶持，刺激了大城市近郊和重点景区周边的乡村旅游发展。

1998—2006 年，原国家旅游局先后四次推出以乡村旅游为主题的旅游年，将我国乡村旅游推向了新高，在全国范围内掀起了乡村旅游热潮。2008 年，原国家旅游局推出国民休闲计划，并将乡村休闲纳入国民休闲的重要组成部分，在国家旅游局和全国各省区的合力推动下，乡村旅游进入全面发展的新时期。国家统计数据显示，2018 年全国休闲农业和乡村旅游接待游客约 30 亿人次，营业收入超过 8000 亿元，产业内涵由原来单纯的观光游，逐步拓展到民俗文化、农事节庆、科技创意等，促进休闲农业和乡村旅游蓬勃发展。2019 年全国休闲农业和乡村旅游共接待游客约 32 亿人次，收入超 8500 亿元。

（二）乡村旅游的概念

目前，国内外学者对于乡村旅游的研究十分丰富，由于各国国情不同，经济、社会发展水平状况不一，乡村旅游的表现形式多样，因此各国学者对乡村旅游的定义不尽相同。

对乡村旅游概念的界定是进行深入研究的基本前提。爱德华·因斯克普（Edward In-skeep，2004）在《旅游规划——一种可持续的综合方法》一书中，将农业旅游、农庄旅游、乡村旅游等提法不加区分，相互替代。伯纳德·莱恩（Bernard Lane，1994）认为，乡村旅游不是简单的指发生在乡村的旅游，其很难产生一个适用于所有国家、所有乡村地区的定义。关于乡村旅游的定义大致有资源说、市场说、地域说和综合说四种类型。

1. 资源说

姚素英（1997）认为，乡村旅游是在农村地域中合理利用现有资源，通过科学的规划、设计和加工，把观、赏、游、习、购等融为一体，使旅游者领略到大城市所领略不到的大自然的意趣和现代新型农村的一种特殊的旅游产品。王兵（1999）从中外乡村旅游的现状对比的角度出发，提出乡村旅游是以农业文化景观、农村生态环境、农事生产活动及传统的民族习俗为资源，融观赏、考察、学习、参与、娱乐、购物、度假于一体的旅游活动。

2. 市场说

杜江和向萍（1999）认为乡村旅游是以乡野农村的风光和活动为吸引物，以都市居民为目标市场，以满足旅游者娱乐、求知和回归自然等方面需求为目的的一种旅游方式。滋得洛夫（Zdorov，2009）将乡村旅游解读为城市居民在农村租赁乡村住宅度假。维勒斯卡亚（Vilenskaya，2013）将乡村旅游称为一种有助于游客在农村地区度假或参与农业活动的旅游形式。

3. 地域说

欧洲联盟（EU）和世界经济合作与发展组织（1994）将乡村旅游定义为发生在乡村的旅游活动，并进一步认为乡村性是其本质和特点。而世界旅游组织在《地方旅游规划指南》中则指出，乡村旅游是旅游者在乡村（通常是偏远地区的传统乡村）及其附近逗留、学习、体验乡村生活模式的活动。吉尔伯特和图恩（Gilbert，Tung，1990）认为，乡村旅游就是农户为旅游者提供食宿等条件，使其在农场、牧场等典型的乡村环境中从事各种休闲活动的一种旅游形式，该定义限定了乡村旅游的场所及服务内容。爱德华·因斯克普（Edward Inskeep，2004）认为：作为一种人为构造的乡村旅游形式，乡村旅游指旅游者住在乡村里或乡村附近（一般是偏远乡村），了解乡村和当地文化，生活方式和习俗，而且往往会参加一些村里的活动。何景明和李立华（2002）指出狭义的乡村旅游是指在乡村地区，以具有乡村性的自然和人文客体为旅游吸引物的旅游活动，其主要包括两个方面，发生在乡村地区和以乡村性作为旅游吸引物。

4. 综合说

肖佑兴等（2001）从不同的角度对乡村旅游的概念进行了分析，认为乡村旅游指以乡村空间环境为依托，以乡村独特的生产形态、民俗风情、生活形式、乡村风光、乡村居所和乡村文化等为对象，利用城乡差异来规划设计和组合产品，集观光、游览、娱乐、休闲、度假和购物为一体的一种旅游形式。张艳等（2007）认为，乡村旅游指以农村社区为活动场所，以乡村田园风光、森林景观、农林生产经营活动、乡村自然生态环境和社会文化风俗为吸引物，以都市居民为目标市场，以领略农村乡野风光、体验农事生产劳作、了解风土民俗和回归自然为目的的一种旅游方式。

本书把乡村旅游定义为：城乡居民以乡村生态景观、民俗文化、创意活动等为吸引物，以乡村社区为主要活动场所开展的集观光、体验、参与、创造活动等于一体的旅游形式。乡村旅游产品包括旅游者在乡村旅游过程中可以购买或体验的所有有形商品和无形服务。

（三）乡村旅游的特征

乡村旅游经历了多年的演变与创新，尤其是近30年来的全面发展，已由最初的萌芽阶段，到观光、体验和租赁阶段，活动内容和形式也日趋完善，形成了自己独特的产品特征。其主要包含以下特征。

1. 乡村性

乡村旅游的主要目标市场是城镇居民。自工业革命开始以来，环境问题日益严重等，城镇居民面临工作紧张、生活节奏快等状况。乡村旅游能够满足他们回归自然、放松身心的愿望。对他们而言，传统的乡村生活和乡村环境是最可贵、最具吸引力的旅游资源。因此，保持乡村性是乡村旅游持续发展的关键所在。乡村性的概念与以下三个方面密不可分：人口密度低、聚居规模小；以农业生产为主要经济基础；社会结构传统性高。

2. 文化性

乡村是传统文化的源头，农耕文化的重要载体，不同的乡村自然风光、丰富多彩的乡风民俗、充满情趣的乡土文化、形态迥异的居民建筑和农业器具、富有特色的民俗节日等都是乡村旅游资源的一部分，或者说所有的乡土文化共同构成了乡村旅游资源。乡村丰富多彩的文化资源也成为最主要的旅游创意资源。

3. 地域性

十里不同风，百里不同俗。乡村既有南北乡村之分，又有山地平原乡村之分，还有汉族和少数民族聚居乡村之分。不同的地域有不同的自然条件、农事习俗和传统。因此，乡村旅游具有明显的地域性。

4. 参与性

与其他旅游形式相比，乡村旅游的一大特点就是参与性强，让旅游者在沉浸于优美田园风光的同时，通过摘草莓、游船垂钓等方式参与乡间劳作，体验乡村生活。

5. 季节性

乡村旅游离不开对田园农业生活的体验，而农业生产的各个阶段受到水、土、光、热等自然条件的影响和制约，具有明显的季节性。因此，乡村旅游也存在明显的季节性。

四、乡村旅游的类型

（一）根据乡村旅游空间分布分类

1. 都市郊区型

都市郊区型乡村旅游主要是指将大、中城市居民作为主要客源群体，为这些旅游者提供旅游服务，吸引他们到乡村旅游的一种形式。在实践中，这种旅游形式多以"乡村一日游"为主。尽管这种旅游形式的人工雕琢痕迹较为明显，但相较于城市生活，仍保留了一定的乡风民俗，同时也比较符合城市居民的生活习惯，因此对于那些工作比较繁忙，只能利用周末游玩的城市居民而言具有一定的吸引力。

2. 景区依托型

景区依托型乡村旅游是指将某一个旅游景区作为依托开展乡村旅游活动。由于绝大部分旅游景区处于乡村的包围之中，乡村与景区的距离并不是很远，在景区庞大的客源群体和便利的交通服务等基础上，吸引景区旅游者开展乡村旅游活动是可行的，并且由于景区距离城市较远的缘故，景区附近的乡村景观并没有遭受太大的破坏，基本上处于原生状态，对于旅游者具有一定的吸引力。

3. 偏远地区型

偏远地区型乡村旅游是近年来新出现的一种乡村旅游方式，它是国家脱贫攻坚和乡村振兴战略的产物，这种类型的乡村旅游大多位于偏远山区，交通相对不便。但是也正因为如此，这些乡村几乎完美地保持了近乎原始的自然景观与文化氛围，对旅游者的吸引力很大。虽然部分旅游者因交通问题不愿到这些乡村旅游，但是仍旧有部分热衷旅游的"驴友"不畏艰辛地到这些地区游玩，享受那种自然与人文并存的风貌。从长远的发展角度来看，偏远地区型乡村旅游的生命力更为持久，相信随着交通问题的解决其将会进入一个快速发展的阶段。

（二）根据乡村旅游的内容分类

1. 观光游览型

观光游览型乡村旅游主要是以田园风光为主题，利用乡村自然资源，吸引旅游者赏四季作物变化之美，品乡村惬意悠然生活，包括观光农园、观光牧场、观光渔村、观光鸟园、乡村公园、科技观光游、田园观光和绿色生态游等。观光游览型乡村旅游产品必须充分发挥当地独特的资源优势，打造特色产品，才能更加长远地发展。

2. 参与体验型

参与体验型乡村旅游是指旅游者通过融入旅游目的地，从而体验乡村生活、参与农业生产活动的旅游形式，同当地居民共同娱乐、共同生活，在旅游过程中收获快乐、学习知识。

3. 休闲度假型

休闲度假型乡村旅游主要是依托乡村优美的自然风光、轻松怡然的生活氛围、特色的民俗文化，通过进行休闲、娱乐设施、场所的打造，为旅游者提供休憩、度假、娱乐、餐饮等多种服务的旅行方式。休闲度假型乡村旅游地主要类型包括休闲度假村、休闲农庄、乡村酒店、特色住宿等。

4. 民俗文化型

民俗文化型乡村旅游是利用乡村民俗、传统节庆等人文资源，向旅游者展示当地民间的日常生活方式及其文化，并吸引旅游者参与体验的乡村旅游方式。

（三）根据旅游者的需求与选择分类

1. 休憩娱乐型

休憩娱乐型乡村旅游是以乡村性为基础，立足于乡村特色资源，结合较为完善的基础设施服务，为来自城市的旅游者提供休息娱乐、放松身心的场所为主，旅游时间一般在三天以下，如城郊地区的"农家乐一日游"等。

2. 品尝购物型

品尝购物型乡村旅游主要以旅游者品尝乡村美食，购买乡村土特产、手工艺品、旅游纪念品等为主要形式的旅游活动，旅游者也可亲手采摘、垂钓、制作，体验乡野生活乐趣和收获的喜悦。

3. 健康疗养型

健康疗养型乡村旅游主要产品有森林浴、日光浴、划船捕鱼、骑马、散步、远足等。随着旅游者越来越关注旅游产品的医疗保健功能，国内外许多乡村旅游目的地有针对性地强化了其产品的医疗保健功能，开发了诸如温泉、体检、按摩、理疗等与健康相关的乡村度假项目。

4. 观光审美型

观光审美型乡村旅游与农业旅游基本一致，旅游者在旅游中主要以欣赏为主，欣赏的内容包括乡村独特的田园风光、农耕活动、古建筑等。

5. 研学考察型

研学考察型乡村旅游主要是针对青少年而言的，大多数以夏令营的形式存在，为青少年提供相关服务，帮助青少年对乡村进行考察、写生、实习等。或是利用农业观光园、农业科技生态园、农业产品展览馆、农业博览园或博物馆，为旅游者提供了解农业历史、学习农业技术、增长农业知识的旅游活动。

第二节　乡村旅游创意

一、创意

（一）创意的概念

早在 1755 年，萨缪尔·约翰逊就在其编写的词典中提出了创意概念，认为所谓创意即"从无中形成"。《牛津英文大辞典》认为，创意是指"创造、想象的能力或者表现出的想象以及日常的能力"。从词源上分析，创意是指具有创造性的想法和构思，即创意是把传统的习惯思维转变成新颖而又独特的一种想法，也是一种标新立异的想法（黄小珊，2017）。弗罗里达（Florida，2002）把"创意"解释为"对原有数据、感觉或者物质进行加工处理，生成新且有用的东西的能力"。兰迪（Landy，2000）则认为"创意是一种工具，利用这种工具可以极尽可能挖掘潜力，创造价值"，是"对一件事情做出正确的判断，然后在给定的情况下寻找一种合适的解决方法"。李智永和景维民（2015）认为，创意与创新、创造等的含义都不相同，与后两者相比，创意更多的是指思想、观点、设计等人的精神文化方面的创新活动。体现在经济生产领域，创意需要借助于某种物质载体或具体形式表达出来，例如，新颖的产品造型、独特的文化内涵、特有的产品表现形式等。其满足的是人类的精神、文化和娱乐需求，提供的是一种文化体验。所以，创意经常和文化相联系。

李冬（2007）提出，进入理论形态的创意概念，至少包括三种不同的含义：广义创意、个体创意和经济创意，其中，广义创意泛指一切可视的创作现象，个体创意指个体的梦想、灵感、直觉、情感、才气、智慧等在创意作品中的自由倾泻，经济创意指创意的物化形式开始作为商品进行生产、流通和营销，与产业的目的相联系，也就是使创意走向产业，实现产业化。这里所说的经济创意，同管理学建立在产品创新基础上对于创意的理解异曲同工，即创意是以创意产品作为表现形式的。

（二）创意的价值

马克思价值理论认为价值的本质是人们之间的社会关系，其在生产中表现为生产要素，在交换中变现为价格，在消费中表现为效用，在分配中表现为所有权的实现（张正翔，2010）。王江松（2010）从价值论的观点出发，概括出价值是实践主体与实践客体相互作用的产物，是实践主体的力量在实践客体中的实现和实践客体对实践主体的需要的满足。

除了哲学领域，其他领域也从自身出发对价值展开讨论，经济学中最有代表性的价值理论就是劳动价值论和效用价值论。向勇（2014）认为，文化产品具有膜拜价值、展示价值和体验价值。

对于创意的价值，有着"创意产业之父"之称的英国经济学家约翰·霍金斯（John Howkins，2001）认为，创意并不一定就是经济行为，但是，一旦创意有了经济意义或产生了可供交换的产品，创意就可能是经济行为。这里每次交易都有两个互补的价值：无形知识产权价值和有形产品载体价值。霍金斯用了产权交易理论研究了创意与经济的联系，将知识产权作为连接创意和经济的纽带，使看似复杂的创意经济活动得以简化，从而使创意产业变得可以衡量，并以此实现巨大的价值和财富。创意是新产品、新服务或预想的解决方案的最初萌芽（Koen，2001）。

创意价值维度的划分目前主要有以下观点。索罗斯比（Throsby，2001）认为，创意的价值可以划分为独立存在的经济价值和文化价值，文化价值又分为美学价值、精神价值、社会价值、历史价值、象征价值和真实价值。根据麦卡锡（Mc Carthy，2004）基于手段和目的的分析，创意价值可被界定为工具性价值和内在价值，其中工具性价值（外在价值，或分担价值）指的是对象的价值，包括实物对象和抽象对象，不是终极目的，而是达到终极目的的手段。内在价值（或本质价值）是一种伦理和哲学意义上的财富，是对象的"终极目的"或"为了自身缘故而存在"。厉无畏（2006）提出，创意的市场价值由功能价值和观念价值两个部分构成。杨永忠（2012）认为，文化创意的实质是挖掘和展示民族文化所包含的美学层面的经济价值、精神层面的经济价值、社会层面的经济价值、历史层面的经济价值、象征层面的经济价值和真实层面的经济价值。何琦和高长春（2013）提出，创意产品具有四种价值表现形式：功能价值、创意价值、体验价值和文化价值。

二、创意产业

1994 年澳大利亚公布了第一份文化政策报告，提出了构建"创意国家"的目标，引起了英国政府的关注。1998 年，时任英国首相布莱尔组织发起成立了"创意产业特别工作小组"，其目的是提升人的原创力在英国经济中的贡献度。该小组出版的《英国创意产业路径文件》中首次提到了"创意产业"，并对其进行了界定：创意产业是那些源于个人创意、技能和天分，通过知识产权的开发利用，具有创造财富和就业机会潜力的产业，包括广告、建筑、艺术品和古玩交易、手工艺品、工业设计、时尚设计、电影、互动性娱乐软件、音乐、表演艺术、出版、电脑软件及电脑游戏、广播电视 13 项行业类型。之后，约翰·霍金斯对创意产业的内涵进行了补充和扩展。在《创意经济》一书中，约翰·霍金斯将创意产业界定为"其产品都在知识产权法的保护范围内的经济部门"。知识产权包括四大类：专利、版权、商标和设计。每一类都有自己的法律实体和管理机构，每一类都产生于保护不同种类的创造性产品的愿望。

进入 21 世纪以来，创意产业作为新的经济增长点，在世界范围内被高度重视，得到了蓬勃发展。来自不同国家或地区的学者们从不同的视角对创意产业进行了界定。

（一）内容角度

理查德·凯夫斯（Richard Caves，2004）提出创意产业是提供具有广义的文化、艺术或仅仅具有娱乐价值的产品和服务的产业，包括唱片业、电影业、表演艺术、出版业、电子游戏等。褚劲风（2005）提出，创意产业是知识密集型的新兴产业，"源自个别创意、技术及才干，通过知识产权的开发利用，具有创造财富和就业潜力的产业"，包括：文化艺术，如表演艺术与视觉艺术；设计，如服装设计、广告设计、建筑设计、软件设计等；媒体，如电视与广播、电影、网络游戏等；出版，如书籍出版、数字读物等。创意产业处于产业链、价值链的高端，是跨越多个行业、渗透诸多行业的产业。她认为，创意产业具有三个特征：①文化的思想性与知识的技术性的有机融合；②生产性服务业与消费性服务业的有力组合；③产业组织区域集群化与企业组织小型化的有效结合。

（二）投入产出角度

联合国《2008 创意经济报告》中提出，"创意产业"可以被定义为，将创意与知识资本作为初期投入，包含产品与服务的创作、生产和销售的循环过程。这一概念不仅扩大了创意产业涉及的范围，更强调了创意产业的经济性。张晓明、胡惠林和章建刚（2005）认为，创意产业是指一些以文化艺术创意为增值手段，而在可能的情况下，以原创的经营方式辅助推销，以知识产权保障收益的行业。

（三）互动关系角度

澳大利亚昆士兰大学杰森·波茨（Jason Potts，2010）认为，创意产业是在众多复杂社会化网络中，基于创造和维持社会网络的一系列创意生产和消费的经济行为。这一概念将创意产业的研究视角从创意及创新想法的投入与知识产权的产出转向顾客与企业文化价值的融合。厉无畏（2009）认为，创意产业的概念是一个全新的概念，是通过"越界"的方式促进不同行业、层次、领域重组与合作的产业。创意产业与个人创造力和知识产权的联系紧密。其同时指出文化创意产业是文化产业与三次产业的融合与渗透。

三、文化创意产业

文化创意产业，这个概念是源于英国 1997 年在文化产业的基础之上发明创意产业这一新理念。同"创意产业"一样，目前并未存在一个统一的有关"文化创意产业"的定义。大部分学者在谈到文化创意产业的时候，总是离不开文化产业和创意产业。

文化产业的提出时间早于创意产业，随着文化产业的发展，文化不断地渗透到创意产业中，形成了文化创意产业。文化产业是以基础性文化资源为原材料生产和提供精神产品的产业。创意产业与文化产业有相同之处，但是创意产业更强调"创意"在产品生产过程中的作用。文化创意产业更加突出创意和文化的融合，是文化产业和创意产业融合的结果，强调了"创意"在文化产业中的作用。就产业中起主导作用的要素而言，文化内容在文化产业的产品生产中起主导作用，创意产业的主导要素是创意，而文化创意产业是二者的融合，兼具两者的特性，文化内容和创意都是其主导要素，如何融合文化内容和创意是文化创意产业发展的关键。

金元浦（2003）指出，全球化背景下的文化创意产业在文化需求、科技支撑、新媒体主导下，把文化、艺术和经济全面结合组建的新型产业集群，更加突出文化精神的力量和创意产业的文化基因。杨旦修和聂钰石（2010）提出，文化创意产业是指在倡导知识经济的数字化时代和消费社会语境下，运用高科技手段，立足文化资源，依托个人创意，为社会创造财富与就业机会，并能提高整体社会生活水平的新型文化产业。

凭借独特的产业价值取向、广泛的覆盖领域和快速的成长方式，文化创意产业在国内飞速发展。公开数据显示，上海文化创意产业在 2019 年实现增加值 4970.97 亿元，占 GDP 比重达 13.03%。尽管受新冠肺炎疫情影响，但 2020 年上海文化创意产业的发展稳健，全年实现总产出 20404.48 亿元。其中，互联网和相关服务业、软件和信息技术服务业逆势上扬，分别同比增长 18% 和 12.5%，在线新经济成为文化创意产业的发展引擎。预计到 2030 年，上海文化创意产业增加值占 GDP 比重将达到 18% 左右，基本建成具有世界影响力的文化创意产业中心。

在实践中，各个城市一般会采用不同的概念和行业分类，以北京、上海、杭州和成都为例，如表 1-1 所示。

表 1-1　我国主要城市文化创意产业定义和分类

城市	定义	内容（行业类型）	来源
北京	文化创意产业是指以创作、创造、创新为根本手段，以文化内容和创意成果为核心价值，以知识产权实现或消费为交易特征，为社会公众提供文化体验的具有内在联系的行业集群	文化艺术；新闻出版；广播、电视、电影；软件、网络及计算机服务；广告会展；艺术品交易；设计服务；旅游、休闲娱乐；其他辅助服务	北京市统计局、国家统计局北京调查总队官网《北京市文化创意产业分类标准》
上海	文化创意产业是指以人的创造力为核心，以文化为元素，以创意为驱动，以科技为支撑，以市场为导向，以产品为载体，以品牌为抓手，综合文化、创意、科技、资本、制造等要素，形成融合型的产业链，体现文化创意产业发展的新型业态	媒体业、艺术业、工业设计业、建筑设计业、时尚创意业、互联网和相关服务业、软件与信息技术服务业、咨询服务业、广告及会展服务业、休闲娱乐业、文化装备制造业、文化创意投资运营、文化创意用品生产	上海市文化创意产业推进领导小组办公室官网《上海市文化创意产业分类目录（2018）》
杭州	文化创意产业是以创意为核心，以文化为灵魂，以科技为支撑，以知识产权的开发和运用为主体的知识密集型、智慧主导型战略产业	信息服务业、动漫游戏业、设计服务业、现代传媒业、艺术品业、教育培训业、文化休闲旅游业和文化会展业八大行业	杭州市文化创意产业发展中心官网《杭州市文化创意产业发展规划（2009—2015 年）》
成都	—	传媒、文博旅游、创意设计、演艺娱乐、文学与艺术品原创、动漫游戏和出版发行七个重点行业	成都市人民政府官网《成都市文化创意产业规划（2009—2012）》

四、创意旅游

创意旅游是在创意经济发展的背景下兴起的，也是旅游业不断成熟完善的标志。近年来，越来越多的学者开始关注并研究创意旅游。目前，创意旅游和文化创意旅游两个概念通常混合使用，其表达的本质内涵基本一致。

皮尔斯和巴特勒（Pearce and Butler，1993）首次提到"创意旅游"是一种潜在的旅游形式，尽管他们没有对这个术语进行定义，但指出了旅游发展的方向。2000 年，理查兹（Richards）和雷蒙德（Raymond）在一次学术交流活动的讨论中，首次共同提出"创意旅游"的概念：旅游者在游览过程中学习旅游目的地国家或地区的某种文化或技巧的一种旅游产品；创意旅游者通过参加互动性工作室，开发自身创意潜能，拉近与当地居民的距离，进一步体验旅游目的地的文化氛围。该概念对创意旅游的表现形式、实现路径及目标进行了具体的叙述，着重强调互动性措施对创意旅游的重要性。

周钧和冯学钢（2008）提出，创意旅游并非为创意与旅游的简单合并，并非所有添加了创意元素的旅游活动均可称为创意旅游，创意旅游是应旅游者日益高涨的精神文化需求及旅游目的地实现可持续发展的需要而产生的一项新的旅游形式。创意旅游与文化旅游关系甚密，文化是创意旅游的核心要素之一，它的形成基于文化旅游，也实现了对文化旅游的进一步发展。

厉无畏（2007）认为，创意旅游指用创意产业的思维方式和发展模式整合旅游资源、创新旅游产品、锻造旅游产业链。他对"传统旅游"和"创意旅游"进行了对比（表1-2），并整理了创意旅游的特点：①强调对各类资源的多维化整合；②强调对未来文化遗产的创造；③强调对旅游消费潮流的引领和塑造；④强调旅游产业链的拓展和延伸，以及区域整体价值的提升。

表1-2 "传统旅游"与"创意旅游"模式的比较

	传统旅游	创意旅游
旅游者	无经验，不熟练；成群结队	成熟而经验丰富；追求与众不同
产业导向	资源和市场为导向	引领市场和培育消费者为导向
产业资源	有形的自然山水、历史文物古迹	有形与无形的社会资源
产业驱动	硬要素为主	软要素为主
产业竞争	价格竞争	创新竞争
产品特征	大众化 相互隔离的活动 单一的活动 季节性活动	个性化 融为一体的活动 综合性旅游活动 无季节性限制的全年旅游
产业技术	使用者范围受限制 技术孤立	所有的旅游消费者都是使用者 科学技术深度整合化
产业边界	有限边界	无限边界
产业管理	条块分割	模块化集成
产业价值	相关产品	价值体系增值
产业目标	单一（经济）	多元（自然、经济、社会）

资料来源：厉无畏，王慧敏，孙洁. 创意旅游：旅游产业发展模式的革新[J]. 旅游科学，2007，21(6)：1-5.

潘海颖等（2019）提出，创意旅游是以创意策划为核心，通过主题、景观、活动、空间、功能、服务等旅游元素的创新，激发旅游者的想象力和创造力，促进旅游者参与和互动，使其获得新体验、创造新价值的旅游活动。同时，她认为创意旅游包括创新性、独特性、体验性、文化性、有智性、开放性六个特征。

2021年，杜米和哈利姆提出创意旅游的发展分为四个阶段（表1-3）。2000年，在欧洲服装和纺织品联合会进行工艺开发和项目营销期间，创意旅游1.0首次被确定为前来参观工艺生产商的旅游者对动手体验和学习机会的需求日益增长（Richards，2018）。在创意旅游2.0阶段，重点是创建基于目的地的网络和社区旅游，如巴塞罗那创意旅游和奥地利创意旅游（Couret，2012）。随后的创意旅游3.0阶段与认识到旅游业与创意产业之间日益增长的联系有关（OECD，2014）。创意旅游4.0也越来越被视为将人们聚集在一起共同创造和建立新关系的一种手段，例如，在他们的新体验计划中开发Airbnb（旅行房屋租赁社区）（Duxbury and Richards，2019）。

表1-3　创意旅游的发展阶段

阶段	年份	形式	中心
1.0	2000	学习活动和研讨会	以生产为中心
2.0	2005	基于目的地的创意体验、社区旅游	宏观消费相关视角、社区发展思维
3.0	2010	与创意经济的联系	更被动的创造性消费形式
4.0	2015	关系网络和共同创造经验	与微观消费相关的视角融入进步

资料来源：Douni & Abd Halim. The Implementation Of Creative Tourism Concept In Community-Based Tourism[J]. Journal of Tourism Hospitality and Environment Management, 2021, 6(26): 196-203.

五、乡村旅游创意的概念

随着文化创意产业对促进经济发展和增强国家软实力的作用日益增强，乡村旅游与文化创意产业融合催生出乡村旅游创新发展形式，为乡村旅游注入活力和生机。

创造力使目的地能够相对快速地创新产品，使它们比其他地方具有竞争优势（Richards and Wilson，2006）。考虑到创意旅游的基本属性，乡村地区也有潜力通过良好的环境、文化以及社区设施和网络吸引创意阶层，特别是工匠（Stolaricket al.，2010）。对于乡村地区来说，发展创意旅游有许多优势：当地手工业和传统的复兴，人民对其文化遗产的自豪感的增加，有形和无形文化的保护，创造新的就业机会和创意部门，创意的经济溢出效应，以及目的地竞争力的提高（Ohridska-Olson and Ivanov，2010）。

利用乡村丰富的生态资源、人文环境和风格迥异的民俗文化，乡村旅游创意发展能够挖掘、整合、激活乡村文化旅游资源的灵魂，打造乡村旅游的核心竞争力，创造出更多满足旅游者需求的产品。旅游创意将成为乡村旅游可持续发展的重要驱动和有力保障。

基于以上分析，本书提出乡村旅游创意的概念。从狭义的角度来讲，乡村旅游创意是指具有创造性的乡村旅游景观、产品、品牌构思和设计，或是一种标新立异的乡村旅游发展思路和观点。从广义的角度来讲，乡村旅游创意就是立足乡村旅游资源开展创新、创造活动，将文化和创意融入其中，进而满足旅游者差异化、个性化、时尚化需求的方法和过程。

第三节　乡村旅游创意管理

一、创意管理

"创意经济是衡量一个国家或地区产业结构、经济活力的重要因素之一"的观点在学术界和政界都已达成共识。各地开始认识到创意潜在的经济价值，但"将潜在的创意转化为产品，以获取更大的经济效益"，却一直是一个理论上成立但缺乏实践的活动。对创意管理理论进行研究，能够为创意活动实践提供指导和参考。国内外学者从不同的角度对创意管理的概念进行了研究：

（一）国外有关创意管理的概念

比尔顿（Bilton，1994）认为，创意管理是对"创意"和"商业"之间复杂的、不确定的和非连续的过程的系统管理。尼尔·科德（Neil Coade，1999）认为，创意管理是企业从大量的创意中筛选适合本企业创意的方法和途径。德鲁克（Drucker，2009）探究了企业提高创意管理的效率的方法，并提出创意管理是企业利用某些管理手段管理创意活动，以期提高创意工作者的工作效率。比尔顿（Bilton，2015）从微观角度提出，创意管理是对创意管理者、创意营销和创意团队进行的管理。罗伯特（Robert，2017）从创意产品生产的角度提出，创意管理就是企业产生创意性的产品的过程。

（二）国内有关创意管理的概念

王爱东（2001）认为，创意管理就是选择合适的创意管理方式和营造优越的创意环境以激发和强化员工的创造动机和创造力。方军（2010）从广义的角度定义了创意管理，认为创意管理是以创造性地解决问题为基本目标，并将创意管理分为如何有创意、组建创意组织，以及生产创意成果三个层级。吴国娇（2012）认为，创意来源、创意筛选、创意实现、创意保护、组织结构及组织文化六个方面是创意管理的主要内容，并利用这六个方面定量评价了时尚企业的创意管理能力。杨永忠（2016）认为，创意管理是在创意经济时代产生的一种以管理学和企业管理的角度出发，从微观洞察与分析创意经济发生的一系列变化。史青春（2018）从创意产业链的角度提出，创意管理是一个系统化过程，包括创意产业组织、创意融资、创意定价和创意契约设计等方面。全小国（2018）认为，创意管理是一个系统的管理模式，包括创意过程、创意团队、创意组织、创意系统、创意战略、创意消费和创意政策等方面。张思循（2018）认为，创意管理研究的是企业如何获取创意，如何创意产品以及如何保护创意这三个方面的问题。

2018年，杨永忠在《创意管理学导论》一书中进一步阐述了创意管理的内涵，并对创意管理的特征及创意管理的内容做出了详细的介绍。创意管理是针对创意的计划、组织、领导和控制，但又离不开和其他要素的有机结合，具有新奇性和商业性两个特征，其中新奇性指对产品设计和工艺的创意管理，商业性是对商品宣传和营销的创意管理。该书立足管理学学科，应用管理学研究方法，围绕创意的计划、组织、领导和控制，针对创意的价值、创意的组织、创意之源、创意的决策、创意的运营、创意的营销、创意的融资逐一展开探讨。

二、旅游创意管理

创意旅游已经发展成为一种富有创意和知识的环境，管理人员和旅游目的地利用技术、诀窍和专业知识等打造富有吸引力的创意体验，旅游者通过这一动态体验对旅游目的地的特点和传统进行了解。尽管当前还未形成旅游创意管理的明确定义，但基于旅游目的地与旅游者之间这种良好的互动关系，旅游创意管理的应用大致从以下两个方向展开。

1. 旅游目的地管理组织

近年来，创意旅游的目标已从旅游者行为转变为旅游者与目的地之间的关系。当代旅游者渴望新的体验。科尔布（Kolb，2017）强调，创意旅游者以一种不同寻常的方式与城市互动，营造出一种可能与文化旅游所宣传的形象不同的地方感。旅游目的地需要确保自己能够在保留创意的基础上与其他旅游目的地区别开来，并与传统的文化旅游模式形成对比，以此吸引这些创意旅游者的目光。科扎克等（Kozak et al.，2009）将旅游目的地之间的竞争力定义为一个持续和主动的过程，在这个过程中，居民的福祉得到了增强，旅游者获得了高度的满意度。因此，旅游目的地管理组织（destination management organization，DMO）可以通过创新、风险承担、合作和效率战略提高目的地的竞争力以及自身的竞争力（Ritchie and Crouch，2003）。哈尔基尔（Halkier，2010）强调，旅游目的地应该在与旅游者互动的过程中发挥创新作用，在选择目的地时，旅游者可以有多种不同的选择。因此，关于旅游活动和体验的创新正在盛行，同时，通过重新定义谁开发这些活动以及预设的内容，共同创造应运而生（Buhalis and Foerste，2015），旅游者和组织在体验方面的合作会共同创造独特的价值（Mathis et al.，2016）。扎克（Zach，2011）指出，DMO 是目的地发展的创新驱动力，而不仅仅是组织本身，它能够与其他目的地的企业合作，同时有助于拓展新奇服务。加托等（Gato et al.，2022）认为，旅游目的地的管理组织应通过协调学习和有效的知识培训升华组织文化，以加强营销传播能力，从而为打造更具创意的旅游目的地创造价值，旅游者在这里发挥了积极作用。此外，目的地利益相关者之间的密切关系也确保了目的地的适当管理，发展一个庞大的旅游利益相关者网络对于开发创意旅游目的地也至关重要。

2. 社区旅游

现在的旅游者倾向于避免重复活动，以获得新的感觉和体验。创意旅游活动为旅游者提供了一个机会，让他们更多地了解和体验当地的技能、专业知识、传统及他们正在参观的地方的独特品质，尤其是社区旅游（community-based tousim，CBT）。社区旅游于 20 世纪 80 年代兴起，作为大众旅游的一种替代形式（Goodwin and Sanilli，2009），其目的是让当地社区参与旅游开发的规划和实施（Hall，1996），最大限度地为村民带来利益（Pawson et al.，2017），并让旅游者与当地人更亲近（Butcher，2010；Johnson，2010；Blackstock，2005）。根据理查兹和雷蒙德（Richards and Raymond，2000）的说法，创意旅游是一种新型旅游形态，它为旅游者提供了通过积极参与课程和学习体验来开发其创意潜力的机会，这是度假目的地的特点。创意旅游是一种共同创造，不仅让当地人参与，也让旅游者参与产品的创造，让旅游者实现自我和自我表达（Richards，2011）。创意旅游超越了展示历史价值和建筑的文化活动，它关注当地人的生活方式，鼓励互动。旅游者可以从真实的文化体验、传统工艺和手工产品中受益。如图 1-2 所示，社区和旅游者之间的这种互动可以为旅游者带来令人印象深刻的体验（Richard，2010）。

通过对创意旅游的实践总结，苏泊尔帕·松尼柏（Suprapa Somnuxpong，2020）指出旅游创意管理应该包括以下六个方面。①定义身份并分析进一步发展所需的资本。当地身份是文化遗产的无形组成部分，清晰而全面的定义将创造出代表当地的优秀文化和自然景点。②了解旅游管理准备情况。考虑吸引力、可达性、便利设施、住宿和活动这五个重要问题（Dickman，1997）。③通过在社区内建立商业或行政组织，形成旅游创意组织。④为旅游者设计创意活动，考虑他们在旅行之前、期间和之后的总体体验。这将给旅游者留下深刻印象，让他们了解管理的有效性如何提供全面的客户体验。⑤寻找不同的创意方式展示旅游资源，以鼓励旅游者与景点互动。旅游者还可以通过一些无形的东西和日常生活文化（Richard，2010），如生活方式、娱乐、语言、讲故事和当地风俗，从当地身份的呈现中获得新的体验，这些体验侧重于传达真实感。⑥以目标旅游者群体为重点，规划旅游创意营销。应分析从旅游者那里收到的反馈，以便在未来建立更好的营销模式。

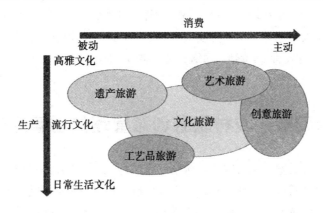

图 1-2　文化旅游向创意旅游转变

资料来源：Richards G. Creative Tourism and Local Development[C]. Santa Fe: Sunstone Press, 2009: 78-90.

三、乡村旅游创意管理的概念及内容

新技术使人们能够将创意活动定位到乡村地区，基于个人互动、旅游者和当地人之间的一对一接触以及地方深度体验，为乡村成功开发创意旅游提供了条件。基于萨科和布莱辛（Sacco，Blessi，2007）所述的创意发展的三个基本要素，乡村地区的创意实践不仅应该包括增加吸引力，还应该包括能力建设和竞争力。由于可利用的资源范围有限，尽管创意旅游不是大众旅游的一种形式，但乡村地区可以将其视为大众文化旅游发展的个性化、小规模替代方案（Richards，2016）；与其将创意视为吸引创意阶层或发展创意社区的一种模式，更应该将创意视为一种思维方式，让其最大限度地发挥潜力。

创意体验必须嵌入目的地，以便人们有理由在某个特定的地方发挥创意。目的地必须确定与旅游者和居民需求相关的特色创意内容和活动（OECD，2014）。对于乡村旅游，这意味着开发创意网络，将当地的创意资源、创意生产者和潜在消费者联系在一起（Cunha，Flores，2017）。布拉普（2015）报告了巴厘岛村庄的体验，这些村庄以创意体验吸引了旅游者，而在泰国，旅游创意正被用作刺激社区旅游发展的手段（Wisansing，2015）。其中许多方案以非物质遗产和小定居点社区的日常生活为基础，这也是保护和促进当地传统和生活方式的一种方式。此外，乡村社区也需要意识到发展旅游创意的潜在陷阱，比如从其他地方复制模式的风险，这可能导致一种形式的"连续复制"（Blapp，2016），这突出了创造性地寻找每个地点的特色或特殊之处的重要性，以提供吸引人的独特体验。

基于以上分析，本书将乡村旅游创意管理界定为：是乡村旅游创意组织（含企业和专业机构）以产业融合为基础，以资源整合为手段，以文化特色为灵魂，以价值创新为目标，以"互联网＋"为平台，对乡村旅游创意生成、人力资源、产品、运营、营销等进行管理的活动。

乡村旅游创意管理的主要内容包括：①创意生成管理，提出有创造性的想法或构思，并通过创意赋能推动乡村旅游转型升级；②人力资源管理，其关键在于对乡村旅游创意阶层的管理，创意阶层是开展乡村旅游创意活动的核心力量，离开了创意阶层，很难实现创意的生成和转化；③产品管理，通过精心的设计与开发将乡村创意资源转化为创意体验；④运营管理，将投入转化为产出，并实现乡村旅游创意的价值转化；⑤营销管理，重点通过故事叙述、影像传播、情感营销、网络直播、旅游 Vlog 的方式，塑造乡村旅游创意品牌，讲好品牌故事。

第四节　乡村旅游创意管理的创新空间

创意旅游活动总是发生在特定的地域空间范围内，并与地方特质和文化特征紧密相关，创意生产和消费的空间集聚是创意旅游的重要机制（赵玉宗和潘永涛，2010）、而乡村旅游创意就是立足乡村旅游资源开展创新、创造活动，将文化和创意融入其中，进而满足旅游者差异化、个性化、时尚化需求的方法和过程。基于此，本书认为将创意融入乡村旅游的管理创新空间主要有以下内容。

一、乡村旅游创意生成模式优化

目前有关创意生成的研究较少，其研究内容大致可分为：建立在文化艺术创作视角下的创意生成研究、以数学与计算机学科为背景的工业设计及机械设计的创意方法研究、创意产业集群生成研究等。创意的生成是乡村旅游创意管理的首要问题，体现"乡村性"和"乡土性"是乡村旅游创意区别于其他创意的根本原则，也是实现乡村旅游创意体验价值、功能价值和符号价值的基础。

本书通过对现有乡村旅游创意生成实践的归纳和总结，提出了"乡村文化＋创意旅游"和"创意产业＋乡村旅游"两类乡村旅游创意生成模式，并对每一模式类型进行了进一步的细分。由于乡村旅游创意是较为新兴的创意类型，当前的创意模式仍存在较大的优化空间，如相关研究滞后、创意忽视乡村地方文脉根植，创意 IP 保护意识淡薄，创意模式存在生搬硬套、本土化创新不足等，针对这些存在问题本书提出了相应优化对策。

二、乡村旅游创意阶层培育

作为知识、技术和创意的载体，乡村旅游创意阶层是乡村旅游目的地发展的重要力量，也是推动乡村旅游从资源型向创意型转变的关键。乡村旅游创意生产者通过运用个人的知识和才能进行创意生产，乡村旅游创意策划者通过对创意资源的整合拓展乡村创意发展空间，乡村旅游创意经营管理者专注于对乡村旅游创意产品的商业运作与经营。因此，除了对乡村旅游从业人员素质的提升，帮助从业人员熟悉创意旅游发展规律，引导其更积极地投入创意旅游的开发中去外，更要注重创意阶层的培养。

2003年，美国田纳西州孟菲斯市发起"创意100"行动，发表了一份《孟菲斯宣言》，其中确立的十项原则对于乡村旅游目的地培育、吸引创意阶层集聚具有重要的指导意义，这些原则分别是：培育和奖励创意，投资创意性生态体系，拥抱多样性，培养创意人士，重视冒险精神，展现真实自我，致力于提升地域品质，扫除影响创意发展的障碍，担负起改变社区的责任，确保每一个人，特别是孩子，拥有培养其创意的权利。

在创意人才招引方面，应抓住逆城市化和乡村振兴战略的契机，顺应人们回归自然、文化寻根的需求，发挥乡村生态环境和传统文化优势，完善基础设施和公共服务设施，挖掘文化资源，塑造包容氛围，优化创意生态，吸引热爱土地、认同乡村、勇于担当、敢于探索的创意人士（李庆雷，张思循，吴宝艳，2019）。

基于此，本书提出，对乡村旅游创意阶层可以通过外在和内在两个方面激励，培养本土乡村旅游创意阶层，吸引外乡乡村旅游创意阶层。外在激励措施包括发展乡村特色旅游、优化乡村人文环境、营造良好生活环境、加强创新政策支持、建设乡村旅游创意实践基地等；内在激励措施包括营造自我呈现空间、鼓励自我价值实现、推动"客"向"主"身份转变、增强人文关怀力度等。

三、乡村旅游创意产品生产

传统的乡村旅游产品，单一且过分地依赖自然资源。创新的资源观是要在乡村本身的历史文化、民风民俗等文化资源的基础上进行文化创意，深入挖掘乡村旅游资源要素。乡村旅游具有地域属性和资源属性，是文化创意的土壤，文化创意与乡村旅游的融合发展，必须以文化创意为手段，促进乡村旅游的发展，体现文化创意的价值（马建云，2019）。通过对现有资源进行挖掘梳理，以创意为突破口，进行系统的分析、组合和重构，制定长久的发展战略（赵华和于静，2015）。

本书提出，乡村旅游创意产品的组织方式主要指建立旅游者与本地人的连接，实现这一目的的三个要素为知识平台、创意网络和创意环境，即创意旅游者通过知识平台和创意网络进入创意环境或社区。乡村旅游创意产品生产的具体方法包括但不限于：产品设计应基于地方的、日常生活的创意，建立具有真实性的舞台使旅游者接近地方文化的后台，通过计划外的自发活动为旅游者提供惊喜，通过讲故事和叙事提供意义，利用创意融合的多样化维持其可持续性，以及应用新技术创造新的有意义体验等。

四、乡村旅游创意运营水平提升

创意的运营关乎乡村旅游创意的价值实现，乡村旅游创意的高附加价值主要来源于乡村旅游创意的前期生成环节和后期的运营环节，创意产业和旅游产业的融合为乡村旅游创意运营提供了基本的商业环境。乡村旅游创意的运营实质是粉丝经济,成功的运营一方面取决于优质的创意内容,另一方面在于消费者对创意信息的注意及粉丝效应的形成,互联网技术为乡村旅游创意信息的传播与扩散提供了有效途径,使得创意信息以较快的速度和较广的覆盖面进行传播与扩散。

那么,如何实现乡村旅游创意的粉丝效应和粉丝经济,将是乡村旅游运营的重点内容。本书在界定乡村旅游创意运营概念的基础上,提出了基于 IP 的乡村旅游创意运营、基于互联网平台的乡村旅游创意运营、基于粉丝经济的乡村旅游创意运营等模式,并对各类乡村旅游创意运营模式的内在机制和管理策略进行了阐释。

五、乡村旅游创意营销创新

当今,中国已步入信息化时代,网络及数字技术飞速发展,文化创意可通过各种新媒体技术融入乡村旅游营销策划、方式、手段中,形成创意旅游营销,这将为乡村旅游发展塑造、提升品牌形象,开拓乡村旅游的市场空间(张振鹏,2011),提供更为灵活和有效的传播渠道。通过重点制定创意旅游营销战略、有效利用多种媒体进行创意传播和聚焦乡村旅游品牌形象塑造,能够不断开拓乡村旅游的市场。

基于乡村创意旅游独特性、文化性、互动性、创造性和多样性,本书提出,通过乡村旅游创意品牌定位、品牌形象塑造以及品牌价值提升进行乡村旅游创意营销,并以故事包装、真实影像、情感营销、网络直播、旅游视频博客等多种策略进行乡村旅游创意传播,实现乡村旅游创意品牌的塑造并推广。

六、乡村旅游创意机制构建

乡村旅游的发展历经农家乐 1.0 时代和休闲度假 2.0 时代,已步入以"乡村生活体验"为标志的乡村旅居时代。这一阶段,农业生产与文化观光、休闲体验、度假康养、亲子娱教不断互动融合,结合"创意 +""+ 创意"双向赋能手段,创意农业、创意农艺、创意节事、创意餐饮等乡村旅游创意形式不断更新,田园综合体、民宿、乡宿、特色小镇、农场农庄等新业态、新产品、新场景受到热捧。同时,在现代分工和产业融合的推动下,凭借"创意 +""+ 创意"要素吸纳、重构与再生产能力,乡村旅游逐渐形成了就地生产、就地转化和就地消费的高附加值的全产业链条(于秋阳和冯学钢,2018)。以创意项目挖掘当地区域特色文化,充分发挥乡村旅游和文化创意产业的关联带动效应,完善乡村旅游创意产业链和价值链,实现产业价值体的整体增值,就需要引入共创共建共享发展理念。

乡村旅游创意是乡村社区旅游创意的代名词,社区空间营造是乡村旅游创意发展的着力点。本书提出,乡村旅游创意开发应以乡村社区整体利益为出发点,以社区(居民)为主体,以乡村旅游创意社区空间(文化体验空间、生活空间、旅游创意空间)为依托,当地政府、社区(居民)、旅游企业(投资者)、旅游创意阶层、旅游者、非政府组织等利益相关者基于各自资源优势及利益诉求,共同介入和充分参与,共享乡村旅游创意发展成果,最终获得多元价值实现与提升。为进一步提升乡村旅游创意发展的持续性,需要明确各利益相关者所扮演的角色，完善支撑和保障体系，充分调动各利益主体积极性，提升参与能力及获益水平，建立利益相关者共创共建共享的机制。

 本章小结

（1）乡村旅游指城乡居民以乡村生态景观、民俗文化、创意活动等为吸引物，以乡村社区为主要活动场所开展的集观光、体验、参与、创造活动等于一体的旅游形式。乡村旅游产品包括旅游者在乡村旅游过程中可以购买或体验的所有有形商品和无形服务。

（2）乡村旅游具有乡村性、文化性、地域性、参与性和季节性的特征。

（3）创意旅游并非为创意与旅游的简单合并，并非所有添加了创意元素的旅游产品均可称为创意旅游，创意旅游是应旅游者日益高涨的精神文化需求及旅游目的地实现可持续发展的需要而产生的一项新的旅游形式。

（4）从狭义的角度来讲，乡村旅游创意指具有创造性的乡村旅游景观、产品、品牌构思和设计，或是一种标新立异的乡村旅游发展思路和观点。从广义的角度来讲，乡村旅游创意就是立足乡村旅游资源开展创新、创造活动，将文化和创意融入其中，进而满足旅游者差异化、个性化、时尚化需求的方法和过程。

（5）乡村旅游创意管理，是乡村旅游创意组织（含企业和专业机构）以产业融合为基础，以资源整合为手段，以文化特色为灵魂，以价值创新为目标，以"互联网＋"为平台，对乡村旅游创意生成、人力资源、产品、运营、营销等进行管理的活动。

思考题

1. 简述乡村旅游的概念、特征和类型。
2. 请说说你对创意旅游和乡村创意旅游的理解。
3. 你认为乡村旅游创意管理具有哪些区别于一般创意管理的因素。
4. 简述乡村旅游创意管理的内容。
5. 你认为当前我国乡村旅游发展中存在哪些问题？并从创意管理的角度，提出解决该问题的方式。

即测即练

自学自测  扫描此码

第二章

乡村旅游创意管理理论基础

学习目标

- 熟悉产业融合理论，了解文旅融合的概念、动因及效应
- 熟悉旅游体验理论，了解旅游体验与旅游创意的关系
- 熟悉价值共创理论，了解旅游价值共创行为及旅游创意价值共创的内涵
- 了解创意经济理论的演进过程及相关概念

第一节　产业融合理论

一、产业融合概述

（一）产业

从产业的产生和形成过程中我们可以发现，产业和社会分工是密不可分的。在西方经济学中，最早讨论产业的是亚当·斯密的劳动分工理论，产业是社会分工发展的结果。从人类开始定居生活、出现农业，到畜牧业、手工业和商业从农业分离，最后到工业登上历史舞台，产业的出现都对应着一次社会分工。因此，一般来说，社会分工越细，产业数目越多。

广义产业的概念是可以与行业、市场相互交换使用的，是指由企业和消费者所构成的具有消费特征的系统，这些系统都有投入产出的活动，是由于新市场出现而创新的新产业或新行业。狭义的产业是介于宏观经济和微观经济的中观经济范畴，是一个类似于"集合"的描述性概念，即"具有某种共同属性的企业集合"或"按照某一标准划分的国民经济部分"。"属性"和"标准"成为产业界定的关键词。

随着社会经济的发展，产业的内涵及其所涵盖的范围都在发生变化，我们需要与时俱进地去理解产业。在我国，产业的定义就具有鲜明的时代特征，计划经济时代的产业是"部门、行业"，在市场经济背景下，产业的定义是"集合"，是国民经济中各行各业的统称。

产业的分类方式有很多种，一般包括三次产业分类法、四次产业分类法、两大部类分类法、国际标准分类法等，其中三次产业分类法是最为常见的分类法（根据人类经济活动的三个发展阶段将产业划分为第一产业、第二产业及第三产业）。基于此，很多国家和机构根据本国实际情况设计了相应的国家标准或组织标准。联合国统计司于 1971 年颁布了《全部经济活动国际标准产业分类索引》，我国现行使用的《国民经济行业分类》（GB/T4754—

2017）也是在 ISIC 最新修订本的基础上进行修订的，包括 41 个大类行业、201 个种类行业和 581 个小类行业。1999 年标准普尔与摩根士丹利公司共同推出了全面的行业定义系统——全球行业分类系统，该系统包括 10 个经济部门、24 个行业组、67 个行业和 147 个子行业，为全球投资界提供了一个全面的、全球统一的经济板块和行业定义。

（二）产业边界和产业关联

1. 产业边界

清晰的产业边界是产业融合识别、判断和研究的前提，只有某种经济活动跨越了产业间清晰的边界，在发展过程中逐渐使原边界模糊化，产业融合才可以发生。不同属性的企业因生产不同的商品或提供不同的服务而分属于不同的产业。随着社会的发展和技术升级，企业所生产的产品发生变化引起企业所属产业边界被打破，引起产业融合。因此，产业边界是随着社会发展和技术升级而不断变化的一个动态概念。

2. 产业关联

产业关联是社会发展和技术升级的结果，是各产业之间以产品供给和需求形成的相互关联和相互依存为基础的复杂的技术经济联系。随着社会产品的供求关系变化，产业链中上、下游产业部门逐渐整合为一个产业或融合产生新的产业。产业关联是产业融合的基础和前提，产业融合一定会发生在有关联的产业之间，且产业的关联度越高越容易融合发展。产业联系体现在不同的产业要素上，如产品、劳务、价格和技术，但是技术联系是产业联系和产业融合中最积极和最活跃的因素。

（三）产业融合

1. 产业融合的概念

"产业融合"最早可以追溯到 20 世纪 70 年代的"技术融合"。美国学者罗森伯格（Rosenb-rg，1963）发现同一技术在应用的过程中会向不同产业扩散，并在此基础上提出了"技术融合"的概念。随着经济的发展和产业升级的需要，产业融合突破了信息技术的限制，逐渐向其他产业和领域扩展，从最初的"技术融合"逐渐演变为多产业相互融合的"产业融合"。产业融合可以有效地解决行业高质量发展过程中的各种问题，产业融合对当前社会、政治、经济、文化及生态等多个方面都会产生深远的影响。

产业融合指在信息技术的迅速发展和经济全球化的推动下，原本独立的产业或同一产业内部不同部门通过经营、管理、市场等手段进行整合，从而形成具有相同属性或生产同类功能产品的新产业的过程。实践中的产业融合现象引起了学者们对产业融合理论研究的兴趣，学者们从不同的角度提出了自己的观点。

2. 产业融合的类型

产业融合是在技术进步的基础上，模糊产业边界而形成新业态的过程。从不同的角度可以对其进行分类。

（1）按产品替代性角度分类

从产品间的替代关系看，产业融合可以分为替代性融合和互补性融合。替代性融合是指一项技术替代另一项技术的融合方式；互补性融合是两种技术各自发挥自己的优势，补充对方的劣势以达到更好的效果的方式。

（2）按产业融合程度分类

从产业融合程度看，产业融合可以分为完全融合、部分融合和虚假融合。完全融合是指融合形成的新产业完全替代原产业；部分融合是指融合形成的新产业部分替代原产业，部分融合是产业融合的主要类型；虚假融合是指融合发生在产业边界内部，新产品并没有替代原来的市场需求。

（3）按产业融合的技术基础分类

从产业融合的技术基础角度看，可以将产业融合划分为应用融合、横向融合和潜在融合。在已有方案整合的基础上实现突破的融合称为应用融合。横向融合是已知技术和新技术合并产生新技术的融合方式，横向融合可以增加产品的功能，引起消费者对产品的关注度，例如，手机通信与数字摄影技术整合。潜在融合同样是新技术与新技术的融合，与横向融合不同的是潜在融合可以为原有的新技术带来突破性解决方案和累积性发展，例如，智能手机的出现，就是电话与终端多媒体技术的整合。

（4）按产业融合过程分类

从产业融合过程角度看，产业融合可以划分为功能融合和机构融合。功能融合发生在产品存在替代性或互补性的两个产业之间，机构融合发生在生产存在联系的产品的不同机构之间。

3. 产业融合的动因

（1）技术革新

技术革新是产业融合的内在原因。技术革新后产生的具有替代性或关联性的产品和技术通过渗透和扩散作用融合到其他产业中，改变了原产业的生产技术路线，丰富了原产业的经营内容和形式。改变后的生产技术路线降低了企业的生产成本，提高了产品竞争力，拓宽了企业的市场空间，推动了产业融合。

（2）放松的经济性管制

宽松的规制为企业提供了一个相对宽松和自由的政策制度环境，促进了企业间的竞争。关联产业之间可能会相互进入对方的业务领域，以提升整个产业经济的竞争力，从而促进产业融合的产生。

（3）文化融入

随着工业化进程的推进、创意经济的到来，文化产业与其他产业融合发展的新趋势开启了产业融合的新征程。文化是人类发展过程中遗留下来的财富，是一种遍在性的资源，可以与任何产业相互融合，尤其在互联网经济的推动下，文化为产业融合提供了创意源泉，文化产品为产业融合提供了物质基础。

4. 产业融合的效应

产业融合是发生在不同产业间的行为，产业融合使产业边界消失，在边界区域形成具有两个产业共同特征的新兴产业。产业融合为企业带来了新技术、新顾客和新需求，同时也给企业带来了新挑战。产业融合的效应包括微观效应和宏观效应：微观方面产业融合提高了产业的价值功能，加速了传统产业的产业创新，改变了产业的市场结构和产业绩效；宏观方面产业融合使一个国家的产业结构和经济增长方式趋于合理化，有利于国家竞争力的提升。

二、文化产业与旅游产业融合

（一）文化产业与旅游产业的概念

1. 文化产业的概念

"文化产业"是由"文化工业"一词逐渐演变而来的。20世纪40年代，法兰克福学派的阿多诺和霍克海默最早提出了"文化工业"一词，认为后期资本主义发达阶段的文艺创作如同流水线上的工业产品一样，是文艺作品大规模复制和批量生产的结果。文化工业使文化由精英文化转变为大众文化，加速了文化在居民生活中的渗透。

文化产业是文化产品的创作、制作和销售及文化企业的运营管理的总称。20世纪80年代欧洲开始广泛使用"文化产业"一词，并将其与"创意产业""版权产业""内容产业"相关联。随着社会主义市场经济体制的逐步完善和现代生产方式的不断进步，我国文化产业也呈现出蓬勃发展的势头。2000年，《中共中央关于制定国民经济和社会发展第十个五年计划的建议》中第一次从官方的角度提出"文化产业"，随后"文化产业"频繁出现在各级政府的规划、政策和意见中，标志着文化产业成为新世纪国民经济发展的新的增长点。2009年国务院颁布了第一个文化产业专项振兴规划《文化产业振兴规划》，将文化产业上升为国家战略性产业。2016年《中华人民共和国国民经济和社会发展第十三个五年规划纲要》中提出"到2020年要实现文化产业成为国家支柱性产业"的发展目标。2020年《中共中央关于制定国民经济和社会发展第十四个五年规划和二〇三五年远景目标的建议》中提出，我们要完善节假日制度、传承弘扬中华优秀传统文化、推动文化和旅游融合发展。中国共产党第二十次全国代表大会上的报告进一步提出，繁荣发展文化事业和文化产业。

学者们从不同的角度对文化产业的概念进行了界定。就提供产品的性质而言，文化产业是指提供精神产品或服务的行业；就其经济过程而言，文化产业是按照工业标准生产、再生产、储存及分配文化产品和服务的一系列活动；就具体行业领域而言，文化产业包括演出业、广播影视业、文化出版业、文化娱乐业、文化旅游业、文物和艺术品业等从事文化产品生产销售和提供文化服务的经营性行业。

本书将文化产业定义为：从事文化生产和提供文化服务的经营性行业，以生产和提供精神产品为主要活动，以满足人们的文化需要为目标，是文化意义本身的创作与销售的集合。总之，文化产业是社会生产力发展的必然产物，是为了适应人们日益增长的精神需求而发展起来的新兴产业。

2. 旅游产业的概念

国外大多数学者反对"旅游业是一个产业"的说法，美国旅游学家托马斯·李·戴维森（Thomas Lea Davidson，1994）认为旅游业不是一个产业，因为在旅游过程中为满足旅游者的需求而提供的产品是由多个行业共同完成的，而不是由一个行业提供的，因此旅游业充其量可以看作是一个为旅游活动服务的多个行业的集合。国内也有部分学者认为旅游业并不是一个产业，理由是旅游业不符合传统产业的标准和要求。但在现实社会中却存在一个为旅游者提供食、住、行、游、购、娱等服务的经济系统。

本书认为旅游业是一个产业，是以旅游活动为中心，在旅游客源地、旅游目的地和联结客源地和目的地之间的中间系统中形成的，为旅游者提供旅行游览服务的综合性产业。

（二）文化产业与旅游产业的关联性

文化是旅游的灵魂，旅游是文化的重要载体，文化通过传承和创新提升自身的价值，丰富旅游的内涵。文旅融合是产业融合发展的必然结果，因为文化产业和旅游产业之间具有一定的产业关联性。具体表现在以下方面。

1. 文化产业和旅游产业都兼具文化属性和经济属性

旅游发展初期阶段，"经济性"是其主要属性。在进入成熟稳定发展阶段后，其"文化性"逐渐显现出来。我国学者于光远（1981）提出，旅游本身就是一种文化生活，旅游业是具有很强文化性的经济事业，也是带有强经济性的文化事业，强调了旅游业的文化和经济双重属性。文化产业是文化与经济、科技紧密结合的产物，具备经济效益和文化效益的双重功能。文化产业和旅游产业融合发展后，赋予了文化内涵的旅游产品越来越受到人们的青睐。文化和旅游融合后显现出了巨大的经济效益和社会效益。

2. 文化产业和旅游产业都具有强大的渗透力

文化产业和旅游产业的内涵和外延都比较复杂，其产业边界都比较模糊，复杂的内涵和外延，以及模糊的产业边界使文化产业和旅游产业具备了强有力的渗透能力。人们对文化消费的变化和不同区域的文化差异刺激了文化旅游地成为旅游者青睐的旅游目的地，当代旅游活动的各个环节都渗透和体现了文化的因素，旅游是文化共创的实践基础。

3. 文化产业和旅游产业相互融合、共同发展

文旅融合的过程中，文化产业和旅游产业不是相互替代、此消彼长的关系，而是共同发展、共同繁荣的协作关系。文化产品的创新激活了旅游产品的活力，蕴含文化内涵的旅游产品成为文化最好的保护和传承方式。

（三）文化产业与旅游产业融合

1. 文旅融合的概念

随着人们对美好生活的向往和旅游者对多样化产品的需求，市场利用供求机制引导文

化企业和旅游企业改变生产方向，推动文化产业与旅游产业相互渗透，最终形成了兼具文化特色和旅游特征的产品，如"红色文化＋旅游""演艺文化＋旅游""非遗文化＋旅游""节事文化＋旅游""影视文化＋旅游"等新形式的文化旅游产品不断涌现，逐渐形成、发展、壮大了文化旅游产业。

市场驱动的同时，国家也出台各种政策意见，力求推动文旅融合进一步发展。2009 年，《国务院关于加快发展旅游业的意见》提出，大力推进旅游与文化、体育、农业、工业、林业、商业、水利、地质、海洋、环保、气象等相关产业和行业的融合发展。2014 年，国务院《关于促进旅游业改革发展的若干意见》提出，注重文化传承创新与旅游开发的集约型发展。2018 年，文化和旅游部的组建是文化产业和旅游产业有机协同发展和深度融合发展的典型标志。文化和旅游融合在国家政策、现实需求和科技创新的共同作用下形成了产业融合的高级业态——文化旅游业。2019 年文化和旅游部局长会议上提出，"理念融合、职能融合、产业融合、市场融合、服务融合、交流融合"是文旅融合的实现路径。文旅融合是文化产业与旅游产业相互关联、相互渗透形成新业态、新产品的经济现象，如会展旅游、节庆旅游、遗产旅游等。

2. 文旅融合的动因

（1）文化产业与旅游产业的内在紧密联系是文旅融合的内在动力

文化产业与旅游产业具有天然的联结关系，文化产业为旅游产业不断注入动力和活力，旅游产业为文化产业发展提供了新的空间。旅游目的地是现代文化消费和旅游消费的空间载体，对各种文化资源进行多角度、多元化的整合开发，以满足旅游者的多样化需求。

（2）文化旅游的市场需求促使文旅融合朝着理性自觉行动转变

随着人们生活水平的提高和消费意识的升级，对文化旅游的需求越来越强。文化产业和旅游产业相互融合、渗透所形成的新产品和新业态为人民群众提供了丰富的精神食粮，迎合了人们的消费需求。

（3）文旅组织机构和管理职能整合推动文旅融合加速发展

组织机构和管理职能整合为文旅融合提供了制度保障。改革开放前，文化、旅游一度被当作"事业"来发展。改革开放后，文化、旅游才开始走"产业化"发展道路，但是产业管理体制不完善，政事不分、政企不分、条块分割等问题长期影响我国文化、旅游产业高质量发展。2018 年，国家文化和旅游部及各省（区、市）文化和旅游厅的设立，昭示我国从政府顶层设计和管理方面已将文旅融合作为新时代的重要工作任务，文旅融合的体制障碍逐渐破除。

3. 文旅融合的效应

（1）文旅融合促进传统文化的传承、保护和再造

将丰富、多元的文化资源融入旅游产业中，是对文化资源最好的保护和传承。文旅融合是传统文化提升和再造的重要途径，尤其对于我国少数民族地区、偏远地区的优秀传统

文化和特色工艺的传承和延续具有重要意义。

文旅融合拓展了传统文化资源的利用方式和渠道，提升了传统文化资源的经济价值，为文化持有者和传承者提供生活保障和资金支持。第一，为了提升旅游者的体验感和满意度，文旅企业会加大投资力度，改善文化持有者和社区居民的生活环境。第二，文旅融合发展带来了大量的就业机会和额外收入，使文化持有者和社区居民分享到了文化资源开发带来的经济利益，为传统文化资源的传承和保护提供了资金支持。第三，蕴含地域属性和特定文化符号的旅游产品具有产权和原产地保护功能，为旅游产品附加值的转换和实现提供了有效途径。

（2）文旅融合促进文化的交流与传播

旅游是文化展示的窗口，是文化交流的场域。旅游创意产业园、旅游节事活动等蕴含丰富地方文化要素的空间和活动成为优秀传统文化传承和创造性转化的重要载体。旅游者的旅游过程本身就是文化传播交流的过程，文旅融合加强了文化的传播效应。当旅游者抱着探索的心理来到"陌生"的旅游目的地时，其新奇感和求知欲得到了满足，同时也将旅游目的地的文化传播了出去。

（3）文旅融合有助于旅游目的地吸引力提升

特色文化不断融入旅游业，加强了旅游者的感知刺激。随着文化产业与旅游产业的融合日益紧密，文学著作、影视剧、民族文化、时尚文化、流行文化等对旅游目的地的影响也越来越深入，并进一步提升了旅游目的地的吸引力。

（4）文旅融合对推进区域均衡发展具有重大效应

不同国家和地区之间由于历史原因、自然环境等的影响，经济发展水平差异较大。通常经济落后地区因优越的自然资源禀赋、丰富的文化资源，使得发展文化、旅游产业具有天然优势，这对促进地区经济增长、带动当地居民就业有着明显的作用。

三、文化旅游产品与旅游创意产品

（一）文化旅游产品

文化的民族性、艺术性、神秘性、多样性和互动性等特征使文化旅游成为旅游产业发展的高阶版。文化旅游以饱含文化内涵的旅游场所为载体，使人们融入别样的文化氛围中，在文化的碰撞与互动过程中体验别样的风情。

文化旅游产品化是文旅融合发展的具体表现形式和抓手。文化旅游产品是以文旅融合为根本手段，以文化旅游资源为支撑，以获取文化印象为目的的旅游产品。一般来说，文化旅游产品具有非物质性、不可转移性、信息性、服务性、稳定性和创新性的特征。

（二）旅游创意产品

创意产品的主要特征是在产品设计、生产过程中融入的创造力。文化创意产品是将具有广泛受众并系统化的文化主题通过创新的方式进行再解读与创造的相关产物。

文化旅游产品与旅游创意产品具有共同特点，就是文化性。旅游创意产品是融入"某种文化创意"的旅游产品，一般指立足于本土文化，由当地文化旅游企业或组织进行设计、生产、传播输出的创意产品。旅游创意产品兼具了满足功能型需求和审美需求的特征，因而拥有更高的市场价值。旅游创意产品既具有创意产品的一般特征，又具本土性、差异性和情感性的个性特征。

第二节　旅游体验理论

一、旅游体验的概念

1964年，美国历史学家伯斯汀首次将"旅游体验"一词带入人们的视野，并提出旅游体验是被旅游业设计好的、失真的体验行为，是人为的、预先构想的、做作的、刻板的体验。之后，大量的学者开始投身于旅游体验的研究中，旅游体验逐渐成为学者们的研究重点。

国内旅游体验的研究相对较晚，且大多数的研究是基于旅游开发与影响的实证研究。谢彦君等（1999）从心理学视角提出，旅游体验是旅游者在旅游活动中，与外部世界相互联系而获得的心理水平的改变和心理结构的调整。谢彦君（2005）的《旅游体验研究：一种现象学的视角》一书比较系统的研究了旅游体验，他强调旅游体验是旅游活动的核心内容。旅游体验是旅游者借助于观赏、交往、模仿和消费等活动方式，通过与外部世界取得暂时性的联系而获得身心一体的愉悦感受的过程，是旅游者的内心心理活动与旅游客体所呈现的表面形态和深刻含义之间相互交流或相互作用的结果。

以上概念在国内学术界得到普遍认同，主要包括以下四层含义。第一，旅游体验属于社会-心理范畴。旅游者个人是无法产生旅游体验的，是旅游者与外部世界相互作用产生的一种心理感受。不同的旅游者会产生不同的体验感。第二，旅游体验是互动的结果。旅游体验本质上是旅游主客体之间相互作用的结果，旅游客体提供体验的内容，旅游主体通过参与体验内容获得旅游体验。第三，旅游的目的是获得愉悦的体验。旅游体验的主要目的是追求愉悦，但是现实情况下不是每一次旅游都可以获得愉悦感，尤其是当下人们对个性化的体验类别要求越来越高，除了常规的快乐、愉悦等感觉外，有可能是痛苦的、不安的、惊险的等。第四，旅游者可以通过观赏、交往、模仿和消费等方式获取旅游体验。

二、旅游体验的特点

旅游体验是旅游过程的核心内容，是旅游者参与旅游活动所获得的综合性感悟，因此旅游体验既具有短暂性、异地性、综合性等旅游性质，又具有主观性、高参与性、文化性等体验特性。

（一）短暂性

旅游是旅游者离开惯常居住地前往旅游目的地进行短暂停留的一种休闲活动，旅游体验是发生在旅游过程中的心理感悟，因此旅游体验具有与旅游相同的短暂性特征。

（二）异地性

旅游发生的一个必要条件是离开自己的惯常居住地，也就是说旅游活动是发生在"异地"的活动，因此旅游体验具备异地性特征。

（三）综合性

旅游过程是人们身心放松的过程，"身"涉及了旅游过程中不同的旅游活动，"心"更多的指旅游过程中的心理感悟。因此，旅游体验的综合性就体现在旅游活动的多样性和心理感悟的复杂性上。

（四）主观性

旅游体验是旅游者在经历了旅游活动后产生的一种心理感悟，这种心理感悟因人而异。旅游者的知识结构、生活背景、经验阅历和认知水平等都会影响感悟，旅游者在不同的时间和心境对同一旅游产品的感悟也会不同。因此，我们发现旅游体验是一种主观色彩非常强的综合性评价。

（五）高参与性

人们在传统的观光旅游活动中可以被动地获得旅游体验，但是随着人们个性化消费的发展，仅仅是被动的给予式体验已经不能满足人们的旅游需求，越来越多的人希望参与到能够发挥主观能动性和创造性的活动中以获得不同的旅游体验。因此，现在的旅游活动基本都是高参与性的旅游互动。

（六）文化性

为了让旅游过程给旅游者留下深刻的印象和感受，旅游产品的生产者以深厚的文化底蕴为吸引源，以具有高文化素养的服务人员提供的优质旅游服务为基础，开发可以满足旅游者精神和物质双重享受的旅游产品。因此，文化性对于旅游体验而言是必不可少的。

三、旅游体验的影响因素

旅游体验是旅游者旅游过程中消费的旅游产品和产生的主观感悟的集合，其影响因素复杂多样。但是归纳起来主要有旅游者自身因素、旅游目的地因素和旅游主客方互动因素三大类。

（一）旅游者自身因素

1. 年龄

不同的年龄对旅游活动内容的要求不同，其参与旅游活动的积极性和主动性也不同，因此获得的旅游体验也不相同。例如，年轻人更愿意参与到有冒险、刺激性强、新奇的旅游活动中以获得新奇感、刺激感，而中老年人则更愿意参加以当地风土、人文和历史为基础开发的旅游项目以获得学习知识的经历。

另外，同一个旅游目的地对于不同年龄的人也会产生不同的旅游体验。比如，文化遗产类的旅游目的地，年轻人比较喜爱参与性的旅游活动，对融入文化遗产符号元素的现代产品感兴趣，中老年人则希望从文化遗产中回忆历史，了解历史。

2. 受教育程度

一个人在旅游活动中获得旅游体验的深度和层次与其受教育的程度有很大关系。现在的旅游体验不同于以往，是感官和内心的双重体验，或者说更多的是文学、音乐、绘画、雕塑等艺术的综合审美。因而需要旅游者具有享受精神内容的能力，即具有相当的文化素养。

3. 旅游动机

旅游者参加旅游活动的动机是多种多样的，旅游动机和旅游目的是否实现决定了旅游体验的层次和水平。

（二）旅游目的地因素

旅游目的地因素主要包括旅游目的地的经济环境、社会文化环境、接待人员的服务质量等。

1. 旅游目的地的经济环境

经济基础是旅游目的地发展旅游业的重要依托。经济发展水平高、接待设施完善、可进入性强的旅游目的地开展旅游活动的条件好，能够为旅游者带来更好的旅游体验。

2. 旅游目的地的社会文化环境

旅游体验脱离不了社会关系和社会环境，旅游体验必然会受到社会文化环境的影响和制约，旅游目的地的人口构成、风俗习惯、价值观念等都将影响旅游者体验的获得。旅游体验由初级体验到一般体验，最后到最佳体验的升级过程就是以外界环境因素的保证为先决条件的。当然，也有学者认为旅游者对本地社会文化的不了解也会影响旅游体验感。

3. 旅游目的地接待人员的服务质量

旅游体验质量的高低不仅与旅游目的地的经济基础有关，还和旅游企业接待人员的服务质量有关。旅游目的地接待人员对旅游发展的积极态度和好客行为，可以提高旅游体验的层次和水平。例如，在旅游目的游玩购物时，购物商店的服务质量、沟通技巧、店员和服务质量等都会影响旅游者的购物体验，从而影响旅游者的旅游体验。

（三）旅游主客方互动因素

旅游体验是旅游者和旅游环境互动后产生的心理感受和生理反应。因此主客方互动也是影响旅游体验的因素之一。例如，旅游者进入一个陌生的环境后，对环境的认识和旅游设计的体验主要依靠旅游接待人员的引导，如果旅游接待人员处理旅游者需求的能力很强，就可以引导旅游者逐渐融入环境，快速适应和体验预设的一些旅游活动。但是，有时候接待人员和旅游者之间不能融洽的配合，也会导致预设的旅游活动无法完成，以致旅游者获得了失败的旅游体验。

此外，参照群体也是旅游体验的重要影响因素之一。旅游的过程中，个人的感受会受到亲属、朋友、旅游伙伴、不相识的游人等周围群体的影响。周围群体的言行举止、对待同一景观的态度，乃至周围群体的眼神都会影响旅游者体验的获取。

四、旅游体验质量

旅游体验与旅游者对产品消费的满意度之间存在密切的关系。如果旅游者对产品消费的满意度高，即旅游者在旅游实践中的感悟高于所期望的感受，旅游体验质量水平就高。反之，旅游体验质量水平就低。高质量的旅游体验是旅游企业获得经济收益的基础。

旅游体验是旅游者的主观感受，受旅游者主观价值认识的影响较大，因此我们可以采用主观变量赋值的方式予以测量，如满足感、淡漠感、失望感。但是主观测量有一定的局限性，受个人的影响较多，故而我们需要在旅游体验的测量中加入客观指标，以此完成主客观相结合的测度，为旅游企业经营者经营管理决策提供参考。

学者们多采用 IPA 分析法（重要性—绩效表现分析，importance performance analysis，IPA）测度旅游体验质量，该方法将旅游目的地的旅游产品看作影响旅游体验的要素，并利用平面直角坐标系对产品要素的重要性和表现力进行综合分析。具体来说：坐标系的横轴表示各要素在旅游者旅游过程中的表现，越往右旅游者认为该要素在旅游过程中的表现越好，越有利于旅游者提高旅游体验；纵轴表示旅游者对各要素的重视程度，越往上表示旅游者对该要素的重视程度越高，越认为该要素对其旅游过程是必要的。坐标系中的四个象限给予旅游目的地不同的期望：继续保持区、集中关注区、低优先区、过度关注区。位于"继续保持区"的要素是旅游者认为重要并且表现较好的要素，在今后的旅游发展中需要继续保持发展；旅游者认为位于"集中关注区"的要素很重要，若其表现令旅游者不满意，需要引起旅游企业经营者的重视；位于"低优先区"的要素既不受重视，表现也一般，在旅游企业的发展中不占据优先地位；若位于"过度关注区"的要素表现很好，但是旅游者认为其在旅游过程中可有可无并不重要，在以后的发展中旅游企业可以减少投入，如图 2-1 所示。

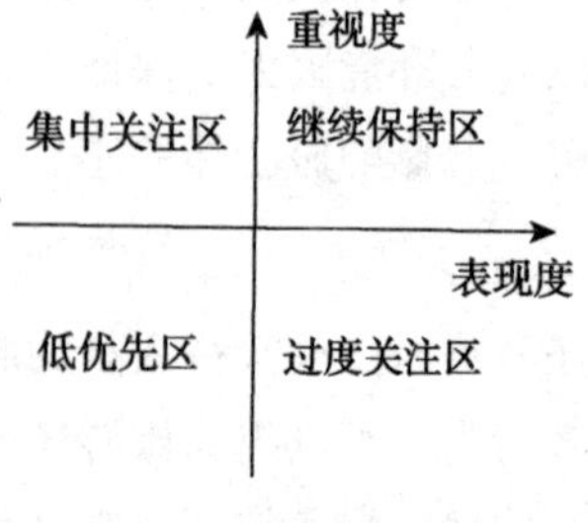

图 2-1 IPA 模型示意图

五、体验是旅游创意的本质要求

旅游创意是通过对主题、景观、活动、空间、功能、服务等旅游元素的创新，将文化和创意融入其中，满足旅游者差异化、个性化、时尚化需求的方法和过程。体验是旅游主客体互动基础上产生的一种心理感受。旅游创意提供丰富的体验内容，旅游主体通过参与体验内容获得心理快感。因此，旅游创意的本质要求是提供满足旅游者需求的差异化、个性化和时尚化的体验内容。

（一）旅游创意是旅游活动产生的新驱动力

随着社会经济繁荣发展，人们的旅游需求和行为从物质层面转向精神层面，不同的旅游者具有不同的旅游动机，单一的旅游活动不足以满足不同层次旅游者多元化、差异化和个性化的需求。多样化、差异化的旅游需求逐步成为现阶段旅游发展新的内驱力。

旅游创意是以现有的资源为基础，根据细分的旅游者群体和消费者行为的差异性，将具有深刻内涵的文化融入旅游产品，进行针对性的设计和创造，以满足旅游者差异化和多样性的需求。创意产品的出现逐步成为现阶段旅游发展新的外驱力。

（二）获取高质量经历是旅游活动的主要目的

旅游的本质是体验或经历。旅游创意组织通过整合、创新文旅资源，创造性设计旅游产品，为旅游者提供不同形式和内容的体验。旅游者经过一番精心详实的计划后离开自己的惯常居住地前往异地旅游，体验随之开始。在旅游过程中，旅游者不断与外界发生互动与联系，从外部世界获取各种各样的知识以增加自己的获得感与体验感。旅游者获得感和体验感的质量取决于其感知水平和外部世界提供的体验内容的数量和质量。

第三节　价值共创理论

一、价值共创理论的产生与发展

传统价值创造观点认为生产和消费是两个独立的过程，不存在直接的互动。企业负责生产商品，创造价值；顾客负责消费商品，毁灭价值。

随着服务经济的兴起和消费实践的发展，顾客变得日益活跃，顾客以不同的方式参与到产品生产的各个环节中，生产者和消费者在合作、互动的过程中为企业和顾客共同创造价值，生产和消费过程不再独立、相互融合。在此背景下，拉米雷斯（Ramirez, 1999）提出了"价值共同生产理念"，该理念是价值共创理论早期的思想萌芽，他强调了顾客在价值创造中的作用，认为价值创造是顾客和企业互动的结果，价值是企业和顾客共同生产的。价值共同生产理念承认了顾客在价值生产中的作用，但是本质上还是强调企业在价值创造过程中的主导作用。因此不能将其等同于价值共创。

随着网络经济及信息技术的应用，顾客开始主动参与到价值创造中，他们积极地参与企业的研发、设计与生产，在消费领域以分享自己消费体验和观点的方式来影响其他顾客和企业。为了满足消费者的需求，企业开始与消费者合作共同创造价值，顾客在价值创造中的主体地位逐渐凸显，真正意义上的"价值共创"出现。

二、价值共创的核心思想

价值共创不是一个新的概念，虽然近些年才引起了学界的关注，但是价值共创的思想可以追溯到 20 世纪的服务经济学研究文献中。20 世纪 60 年代出现的消费者生产理论将"消费者对价值创造的贡献"拓宽到了除服务经济领域以外的广泛领域。随着消费实践的发展，顾客变得日益活跃，尤其是信息技术和经济全球化的发展，市场已经变成了一个开放的论坛，消费者对价值创造的影响力越来越大，价值创造进入全新的模式。目前，价值共创理论主要有三个分支，分别是基于顾客体验的价值共创理论、基于服务主导逻辑的价值共创理论及基于顾客主导逻辑的价值共创理论。

（一）基于顾客体验的价值共创理论

由普拉哈拉德和拉玛斯瓦米（Prahalad and Ramaswamy，2004）提出的基于顾客体验的价值共创理论，使得企业和顾客从两个相对封闭的系统走向互动与融合。该理论认为，顾客与企业共同创造的个性化体验是价值形成的基础，互动是企业与顾客共同创造价值的重要方式，是价值共创的核心。

（二）基于服务主导逻辑的价值共创理论

瓦戈和卢斯科（Vargo and Lusch，2004）提出的服务主导逻辑，其核心思想是"服务是一切经济交换的根本基础，价值共创建立在服务普遍性基础之上"。在这种价值共创理论的指导下，顾客整合利用各方资源创造持续、动态和个性化的价值。共同创造的价值是顾客在消费过程中实现的，生产者只有将自己变身为顾客，从顾客的角度去思考顾客所需，为顾客提供帮助和支持，才能实现价值共创。由此可见，在服务主导逻辑下，价值共创发生在顾客使用、消费产品或服务阶段，故而是顾客和企业共同创造的"使用价值"。在服务主导逻辑的基础上，学者们又延伸出了以下三个新逻辑。

1. 基于使用价值的服务逻辑

格罗路斯（Gronroos，2013）在基于服务主导逻辑的价值共创理论基础上提出了一种新逻辑——服务逻辑，他与服务主导逻辑的区别就在于服务逻辑只关注使用价值的共创过程，认为服务只是顾客日常实践中促进价值创造的互动过程。而服务逻辑强调了三个关键词：角色、真实价值和联合区域。

2. 基于服务科学的价值共创

基于服务科学的价值共创理论，从宏观的角度研究服务系统的价值创造，该理论将原来的顾企二元互动体系拓展到包含人、组织和技术在内的多元互动体系，该系统的内外交换是价值共创的基础。

3. 基于服务生态系统的价值共创

基于服务生态系统的价值共创理论进一步拓宽了价值共创的互动体系，该系统被定义为"不同的社会和经济行动主体基于自发感知与响应，根据各自的价值主张，通过制度、技术和语言为共同生产、服务提供和价值共创而提供的松散耦合的时空结构"。服务生态系统的范畴已远远超过了服务系统和服务系统之间的互动范畴，更多地强调各种资源在复杂网络系统中的资源互动和整合，以及 A2A（actor-to-actor）价值共创方式。

基于服务生态系统的价值共创理论从更加宏观的视角分析了价值共创的过程，认为一切经济社会参与者都是价值创造的重要主体，这些主体通过服务交换和资源整合在更加复杂、松散耦合的动态系统中共同创造价值。同时，该理论还创新性地提出了制度和社会规范是价值共创和服务系统的核心推动力。

（三）基于顾客主导逻辑的价值共创理论

由海诺宁（Heinonen，2013）提出的基于顾客主导逻辑的价值共创理论改变了价值共创的研究范式，无论是体验主导逻辑还是服务主导逻辑都认为价值创造发生在企业控制的生产过程中，顾客参与企业的产品生产，企业处于主导地位，是价值的创造者。而基于顾客主导逻辑的价值共创理论认为，顾客将企业提供的产品与其他资源结合，设计生产自己期望的产品，企业只是产品的提供者，顾客才是价值的创造者。

顾客主导逻辑的价值共创是任务导向和目标导向的价值共创，强调顾客为了获得期望的消费体验，有意地与服务提供者进行互动交流，故而基于顾客主导逻辑的价值共创也被称为"体验价值"的创造。

总之，价值共创对企业和消费者都具有重要的意义。通过让顾客参与价值共创，帮助企业提高服务质量、降低成本、提高效率，发现市场机会、发明新产品、改进现有产品、提高品牌知名度、提升品牌价值等，这些构建了企业区别于其他竞争对手的竞争优势。消费者通过参与价值共创，可以获得自己满意的产品，获得成就感、荣誉感或奖励，通过整个价值共创的交互获得独特体验的消费者又进一步影响企业。

三、旅游价值共创行为

（一）价值共创行为

价值共创活动的发起者一般是企业和顾客，据此我们可以将价值共创行为划分为发起的价值共创和自发的价值共创两种。发起的价值共创指共创活动是企业发起的，活动多与新产品、新设计的意见征集活动有关；自发的价值共创又被称为顾客价值共创，是由顾客发起的价值共创活动，是消费者对于产品或服务的使用体验进行分享交流的行为。

（二）顾客价值共创行为

将顾客价值共创行为依据顾客采取行为的必要程度进一步划分，可以划分为顾客参与行为和顾客公民行为。

1. 顾客参与行为

顾客参与行为是顾客为促成产品或服务生产成功所必须做出的行为。根据顾客参与价值共创的方式不同，可以将顾客参与行为划分为七个维度：顾客投入、信息分享、合作生产、人际互动、提供建议、忠诚行为和准备行为。顾客投入是指为了达成消费，顾客必须付出的时间精力等投入；信息分享指顾客从企业获得某些信息并将这些信息分享给企业或其他顾客；合作生产是指为了使产品或服务顺利完成，顾客与企业之间合作完成的一些工作；人际交互是指顾客与员工之间发生的如信任、承诺、礼貌、尊重和支持等特定互动行为；提供建议是顾客主动向公司反馈问题，提出意见和建议的行为；忠诚行为是指顾客的正面口碑、主动推荐和重复购买等行为；准备工作是顾客在服务发生前所做的所有工作，包括为了帮助自己进行决策而进行的信息查询和信息收集行为。

2. 顾客公民行为

顾客公民行为是指那些对价值共创有一定帮助，但却不是必要条件的顾客行为。例如，顾客自发、自愿采取的对企业、员工或其他顾客均有利的行为，向其他顾客推荐，帮助其他顾客，向企业提供意见和建议等。

（三）旅游主客互动与价值共创

1. 旅游主客互动的概念

主客互动，又称主客交往，史密斯（Smith）在 1977 年首次提出"交往行为理论"并界定了"交往行为"的概念：两个或多个活动主体在一共同环境中，利用语言这个中间纽带达成个人社会化和行为合理化的社会行为。

广义上的旅游主客互动是指旅游者与东道主两个群体间的相互影响，包括直接影响和间接影响。而狭义的旅游主客互动主要指旅游者与东道主之间发生的直接的、面对面的接触和交往，是交往的具体化和微观化，一般包括旅游者从东道主那里直接购买产品，旅游者与东道主之间进行信息交流两种情形。

主客互动对旅游者和东道主两个群体都会产生影响。主客互动会影响旅游者的满意度、对目的地的态度和评价，以及旅游者的重游率。对于当地居民而言，主客互动会影响东道主的经济行为和人际关系，但是对本土的价值观念几乎没有影响。

2. 旅游主客互动与价值共创

主客互动是价值共创产生的一个必要条件，服务提供者和顾客间的互动为价值共创提供了一个平台。主客互动的频次和深度很大程度上决定了价值共创的形式和大小。主客互动会影响顾客的购买意愿和服务体验。牛振邦等（2015）研究了品牌体验与价值共创之间的契合关系，发现顾客与员工、顾客与顾客之间的互动对价值共创有显著的影响作用。主客互动在旅游活动中具有重要的社交服务导向，对旅游活动主、客体均起到了重要作用。旅游组织可以通过主客互动了解旅游者体验感、满意度、忠诚度等信息。

四、旅游创意价值共创

（一）旅游创意价值共创的内涵

旅游创意价值共创是旅游创意组织与旅游者互动的结果。旅游创意组织和旅游者的双赢是创意价值共创的核心。旅游者通过互动参与创意产品的研发、设计、生产、营销及售后的全过程，并获取利益，旅游创意组织通过提高产品质量、旅游者满意度和回购率等获取利益。旅游创意价值共创除了创意组织与旅游者（B2C）价值共创模式外，还有旅游者与旅游者社群、旅游者与社交成员（C2C）价值共创和多利益主体价值共创等模式。

综合以上分析，我们发现旅游创意价值共创中各利益主体在互动的过程中彼此了解、耦合协作、相互促进、相互提升，最终形成共赢的局面。

（二）旅游创意价值共创的过程及内容

旅游创意价值共创的过程可分为开发期、发展期、成熟期、衰退期和终止期五个阶段。不同阶段创意组织与旅游者互动的方式、关系特征和价值共创的内容有所不同。

1. 开发期

开发期是价值共创的探索和实验阶段，是创意组织与旅游者互相了解的阶段，这一阶段的互动结果将直接影响各方的合作意愿及旅游创意价值共创的效果。

2. 发展期

发展期是价值共创的快速发展阶段，创意组织和旅游者在前期沟通的基础上认识到了共创给双方带来的利益，坚定了共创的信心。

3. 成熟期

成熟期是价值共创的稳定发展阶段，创意组织和旅游者在前期稳定合作的基础上进一步认识到共创的好处，增强了对彼此的信任度和满意度，双方都极力促成价值共创向着好的方向发展。

4. 衰退期

衰退期是价值共创的逆转阶段，创意组织和旅游者之间的合作关系衰退，旅游者的参与率降低，参与热情减退。这一时期，创意组织的主要任务是查找衰退原因和重唤信心。

5. 终止期

终止期是价值共创的尾声阶段。由于创意组织所采取的措施不同，处于衰退期的价值共创会有复苏和终止两个走向。如果创意组织可以采取及时的"唤心"策略或"吸粉"策略，重新唤醒主客互动关系或吸纳新的价值共创成员，价值共创就可以复苏，也有可能走向新的、更高的成熟阶段。如果创意组织没有提出针对参与旅游者数量减少和热情减退情况的策略和措施，价值共创就有可能终止。终止后的旅游创意或无人问津，或者被其他创意所替代。

（三）旅游创意价值社会共创

根据社会网络理论，创意的社会网络是由创意企业组织内部各类成员、消费者、合作伙伴、竞争对手、政府机构及社区居民等构成的复杂网络。在旅游创意活动中，各利益主体之间的关系及创意社会网络的复杂社会结构都会影响创意的效率和旅游体验质量，我们需要关注各利益主体的作用和价值诉求。

第四节　创意经济理论

一、文化产业理论

20 世纪 80 年代欧洲开始广泛使用"文化产业"一词分析其财经政策，并描述了文化生产、消费、投入和分配等活动。此后，文化产业迅速发展，形成了一种新兴的业态，以文化产业为基础的文化经济也发展成为一种重要的经济形态。当前，文化与其他产业相互渗透、相互融合已成为产业发展的重要趋势，文化产业与创意产业的相互融合成为文化创意产业产生的基础。

二、文化经济理论

（一）文化经济的概念

关于文化经济的本质属性，我国学术界始终没有形成比较统一或有较强影响力的界定。国外学术界形成了广义的文化经济和狭义的文化经济两种概念界定。广义的文化经济学主要研究文化、经济思想、经济发展及三者之间的关系，而狭义的文化经济学则以文化艺术产业、文化商品和文化市场等为主要研究内容。

文化经济是一种新型经济形态，是在精神生产的基础上生产文化产品、提供文化服务的经济形态。

（二）文化经济的特性

文化经济是人类经济社会发展的必然趋势，是人类在物质需求满足的基础上提出的更高标准的需求。与物质经济相比具有创新性、可持续性、非物质性、成本特殊性及文化与经济深度融合性等特性。

1. 创新性

创新性是文化经济的特有属性。文化经济的本质要求创造者以现有的文化资源和技术成果为基础，以新的视角、新的表达方式和新的传播途径创造性的生产文化创意产品，以提高文化产品的社会效益和经济效益。

2. 可持续性

文化经济是对现存文化资源的开发、利用和再创造，文化资源是可以重复利用、无限开发的资源。不同的创造者可以将自己的理解和智慧融入相同的文化资源进行无限度的开发和利用，产生不同的文化产品。因此，相较于传统的农业经济和工业经济模式而言，文化经济更具有可持续性。

3. 非物质性

符号价值是创意商品的重要价值之一，也是文化经济非物质性的体现。消费者在选购商品时，除了考虑商品本身的使用价值外，还会考虑商品所附带的符号价值。这正是商家将文化元素渗透入商品的结构功能、外观设计、包装及广告中，并通过各种营销渠道广而告之的原因。符号体系和视觉形象的生产可以帮助商家塑造品牌、积淀文化，培养忠诚顾客。例如，顾客对某些品牌的信任、认可都是"品牌效应"的结果。

4. 成本特殊性

每一件文化产品的产生都需要创造者付出大量的精力、时间和智力，它所固有的成本非常高。例如，故宫的文创产品，每一件产品的选材、设计和生产都富集了大量的精力、时间和智力，但是当作品产生后，复制成本就相对低廉了。另外，文化产品的投入是高智力投入，区别于传统的农业经济和工业经济的资源投入和资本投入。由于文化产品的这种成本特殊性，使得文化产品的价值估算不能仅以无差别的社会必要劳动时间来衡量，还需要经过市场的检验。同时，文化产品的价值也不仅仅体现在经济效益上，还体现在社会效益上，故而不能使用普通的物质产业的效益估算方式来估计文化经济所产生的效益。

5. 深度融合性

文化产业化是文化与经济相融合的典型标志。随着文化产业化的出现，文化逐渐变成了商品，文化的价值开始显现出来。创作主体将自身的情感、价值观和思想信念倾注到文化产品中，提升了产品的价值，使一般产品具有了不一般的价值。因此，文化和市场的深度融合发展是文化经济的重要特征之一。

（三）文化经济的效用

1. 创造和传播文化

创造和传播文化是文化经济的基本功能，不同的文化在传播过程中不断碰撞、兼容、整合形成新的文化，文化的这种形成方式为文化经济的发展提供了源源不断的"原材料库"。文化产品的普及使越来越多的人了解了不同时期、不同地区的文化，有利于文化的进一步传播和保留。

2. 推动国民经济快速发展

文化经济的出现是市场发展的结果，是未来经济的发展趋势。随着我国社会主义市场经济的发展，人们对精神文化产品的需求日益增加，加上人们较强的购买力和大量的空闲时间，文化市场不断繁荣，文化经济也成为我国国民经济快速发展的新抓手。

3. 提高文化竞争力

在文化经济蓬勃发展的今天，文化要素已经成为影响综合国力的重要因素，在一定意义上讲，传统的经济实力、军事、政治的竞争都在向文化实力竞争转变。各国也越来越关注本国文化的利用，即对文化竞争力的关注。

4. 满足人们的休闲需求

文化产业的产生主要是为了满足人们的精神需求。随着生产力的提高，人们有了大量的空闲时间和金钱，加上人们对美好生活的向往，越来越多的人希望出现一些可以同时满足其生理和心理需求的产品。通俗意义上的文化经济产品可以满足人们休闲娱乐需求的"吃喝玩乐"产业和释放压力的"听唱"产业。文化产品可以帮助人们获得愉悦感，缓解心理负荷。

三、符号学理论

（一）符号

符号不是文化领域的专属产物，在现实生活中，人类活动的各个过程都可以找到符号，所有的行为、动作、手势、味道、视觉图像甚至声音都可以视为符号。人类可以通过符号化的方式来认知世界、记录世界和感知世界。例如，旧石器时代的古人类使用如结绳记事、图腾表达等符号来传达一些信息、丰富自己的生活。随着人类社会的发展，人类利用符号来进行创造，赋予了符号更深的内涵和外延，并给予符号不同的情感表达。

（二）符号学

符号学是以符号为研究对象的一门复杂的、研究范围广泛的、跨学科的理论性学科。符号学通过对客观事物的总结，将其"所指"提炼为符号，并尽可能延伸符号的"所指"，使符号的意义成为共识的原理，再进一步探索客观事物所存在的共性，总结其概念。

"符号学之父"瑞士语言学家索绪尔从心理学的角度探究了符号的本质、符号的发展规律及符号的深刻含义与影响，以及符号与载体、客体及社会体系间的关联。索绪尔利用"能指"和"所指"分析了事物间的构成和逻辑关系，符号的"能指"即为符号的外在形式，符号的"所指"即为符号的内在含义，一个完整的符号需要同时具备"能指"和"所指"。索绪尔的构建主义符号学理论为今后符号学的研究和发展提供了理论基础和指导。

现代符号学开创者之一的皮尔斯提出了著名的皮尔斯符号学三分法，以符号的表征方式为依据将符号分为图像符号、指示符号及象征符号，如表 2-1 所示。

表 2-1　皮尔斯符号三分法

分类	表征方式	实例
图像符号	相似性表征	模型、地图、照片
指示符号	因果性表征	路标、指示代词
象征符号	象征意义性表征	白鸽象征和平

（三）符号的功能

符号的存在是为了向人们表现一些什么、叙述一些什么、传达一些什么。任何存在的符号都在有意无意地向他人表示它的作用，传达它的功能。具体来说，符号的功能包括表意、交流、彰显和认知。

1. 表意功能

人类通过符号的表意功能认识生活中的各种事物，同时人们会通过符号表示来记录和传播自己对客观事物的认知和感受。例如，"汽车、火车、飞机"不仅是对客观事物的指代，更是区别这些同类事物的标志，人们利用这些文字符号将事物、讯息与编码表达出来。

2. 交流功能

符号的交流功能主要体现在人与人的交往和传播过程中。人类将自己需要传递的信息或意义转换为语言等符号，接受信息或意义的人则通过解读的方式对收到的信息或意义进行阐释和理解。

3. 彰显功能

符号的彰显功能是通过符号所表述的或传达的内容来彰显一个人的身份、地位或其所具有的与众不同的特征。例如，我国封建王朝时期黄色的服饰彰显了皇族的地位和威严，奢侈品牌的存在彰显了品牌的文化积淀，奢侈品的使用彰显了使用者的身份或社会地位。

4. 认知功能

符号的认知功能就是人类利用符号来巩固和存储人类文明的信息，解读人类对现有世界的认知。符号的认知功能可以帮助人类将认知成果代代相传、不断丰富。

符号的各项功能是相互影响、相互作用的，无论是简单的图像符号和指示符号，还是复杂的象征符号都体现着符号的各项功能。

（四）创意与符号学

创意是创意阶层将自己的主观感受符号化，并将其赋予某一载体的过程。创意是结合文化因素、制度因素和社会经济因素对客观事物高度概括和抽象提取的符号表征。

四、创意经济概念及特征

创意经济理论是建立在内生增长理论基础上的现代经济理论，创意是其核心资本，知识和创意是财富和经济增长的重要来源。在创意经济时代，"脑力"将代替"劳动"，"创意密集型产业"将取代"劳动密集型产业"成为国民经济新的增长点。

（一）创意经济的概念

创意经济又称为创意产业、创新产业、创造性产业或创新经济等，是社会科学、自然科学、交叉科学的内涵与外延。追溯创意经济的概念，我们发现，创意经济从提出至今都与"人脑"有关。1998 年英国创意产业特别工作小组出版的《英国创意产业路径文件》中首次提到了"创意产业",并界定了创意产业是指那些源于个人创意、技能和天分,通过知识产权的开发利用,具有创造财富和就业机会潜力的产业,包括广告、建筑、艺术品和古玩交易、手工艺品、工业设计、时尚设计、电影、互动性娱乐软件、音乐、表演艺术、出版、电脑软件及电脑游戏、广播电视等 13 项行业类型。之后,联合国教科文组织提出了创意产业的产品内容及产品供给形式,是蕴含文化内涵的无形产品,产品内容基本受著作权保障,产品供给包括物质商品和非物质服务两种。

国内学者尹宏(2011)认为,创意经济是城市经济可持续发展的高级形态,是所有通过知识产权的运用实现财富增加和就业增长的创新型经济形态的统称。兰玉(2008)将创意经济的概念具体化,指出创意经济是在经济高度发达的新阶段,以创意为核心,以知识产权保护为平台,以现代科技为手段,将创意物化成高文化附加值和高科技含量的产品和服务,并在市场经济条件下进行生产、分配、交换和消费,以提升经济竞争力和生活质量为目的的新型经济形态。

(二)创意经济的特征

1. 高科技含量

个性化创意和创造需要依托信息技术、数字技术等高新技术手段,并表现出较高的知识性、智能性和多元性,故而创意经济又可以被称为知识集聚性产业或科技集聚性产业。

2. 高文化需求

马斯洛需求层次理论指出,人在满足基本需求以后,会寻求更高层次的需求。随着社会生产力的发展和生活水平的提高,人们的基本物质需求已得到满足,对文化性的精神需求成为人们迫切需要满足的对象。消费转型是刺激创意产业出现的一个必要条件,创意经济是为了满足消费者娱乐与欣赏的需要,创意商品或服务的价值在于实现消费者对美的追求。

3. 高收益高风险

创意产品因其科技含量高,个性化程度高的特点,可以满足消费者多元化的需求,因而具有更高的产品竞争力和产品附加值。创意产品除了具有一般产品的使用价值外,还具有附着在商品中的主观感受与体验所产生的符号价值,符号价值带给创意产品更高的价值。高附加值往往伴随着高风险,因创意经济与文化资本、商业资本的相互交织,存在着文化、政策、技术和融资等方面的风险。

4. 与时俱进

创意经济是强调"创意"的产业,但是创意的基础是思想、文化和科技。随着社会的发展,流行的思想、文化和科技都在发生日新月异的变化,如果创意产业的"创意"不能与时俱进,创意产业的创意性就不再具有创意了。尤其是在集聚数字技术和网络技术的新媒体产业大爆炸的今天,创意的更新频率、换代速度是决定创意价值的关键。

（三）创意阶层

创意阶层是创意经济发展的核心力量。弗罗里达（Florida，2006）将创意阶层划分为具有核心创意的创意人员和有创造力的技术人员两类，前者的主要任务是理论、形式等的创新，包括科学家、工程师、大学教授、诗人与小说家等；后者则常常调动自身的知识储备构建创新性的解决方案以解决复杂的问题。通俗地讲，创意阶层就是将新思维与其他因素融合，产生新的、特有的知识产品，经过交易实现创意价值。创意阶层是创意经济体系的核心资源，是产业发展的潜在智力资源，是社会经济发展的主要动力。

在物质生活丰富的后工业时代，创意阶层的存在尤为重要，创意阶层产生的新产品不断满足人们高层次的需求。因此，想要发展社会经济，就必须营造宽容的社会环境吸引大量的创意阶层，通过加强基础设施建设，推动技术创新等手段为创意产业的发展提供实质性的保障。

本章小结

（1）文旅融合是社会分工和技术进步的必然结果，是文化产业与旅游产业相互关联、相互渗透形成新业态、新产品的经济现象，是创意旅游产业产生的基础。

（2）旅游体验是旅游者在旅游的过程中通过观赏、交往、消费和模仿等方式与外部世界互动而产生的一种心理感受，不同的旅游者会产生不同的体验感，同一旅游者在不同的背景下也会有不同的感受。体验是旅游创意的本质要求。旅游创意提供丰富的体验内容，旅游主体通过参与体验内容获得心理快感。

（3）价值共创对企业和消费者都具有重要的意义。顾客参与价值共创一方面可以帮助企业构建了区别于其他竞争对手的竞争优势，另一方面可以使消费者获得自己满意的产品、成就感、荣誉感或奖励。旅游创意价值共创中各利益主体在互动的过程中彼此了解、耦合协作、相互促进、相互提升，最终形成共赢的局面。

（4）文化创意产业是文化产业与创意产业不断融合发展的结果。关于"创意经济是衡量一个国家或地区产业结构、经济活力的重要因素之一"的观点在业界和学术界都已达成共识。人们开始意识到创意潜在的经济价值，但"将潜在的创意转化为产品，以获取更大的经济利益"却一直是一个理论上成立但缺乏实践的活动，这需要完善的创意管理体系。

思考题

1. 简述产业融合的概念、动因和效应。
2. 简述文旅融合的概念、动因和效应。
3. 简述旅游体验的概念、特点及影响因素。
4. 简述价值共创的概念及旅游创意价值共创的内涵。
5. 简述创意经济的概念及特征。

扫描此码

自学自测

第三章

乡村旅游创意生成

学习目标

- 了解乡村旅游创意生成概念
- 掌握乡村旅游创意生成原则
- 掌握乡村旅游创意生成构成要素
- 了解乡村文化概念、分类及与乡村旅游创意生成的关系
- 掌握乡村旅游创意生成模式与机制
- 了解乡村旅游创意生成的困境及优化措施

第一节 乡村旅游创意生成概述

一、乡村旅游创意生成的概念

目前国内有关乡村旅游创意生成的概念界定尚不多见，本书第一章中已对什么是乡村旅游、什么是创意进行了界定，不同学科对创意的理解有差异。综合来看，狭义上的创意既可以理解为创造性的想法或构思等静态形式，也可解释为提出有创造性的想法或构思的动态过程，是一种抽象的思维过程。静态形式的创意指内容创意，动态的创意是指创意思维过程。管理学中的创意是在产品创新的基础上进行的界定，创意被看作是产品创新模糊前端的重要内容，也就是说管理学中的创意须从商业化视角进行界定和理解，即创意要能够为产品和服务提供新价值，该创意贯穿产品策划研发、加工生产、运营营销、市场消费的整个价值链过程。在经济管理视阈下的创意生成也不能简单地看作是创意方案的形成过程，而是要放置在具体产业背景下进行探讨和分析。从上述可知，创意生成是指创意行为过程或创意内容形成过程。

（一）概念甄别

对创意生成的理解往往容易和创意开发等概念混淆，为了更好地理解创意生成，现将创意生成与创意开发加以区别。首先，创意开发一般是指从"文化资源—内容创意—创意生产制造—创意市场营销—创意消费"的全过程。而创意生成须在商业化和产业化背景下进行界定，这使得对创意生成的界定离不开资源整合和产业融合等要素。其次，创意生成是创意开发的基础和首要环节，创意开发是对生成创意的具体开发和商业化实现过程，创意生成是创意价值创新的前提，而创意开发是创意价值创新的手段。

（二）旅游创意生成

旅游创意生成是创意产业在旅游业中的延伸和应用，不论旅游产业还是创意产业，均将实现经济、社会文化及生态效应作为产业发展目标。因此，旅游创意生成既应凸显旅游业经济性、文化性、产业联动性及法规政策性等特征，又应兼顾创意产业中有关创意生成和运营的一般规律。因此，可将旅游创意生成界定为：在产业融合背景下，以旅游创意价值创新为目标，创意主体在借助相应技术手段的基础上，依据相关政策法规，综合运用多种创意思维与方法对旅游文化资源进行挖掘分类、文化萃取和符号转化的过程。

（三）乡村旅游创意生成

结合上述旅游创意生成的概念，我们可以将乡村旅游创意生成界定为：在产业融合背景下，以乡村旅游创意价值创新为目标，创意主体在借助相应技术手段的基础上，依据相关政策法规，综合运用多种创意思维与方法对乡村文化资源进行挖掘分类、文化萃取和符号转化的过程。

二、乡村旅游创意生成的原则

（一）乡村性与乡土性原则

关于乡村性和乡土性的研究在社会学、文学及民族学等诸多人文社会学科中均有所涉及。随着乡村旅游的不断推进和深入发展，乡村性与乡土性已成为乡村旅游研究的重要内容，乡村性和乡土性被学术界看作是乡村旅游的内核和重要特征。

1. 乡村性与乡土性的界定

乡村性（rurality）由乡村概念发展而来，由于乡村概念的复杂性，导致其在不同研究典范中的释义不尽相同。20 世纪 50 年代末至 60 年代乡村性研究进入西方乡村地理学的研究领域，历经描述流派、乡土流派、社会建构流派的探索和发展，学者们逐渐认识到乡村性不是僵化的地理实体，也不是现存的客观特性，而是乡村社会、空间关系相互建构交织的结果，并且是动态的、变化的（范学刚，2016）。赵江（2021）通过对《记住乡愁》大型纪录片和实地考察后总结出乡村四类主要构成要素，分别是乡村自然肌理、乡村古建遗存、乡村乡土文化与乡村原著居民。

费孝通的《乡土中国》是学界公认的中国乡土社会传统文化和社会结构理论研究的重要代表作之一。书中提出以农为生的人，世代定居是常态，迁移是变态；礼制是中国乡土的秩序；长老统治是中国传统乡土社会的政治特点。胡映兰（2013）认为中国的乡土文化围绕着"守土"这一核心理念形成，"乡、土、人"三者之间通过密切的互动关系，产生了乡土文化。乡土文化内涵十分丰富，其中包括哲学思想、人的思维意识、物质文化等内容。

在对乡村性、乡土性及与乡村旅游的关系研究中，可以看出对乡村性和乡土性的解析，大多是把乡村文化作为二者内涵的出发点和归宿处，没有对二者的区别加以辨析，容易使二者混为一谈。首先，乡村性和乡土性的不同之处在于一个重在"村"字，另一个重在"土"字。从时间上看，乡村更侧重当下的存在，而"乡土"则体现出时间上从古至今的连续性，乡村性是显性的、乡土性是隐形的；从空间上看，传统研究认为乡村是区位有别于"城市"的聚落，呈现出与"城市"不同的聚落景观，乡土则注重乡村文化在不同空间地域上的差异性，乡村性是具象的，乡土性在则更为抽象。

2. 乡村旅游中的乡村性与乡土性

莱恩（1994）指出，乡村旅游中的乡村性主要集中在乡村自然景观和社会文化两个方面。其中，乡村自然景观包括自然景观、野生生物及农业发展的人工景观，乡村社会文化包括乡村生产方式、生活方式、当地村民价值观和文化遗产传承等。乡村性指不受大城市影响之下的社会和经济活动。弗莱舍（Fleischer，2000）认为，乡村旅游的根本吸引力在于寻求差异化的乡村生活体验。欧洲联盟和世界经济合作与发展组织认为，乡村性是乡村旅游整体推销的核心和卖点。邹统钎（2006）认为，客源地的"城市性"与目的地的乡村性级差或梯度是乡村旅游的动力源泉，乡村旅游生存的基础是乡村性或乡村地格。尤海涛、马波等（2012）从乡村旅游者感知角度，对乡村性进行了理论抽象和构建，提出应将"乡村意象"，即乡村在长期的历史发展中在人们的头脑中所形成的"共同心理图像"作为乡村旅游乡村性的重要内容，构成乡村旅游核心吸引力。

在乡土性与乡村旅游关系研究方面，李孝坤（2004）提出只追求"乡土""农村"外在形式的模仿，忽视乡土文化的内涵，乡村旅游中工业化、城市化的旅游产品，将不可避免地出现趋同化、庸俗化的结果，乡村旅游注定会失去吸引力和生命力。陶玉霞（2015）认为，乡村旅游的根本动力主要集中在亲近土地的心理结构、乡土文化历史传统积淀、人地关系意识和田园精神方面。方悦琪（2019）研究认为，乡村旅游的开发应以特色的乡土文化为灵魂，以乡土文化的内涵指导乡村旅游的开发。

3. 乡村旅游创意生成中的乡村性与乡土性

乡村是乡村旅游创意体验的时空载体，乡土则是乡村旅游创意体验的文化内核。乡村性既是乡村旅游创意生成的原则，在乡村旅游创意商业化创新的过程中乡村性是重要卖点，乡村性可借助村庄布局、民居建筑、生态景观、农业景观等内容的创意来实现。乡村旅游创意中的乡土性是对田园乡村情愫和乡村文化的再生产过程，在乡村旅游创意中对乡土性的表现和再造是激发乡村旅游市场活力的内在驱动力，也是乡村旅游创意价值实现的核心要素。

（二）体现时空差异性原则

季节性是旅游业的重要特征之一，而乡村旅游的季节性很大程度上取决于乡村所处的地理环境。从文化地理学来看，不同的地域环境造就了不同的地域文化，处于不同地域的乡村因先在自然条件而选择了不同的生产方式。从政治经济学角度来讲，生产力决定生产关系，物质基础决定上层建筑，乡村在生态环境与生产方式的共同作用下形成了各具特色的乡村文化，而不同的乡村文化也反映着生态环境和生产方式的时空差异性。

我国幅员辽阔，大陆海岸线长达 18000 多千米，气温降水的各种组合，形成了多种多样的气候类型，不同地域内的乡村无论在生态环境、生产方式、乡村形态和物质景观等方面均呈现出较大的时空差异性。文化是创意之源，乡村文化是乡村旅游创意的源泉，因此，应充分考虑和体现乡村地理位置、环境气候和季节变化等因素在乡村旅游创意生成中的差异，这是提升乡村旅游创意新奇性的有效方式，而新奇性是乡村旅游创意进行市场化开发与运营的重要基础。

（三）注重绿色生态性原则

生态环境与经济协调发展是全世界公认的绿色发展观。乡村是具有自然、社会、经济特征的地域综合体，是兼具生产、生活、生态、文化等多重功能的生存空间。2017 年，我国提出乡村振兴战略，将"必须坚持人与自然和谐共生，走乡村绿色发展之路"作为实现乡村振兴的重要路径，"生态宜居"是乡村振兴的目标之一。

返璞归真、回归自然、亲近自然是人类的天性使然，在当今的工业化时代，追求绿色健康的生活方式已成为消费的新趋势，乡村旅游已成为人们逃离城市喧嚣、释放压力、寻找心灵净土的重要场所和生活方式。随着文化创意在旅游业中的延伸和融合，乡村旅游创意转向为乡村旅游结构要素优化和转型升级提供了新思路，即把生态经济观、生态技术观、生态文明观等融入乡村旅游创意中。绿色生态是乡村旅游创意吸引力构建的关键因素，同时也是通过创意转向促进乡村旅游高质量发展的重要内容。在乡村旅游创意生成中，绿色生态性不仅是乡村旅游创意创新的重要指导思想，同时也是衡量乡村旅游创意品质高低的关键指标。乡村旅游应为乡村旅游者持续提供生态优美、独具特色、绿色环保健康的创意产品和服务，满足旅游者在乡村旅游活动中求新求异的文化消费需求，实现乡村旅游创意的经济、文化与生态效益。

第二节　乡村旅游创意生成构成要素

在乡村旅游创意在生成过程中，须综合考虑涉及创意产业和乡村旅游业融合发展的诸多因素，应解答有谁来实现乡村旅游创意、创意的来源和素材是什么，创意的方法如何，创意的形式和载体有哪些，以及创意生成的目标是什么等问题。乡村旅游创意生成过程中，既要体现创意产业中有关创意生成的原则和方法，也应遵循乡村旅游业的基本特征与运作方式，考虑如何将乡村旅游创意与"食、住、行、游、购、娱"旅游六要素进行融合等关键问题。与此同时，还需加强乡村旅游创意的知识产权培育、保护与开发。依据乡村旅游创意生成的概念界定，可将乡村旅游创意生成的构成要素按乡村旅游创意的主体、客体、介体、方法及目标等要素进行划分，在目标要素的指引下将各要素形成一个有机整体（图 3-1）。

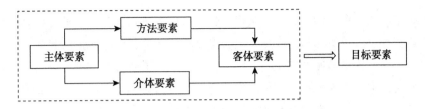

图 3-1　乡村旅游创意生成要素关系图

一、主体要素

主体要素是指乡村旅游创意的创作、策划或生产者，包括乡村旅游创意个体和组织。创意产业在全球的发展壮大催生出了一个新兴的社会阶层，即创意阶层。2002 年，美国学者弗洛里达结合美国自身创意产业发展状况，首次提出创意阶层的概念，并进行了较为系统的研究，我国创意产业较为发达的地区已有创意阶层的形成。来自创意阶层的乡村旅游创意组织或个人是乡村旅游创意主体的主要组成部分。因创意阶层的开放性、多元化和包容性特征，使得从事和参与乡村旅游创意的主体并不局限于专业人士或单一职业类型，在互联网和新媒体较为发达的今天，人人皆有成为乡村旅游创意主体的可能性，结合国内学者蒋三庚对创意阶层的划分，可将所有从事和参与乡村旅游创意的群体纳入该分类框架下，并将乡村旅游创意主体分为乡村旅游创意生产者、策划者和经营管理者，有关该部分的具体内容将在本书第四章中进行详细介绍。

二、方法要素

（一）创意思维

任何创意活动都离不开创意思维。有关创意思维的类型多种多样，但大多都是零散和非系统化的介绍，段轩如（2018）对什么是创意思维、常用的创意思维类型有哪些，以及如何在创意中加以运用进行了归纳和总结，他指出，创意思维是打破传统思维定式，通过对已有信息的创造性重组而产生出新产品、新观念、新思路、新理论、新方法、新技术、新概念、新思想、新环境的过程，或者说就是通过信息重组，对旧要素进行改进和改变的过程。

常见的创意思维主要包括：确定性创意的形式逻辑思维和不确定性创意的辩证思维、形象联想与想象思维、反其道创意的逆向思维、旁通创意的侧向思维等。此外，创意思维还包括聚散自由创意的发散与聚合思维、深度创意的纵向思维与拓展的横向思维、全视角创意的立体思维、跨越时空创意的超前思维及灵感捕捉的直觉思维等。

（二）科技手段

在乡村旅游创意生成方法要素中，离不开对技术要素的运用，互联网信息传媒、旅游大数据、智慧旅游、图文设计、建筑技术及创意管理专业知识与技能等为乡村旅游创意生成和后期运营提供着重要的技术支撑。尤其是互联网技术在乡村的推广和普及，极大地加快了文化与信息的传播的速度和覆盖范围，较好地弥补了乡村旅游创意市场的信息不对称问题。互联网技术既能为乡村旅游创意生成提供丰富的文化信息资源，又能为乡村旅游创意的生成与价值转化提供更多技术上的可能性，如抖音、快手、B 站等已成为乡村旅游创意视频类内容生成的重要平台。

（三）政策法规

乡村旅游创意的价值在于优质的内容，对乡村旅游创意内容的把握离不开政策法规的原则和依据，相关法律法规和公序良俗是乡村旅游创意文化内涵的重要边界。例如，在乡村旅游创意生成与开发过程中，涉及相关的土地开发利用、文物保护、生态环境保护、经营法规、互联网管理条例等相关法律法规。乡村旅游创意内容应以社会主流价值观为导向，时时处处体现乡村旅游创意的正确价值理念和积极文化意义。在我国，随着创意知识产权保护相关法规制度的建设和完善，在乡村旅游创意生成环节，须以体现和反映社会主义核心价值观为原则，创意内容应有助于乡村社会经济发展，在实现乡村旅游创意经济效应的同时助力社会文化和生态效应。

三、介体要素

乡村旅游创意生成介体要素指创意主体通过何种载体或介质实现乡村旅游创意内容的呈现与转化。从宏观层面来看，介体要素指建立在产业融合基础上的乡村旅游创意；从微观角度来看，乡村旅游创意生成介体指乡村旅游创意的符号转化和具体形态所依托的介质。

文旅融合背景下，创意转向已成为全球旅游业发展的新趋势，产业交叉融合是乡村旅游创意生成的基础，同时为乡村旅游创意实现提供载体和介质。旅游业具有较强的产业关联性，传统农业与现代旅游业的融合是乡村旅游初级发展阶段的特征，随着乡村旅游业的不断开发，其休闲度假、购物娱乐等功能日益凸显，不仅加深了乡村旅游与第三产业各部门的融合，而且将以制造业为主的第二产业也纳入乡村旅游开发中。乡村旅游创意既是乡村旅游业与创意产业的融合，又是创意产业在乡村旅游业中的延伸发展。因此，产业间、部门间的融合是乡村旅游创意生成与价值创新的介体要素。

技术的进步为乡村旅游创意生成提供了更多可能性，借助现代大众传媒、互联网平台、新媒体、AI、VR 及元宇宙等线上虚拟介质，已成为乡村旅游创意生成的主要平台或工具。此外，乡村旅游创意生成也可依托线下有形产品、建筑物、服务等实体介质进行创意的生成和符号转化。

四、客体要素

客体要素指乡村旅游创意的来源和对象。在创意生成阶段，主要指为乡村旅游创意提供创意素材的乡村文化。创意离不开文化，创意经济创造性地将各类文化元素融入人们的日常生活方式中（林明华和杨永忠，2014），创意是对现有文化资源的重组、再加工和符号转化。因此，乡村文化是乡村旅游创意的来源，是乡村旅游创意生成的客体要素，其决定着乡村旅游创意的文化内涵和文化价值。乡村文化作为与城市文化相对应的文化类型，比城市文化更具鲜明特色，且类型更加丰富多样，是乡村旅游开发的重要资源。根据文化的一般概念可将乡村文化理解为：在历史发展长河中人们所创造的有关乡村生产、生活与生态的物质文化财富和精神文化财富的总和。乡村文化可划分为生态文化、生产文化和生活文化三种类型。有关乡村文化与乡村旅游创意生成将在本章第三节中进行阐释。

五、目标要素

乡村旅游创意生成的目标是价值创新，不能实现价值创新的乡村旅游创意是毫无意义的。价值创新是由欧洲国际工商管理学院金昌为（W. Chan Kim）和雷尼·莫泊奈（Rence Mauborgne）教授所提出，其实质是企业在经营管理过程中，通过为顾客创造更多新价值来提升企业在市场中的竞争力，企业价值创新可通过开辟新市场、重新进行产品定位、改变顾客对产品和服务的认知、企业价值链重组等方式来实现。乡村旅游创意生成是乡村旅游创意价值创新的基础和前提。

杨永忠（2018）在梳理、借鉴国内外相关研究成果的基础上，以马斯洛需要层次理论为基础，以遵循创意价值规律为原则，提出创意价值的三维模型，即功能价值、符号价值和体验价值（图3-2）。在乡村旅游创意构成目标要素中，可借鉴和采纳该价值模型来阐释乡村旅游创意的价值，其中功能价值主要通过对乡村旅游创意的产品开发加以呈现，更多的是满足了旅游者对乡村旅游创意的物质需求；符号价值构成创意的社会基础，代表创意的社会连接，通过对乡村旅游创意田园生活的向往和乡愁情感的寄托，满足旅游者对乡村旅游创意的社会文化需求；体验价值体现了乡村旅游创意的当代价值发展，是借助和利用多种形式和技术手段的一种文化体验，满足了包括乡村旅游创意主体、文化企业家及旅游者等群体在乡村旅游创意中通过创意生成、经营管理与消费的文化精神需求。

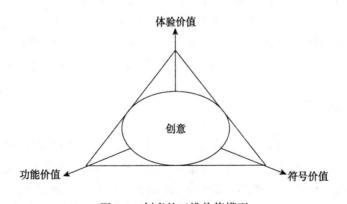

图 3-2 创意的三维价值模型

乡村旅游创意价值创新目标的实现是在打破原有乡村旅游业态和运营模式的基础上，通过对文化资源的重组、整合和创意创新，对乡村旅游产品和市场进行重新定位，在改变旅游者对乡村旅游创意产品和服务认知的基础上，或开辟和形成新的乡村旅游创意市场，或在产业融合的基础上完成乡村旅游创意业态的价值链延伸，从而实现乡村旅游创意商业价值与文化价值的创新。其中，乡村旅游创意的商业价值创新，是通过乡村旅游创意的功能价值和部分体验价值得以实现；乡村旅游创意的文化价值创新，则更多的是通过乡村旅游创意的符号价值来完成，但也包括部分体验价值的内容如图 3-3 所示。

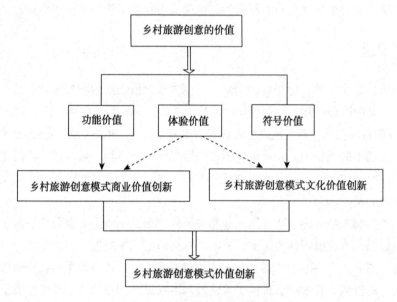

图 3-3　乡村旅游创意的价值创新

第三节　乡村文化与乡村旅游创意生成

在乡村旅游创意生成的构成要素中，乡村文化是其客体要素的构成内容。如前文所述，文化是创意之源，乡村旅游创意离不开对乡村文化的挖掘、萃取和符号转化，脱离乡村文化的创意在市场中是没有持久生命力的。因此，我们有必要对乡村文化的概念、内涵和类型进行较为系统的了解，为乡村旅游创意生成类型和机制的学习提供必要的理论基础。

一、乡村文化的概念

国内外有关文化的定义较多，人类学、社会学、文化学、地理学等学科均对文化进行了概念界定。其中，英国文化人类学之父爱德华·泰勒（2005）从文化现象入手进行定义，认为文化是一个复杂的整体；美国人类学家克罗伯和克鲁克洪（1952）对西方自 1871 年至 1951 年间关于文化的 160 多种定义做了评析，认为文化是通过符号而获得，并通过符号而传播的行为模型；英国社会人类学家马林诺夫斯基（2002）将文化分为物质、制度和精神三个层次；文化经济学将文化看作提高人们生活质量的同时还能带来经济效益的各种元素。

关于乡村文化目前尚无统一的定义，与之相近的有村落文化的概念。卢荣轩、童辉波（1993）认为，广义的村落文化是指一定的村落共同体在社会实践中创造的物质文明和精神文明的总和；杨（鹍）国（1992）研究指出，村落文化是一个"自组织"的综合系统，其自组织参与力量包括自然资源、经济手段、文学艺术、宗教信仰、行为模式、思维方式等，因为这些自组织力量在各民族村落中的致序作用程度不同，造成了民族村落文化的丰富多彩。在乡村文化界定方面，梁茜（2014）认为，乡村文化指农民在长期的农业生产和乡村生活中，逐渐形成的与农民的生活和行为习惯息息相关的共同心理体验和行为方式，并提出乡村文化既包含了农民的心理体验、生活情感、处事态度和价值取向等精神领域，也包含了民俗活动、乡规民约等实体器物。除村落文化之外，农村文化也是与乡村文化较为相似的提法，这三个概念都是指有别于"城市文化"的文化类型，但"乡村""村落"和"农村"在不同学科的语境中，其指向也是有细微差别的。在人文地理学中，"村落"是聚落的一种类型，注重的是其原始性特征和历史地理发展脉络，在地域指示上范围较小且较为具体；"农村"是个抽象概念，更多的是一种与城市的对照关系，强调的是其产业特性，也是政治经济学常用的概念；"乡村"则是人类学、民族学、文化学等学科的研究对象，较之村落更为概括，其文化属性和文化功能性更强，更加强调乡村性和乡土性特征，而乡村性和乡土性是乡村旅游创意生成的基本特征。因此，在乡村旅游创意生成研究中采用"乡村文化"概念就显得更为恰当和贴切。本书认为乡村文化指在历史发展长河中人们所创造的有关乡村生产、生活与生态的物质文化财富和精神文化财富的总和。

二、乡村文化的分类

为了更深入系统地了解什么是乡村文化，现对其进行分类介绍。孙永龙（2015）研究提出，民族村落文化主要由地域生态景观、在特定地域生态景观中形成的生产文化和生活文化所构成，并将民族村落文化分为三个方面，即生态文化、生产文化和生活文化。因村落是乡村的具象化概念，对村落文化的分类同样可适用对乡村文化的分类。因此，本书借鉴该分类方法对乡村文化进行划分，可将乡村文化划分为生态文化、生产文化和生活文化三个方面（图3-4）。

（一）乡村生态文化

乡村生态文化指在乡村地域环境与生产方式的共同作用下，所形成的乡村生态景观物质文化与人地生态观念精神文化的总和。乡村生态文化是乡村文化中有关地域环境的一种价值观，其以崇尚自然、保护环境、促进乡村资源永续利用，强调人与自然和谐共处为基本准则。例如，被列为世界文化景观遗产的云南红河哈尼梯田，便是以云南哈尼族为主的各族人民，利用当地"一山分四季，十里不同天"的地理气候条件创造的生态景观文化。

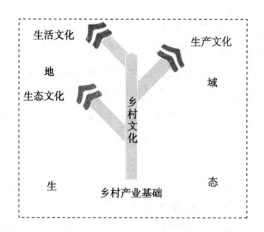

图 3-4 乡村文化的分类

位于江西省抚州市乐安县金竹乡的大通村，处于乐安县 4A 级景区金竹瀑布的必经之路上。大通村曾是抚州市 3 个深度贫困村之一，通过"美丽乡村"建设工程的实施，乐安金竹大通村不但脱贫成功，而且变成了当地著名的旅游"彩绘村"。村庄地处崇山峻岭之中，坐落在地势东南高西北低的坡地上，占地面积约 2 平方千米，四面环山，周围散布着各类农田和茂密的竹林。村庄景观随地势起伏依次递，整体依山傍水，梯田交错，自然生态环境宜人。

（二）乡村生产文化

乡村生产文化指乡村依据所处不同的生态地域环境选择与之相适应的生产方式，并在生产实践过程中所形成的物质文化与精神文化的总和，具体包括乡村产业形态、生产工具、生产劳作经验、技能与方式、农业生产景观及与之相适应的生产观念文化等。乡村生产文化是乡村文化的物质基础。乡村最初在产业类型和生产方式的选择上，很大程度取决于其所处的地域生态环境，例如，地处平原的乡村基本以农业为主，沿海乡村以渔业为主，高原乡村多以农牧业为主，林区乡村则以采猎为主。不同的产业类型和生产方式与其所处的生态环境进行交互实践，逐渐演化出了特征各异的生产、生态和与之相适应的生活文化，常见的传统乡村生产文化有农耕生产文化、畜牧生产文化、渔业生产文化及狩猎生产文化等。例如，东北查干湖冬捕的渔猎活动，就是在独特的自然环境中的生产文化现象。

乐安大通村主要以传统农业生产为主，村庄后分布着大小各类梯田作物百余亩，基本能实现村民生活的自给自足。村子周边竹林密布，当地居民充分利用竹林资源，手工制作竹笠、竹笼、竹桶、竹篓、草席等竹编、草编制品。近几年，大通村在进行旅游开发后，竹编类旅游纪念品成为当地重要的旅游商品，村民在地理位置较好的民宅里办起了"农家乐"。与此同时，大通村还种植了大面积的中药材作物，并利用当地丰富的水资源开发建造了淡水石斑鱼养殖基地，丰富了大通村的业态类型，形成了以农、林、副、渔、旅等多样化产业，带动了大通村的经济新发展。

（三）乡村生活文化

乡村生活文化是指乡村在所处地域生态环境与生产劳作方式的共同作用下，所形成的日常行为方式、生活方式、生活技艺、居所建筑及信仰习俗等。虽然其表现形式较为多样，但同样可以划分为物质文化与精神文化两个层面。现实中的乡村"三生文化"并不是完全割裂的，乡村生态、生产与生活文化往往是相互交织作用的。如我国源自对农耕劳作经验总结的二十四节气，它既是一种农耕生产文化，又是农业生产方式与地域生态环境相适应的生态观念文化，更是我国农耕地区乡村生活方式、行为方式及风俗节庆等生活文化的起源依据。

随着时代的发展，乡村现代化和城镇化进程加速了乡村传统产业的蜕变和升级，乡村传统文化的内涵和外延也随之不断变迁，为乡村"三生文化"注入了更多新内容，也为乡村旅游创意的生成提供了更多资源和可能性。乐安金竹乡是江西为数不多的畲族聚居区，畲族是我国人口较少的少数民族之一，大通村是一个以畲族为主的自然村落，村中30余户人家，房屋依山而建，层叠而起，村里新旧建筑相互搭配，错落有致，绿草坪和老石墙相得益彰，古朴之中透出一片清新之气。村中民俗文化保存相对较好，主要体现在村子中现有的建筑、饮食、语言、服饰、舞蹈、祭祀及庙观等方面。村里较为完好地保留了祠堂等建筑，其中许多以赣式建筑元素混搭现代化风格的民居建筑。饮食习俗方面，在食材的选择和加工上也非常具有本土特色，整个村庄散发着浓郁的乡村田园风情。

三、乡村文化与乡村旅游创意生成

（一）乡村文化是乡村旅游创意生成与价值实现的基础

创意决策是创意生成的重要环节，决定着创意的商业定位和文化价值，衡量创意决策成功与否的两大要素是商业性和新奇性。商业性是创意商业价值实现的依据，而新奇性则体现了创意的文化价值。新奇性中的"新"意味着创意需具备原创性，"奇"更多的是指创意的独特性，原创性和独特性的大小均取决于文化资源的特色，文化资源特色越鲜明，创意的原创性和独特性会越凸显，只有具备原创性和独特性的创意才能在市场化过程具备较强竞争优势，并为创意商业价值的实现奠定基础。值得一提的是，乡村遗产文化是乡村文化的重要组成部分，是乡村文化资源的特殊形式，因遗产文化的特色性和特殊性，在乡村旅游创意生成中具有明显的优势。

在脱贫攻坚与乡村振兴政策的支持下，乐安"彩绘村"积极开展乡村旅游开发，其旅游发展定位是"以畲族文化为核心，整合乡土文化、乡村经济和自然生态为一体的美丽乡村"。在对乡村文化资源进行挖掘、梳理和评价的基础上，以传统农业为依托，以特色生态文化、民俗文化为主要旅游资源，进行农副产品加工生产和旅游市场开发，实现了乡村"三生文化"的利用和开发，在带动大通村经济发展和村民增收的同时，为美丽乡村建设提供了新的样板。

（二）乡村旅游创意生成中的文化萃取与符号转化

1. 乡村文化的挖掘与选取

乡村文化作为乡村旅游创意生成的客体要素，发挥着重要作用。在乡村旅游创意生成中，乡村文化很大程度上影响着乡村旅游创意的价值大小，而创意的价值大小与创意决策息息相关，创意决策是通过对乡村文化的萃取和符号转化得以实现的，即对乡村文化进行深入细致的挖掘和整理，接着对乡村文化进行有序化分类，分类依据可借鉴文化学中有关文化的分类法，在综合考虑乡村旅游创意市场需求和文化喜好的基础上，筛选具有创意价值的特色乡村文化资源。

2. 乡村文化的萃取与符号转化

文化资源的萃取是指对筛选后的乡村文化进行符号转化和具象化，具体包括对创意内容的能指（如乡村生态景观的旅游创意、乡村建筑景观的旅游创意等）和所指（如乡村传统节庆的创意开发、非物质文化遗产的文创开发等）的符号转化，如图 3-5 所示。

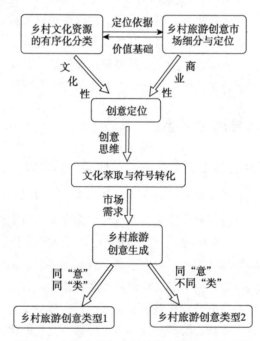

图 3-5　乡村文化与乡村旅游创意生成关系图

3. 乡村旅游创意的决策

乡村旅游创意的决策路径是指从创意内容到创意产品的过程，选择何种产品形态、渠道和市场化运作是决策的主要内容，具体决策方式有：围绕同一个创意内容进行同一种产品的系列开发，以及针对同一创意内容进行不同类型产品的开发。

畲族人民自古就有以画记事的传统，畲族先民以绘图的方式，把畲族始祖盘瓠的功绩与历经千辛万苦繁衍出盘、蓝、雷、钟四姓后代的传说，以故事画像记录在巨幅画卷上，并世代保存。这一民族历史和绘画传统为大通村的彩绘创意提供了灵感和素材，在已有特色民居建筑与生态农田景观的基础上，进行了大胆的彩绘设想和尝试，在当地政府、南昌大学等多方的帮扶下，通过乡村民居建筑外观彩绘创意，打造了独一无二的千凤大通畲族村，并已申报吉尼斯世界记录，堪称"中国第一彩绘村"。全村现共有 33 幅彩绘墙体画，面积超过 3000 平方米，墙体彩绘以畲族文化元素为主要构图内容，以视、听、触、感的方式进行绘制，将《振翅的凤凰》《畲族人们劳作场景》《畲族少女》等蕴含畲族文化元素的墙体画呈现在旅游者面前，形成了乡村景观的极强视觉冲击力。这个过去斑驳老旧的村落，变成了人在画中行的自然与人文相结合的彩绘新村，彩绘这一乡村旅游创意让大通村获得了活力与生机。

第四节　乡村旅游创意模式类型与生成机制

从产业融合视角来看，乡村旅游创意既可看作是创意产业在乡村旅游业中的延伸，又可看作乡村旅游业与创意产业的融合。乡村旅游业和创意产业的发展为乡村旅游创意提供了广阔前景，通过创意转向可推动乡村旅游产业的转型升级。虽然创意本身具有独特性、原创性和个性化的特征，将创意生成和"模式"联系到一起似乎是一个悖论，但产业融合背景下的乡村旅游创意生成仍是有规律可循的，乡村旅游创意模式主要指向乡村旅游创意生成的宏观层面。本书提出两类乡村旅游创意生成模式，并对每一类乡村旅游创意模式的生成机制进行了分析，目的在于使读者更好地理解和掌握乡村旅游创意生成模式的内在机理。

一、乡村文化+创意旅游模式与生成机制

（一）乡村文化＋创意旅游模式

乡村文化＋创意旅游模式中，乡村文化作为与城市文化相对应的文化类型，比城市文化更具鲜明特色，且类型更加多样化，是乡村旅游开发的重要资源。随着乡村旅游业的发展壮大，乡村成为创意旅游的重要开发阵地。创意旅游是一种新型旅游形式，是创意产业与旅游产业融合的产物，为旅游产业提供了新的发展方向。在该模式中，乡村文化为乡村旅游创意生成提供资源和素材，是乡村旅游创意文化价值的主要依据，创意旅游为乡村旅游创意生成提供商业化运作模式，是乡村旅游创意商业价值实现的基础。该类模式下的乡村旅游创意较为倾向于在乡村旅游产业框架下的创意生成，旅游产业特色较为突出，换句话说，该模式下的乡村旅游创意更多的是为旅游业服务的。乡村文化+创意旅游模式是乡村旅游创意模式中最基本和最常见的一种类型。

（二）乡村文化＋创意旅游模式分类

依据前文对乡村文化的分类，现将乡村文化＋创意旅游模式分为三种类型：乡村生态

文化+创意旅游、乡村生产文化+创意旅游和乡村生活文化+创意旅游。乡村文化的三种类型并不是完全割裂的，为了凸显各类乡村文化的特色和优势，乡村旅游创意因乡村文化的类型不同而侧重点会有所不同，在乡村文化与创意旅游整合的产业实践中，三种基本类型体现了创意生成模式的针对性。

1. 乡村生态文化 + 创意旅游模式

在乡村生态文化+创意旅游模式中，依托各类乡村生态文化资源进行旅游创意和开发，形成各类较为成熟的乡村生态创意旅游，如乡村生态文化+旅游短视频、乡村生态景观+瑜伽、禅修游与乡村特色景观 + 摄影游、乡村生态文化+研修游等。

2. 乡村生产文化 + 创意旅游模式

在乡村生产文化 + 创意旅游模式中，通过对乡村生产文化的有形化利用与旅游创意开发，打造乡村创意旅游项目，包括农业景观创意观光游、农事沉浸式体验游、农业创意产业园等。

3. 乡村生活文化 + 创意旅游模式

传统乡村旅游从最初的生态文化开发逐渐扩大到生活与生产文化的开发利用，形成了较为固定的开发模式。随着创意旅游的出现，乡村生活文化被创造性地开发，如借助新媒体的乡村田园生活内容创意游、特色古村古镇的创意旅游开发游、民俗节事创意旅游开发游、乡村民宿创意旅游开发游等。

（三）生成机制

1. 创意旅游的本质是文化体验

从产业发展角度来看，经济性是旅游业的外在属性，从旅游者需求来看，文化性才是旅游业的真正内核。谢彦君等学者从旅游者需求的角度出发，认为旅游的本质是体验，并得到学界和业界的广泛认同。21 世纪初，格雷·理查德与克里斯宾·雷蒙德提出了创意旅游的概念，其核心要素体现在三个方面：①文化是创意旅游的前提和基础；②互动式学习与体验是创意旅游的实现路径和形式；③实现自我发展和目的地社会经济发展是创意旅游的目标所在。由此可见，不论是旅游还是创意旅游，其本质均是文化体验。

2. 乡村文化为创意旅游提供创意内容

创意之源是文化，乡村文化为乡村旅游创意提供了丰富多彩的内容和素材，同时也是乡村旅游创意文化价值创新的基础和保障。创意旅游的本质是对文化的体验，在乡村旅游创意中能否展现乡村特色文化、满足旅游者对乡村文化的体验需求，是衡量乡村创意旅游开发成效的重要指标。脱离乡村文化的乡村创意旅游便是无源之水、无根之木，注定不会带来持久有效的商业价值。

3. 创意旅游为乡村文化创意开发提供产业要素支撑

创意旅游被看作旅游产业转型升级后的新兴业态。乡村文化为创意旅游提供创意内容和素材，创意旅游为乡村文化的创意开发提供产业要素支撑。乡村文化创意的旅游开发过程就是乡村旅游创意生成的过程，同时这个过程也是乡村旅游创意价值创新的过程，即包括文化价值和商业价值创新，价值创新是衡量乡村旅游创意优劣成败的两个重要维度（图3-6）。通过对相关产业要素的整合和商业化运作，将乡村旅游创意纳入创意旅游产业框架下，有效地保障了乡村旅游创意商业价值的实现。

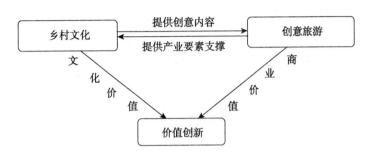

图 3-6　乡村文化＋创意旅游模式生成机制图

二、创意产业＋乡村旅游模式与生成机制

（一）创意产业＋乡村旅游模式

创意产业＋乡村旅游模式是创意产业与乡村旅游业的融合结果。在该模式中，乡村旅游一方面为乡村旅游创意生成提供产业空间，另一方面乡村旅游的内核是乡村文化，为乡村旅游创意提供内容和素材，是乡村旅游创意文化价值的主要来源。创意产业是一个新兴产业，是文化产业的升级版本，产业的融合性、内容的原创性、形式的个性化、经济性与文化性的统一等是其主要特征。旅游目的地的吸引力往往是通过提升产品特色和服务水平来实现，面对竞争日益激烈的乡村旅游市场，如何提升乡村旅游吸引力，是乡村旅游发展中亟待解决的问题，创意产业因其文化创造性和产业价值链增值功能，为乡村旅游吸引力提升和创新发展提供了有效途径。在创意产业＋乡村旅游模式中，创意产业为乡村旅游创意生成输出创意形态、人力资源和创意价值功能等，并为乡村旅游创意商业价值的实现提供商业化模式。该模式则更倾向于在创意产业框架下的乡村旅游创意生成，或者说该模式下的乡村旅游创意生成具备更多的创意产业属性和功能。

（二）创意产业＋乡村旅游模式分类

依据创意产业功能和乡村旅游功能，将创意产业＋乡村旅游模式分为两种基本类型，分别是创意产业文化艺术功能拓展模式和乡村旅游文化艺术衍生品创新模式。

1. 创意产业文化艺术功能拓展模式

在该模式中，创意产业积极主动与乡村旅游业进行融合和延伸，将创意产业中常见的创意形式输出到乡村旅游创意当中，如乡村博物馆旅游创意、乡村演艺旅游创意、乡村文化遗产旅游创意、乡村影视旅游创意、乡村科教旅游创意、乡村红色旅游创意等。

2. 乡村文化艺术衍生品创意开发模式

乡村文化艺术衍生品通常是由乡村文化艺术作品衍生而来，并通过版权授权进行乡村旅游创意开发，且具备一定文化艺术价值的产品。乡村文化艺术衍生品创意生成主要包括非物质文化遗产类资源的旅游创意生成模式和乡村旅游商品创意生成两种模式。

创意产业为乡村非物质文化遗产创意生成和运营提供了新视角和新模式，通过对非物质文化遗产的旅游创意开发，拉近了非物质文化遗产与现实生活的距离，在创意开发利用与实现非物质文化遗产的传承与保护。乡村旅游商品创意生成的种类较为繁多，主要包括乡村手工艺品、土特产品和各类旅游纪念文创产品等。在创意产业与乡村旅游的融合过程中，创意产业为乡村旅游商品创意生成和创意开发提供了新的商品形态和运营模式，未来乡村文创旅游商品将成为乡村旅游新的经济增长点。

（三）生成机制

1. 共同的文化属性是乡村旅游创意生成的内在基础

创意产业也被称为文化创意产业，《英国创意产业发展路径》中指出，创意产业的核心是强调一种主体文化或文化因素通过技术、创意和产业化的方式进行开发。文化性是创意产业的基本特征，同时也是旅游业的基本特征。因此，文化性是创意产业 + 乡村旅游模式的内在基础，为二者的融合和乡村旅游创意生成提供了解释机制。

2. 创意产业为乡村旅游提供创意形态、人力等资源及功能输入

传统的创意产业通常包括时尚设计、电影与录像、交互式互动软件、音乐、表演艺术、出版业、软件及计算机服务、电视和广播等行业，其创意呈现形态有时尚产品、艺术设计作品、服装、电影、各类网络或电视节目、动漫、游戏、音乐作品、书籍、网络小说及各种 App 应用软件等。随着创意产业链的不断延伸，创意产业与旅游、博物馆、美术馆、遗产和体育等文化特征较强的领域进行了积极而广泛的融合。在创意产业向乡村旅游的延伸过程中，创意产业可为乡村旅游提供多元化的创意形态，通过创意产业价值链的延伸增加乡村旅游创意商业附加价值。如乡村音乐旅游、乡村影视旅游、乡村网络小说、乡村旅游微博、公众号、乡村旅游服务 App、乡村旅游学术论坛、乡村旅游网络平台及各类乡村题材网络/电视综艺节目引流下的旅游活动等。

在创意产业 + 乡村旅游模式中，创意型人才是乡村旅游创意生成的关键要素。创意产业能为乡村旅游提供大量的乡村旅游创意人才和技术支持，通过人力资源的合作进一步提升乡村旅游创意的商业价值。

文化艺术具备认知功能、教育功能、审美功能、社会规范和整合功能以及价值导向功能等。在创意产业 + 乡村旅游模式中，创意产业的文化艺术功能被创造性的嫁接到了乡村旅游创意中，为乡村旅游带来了新的商业价值。

3. 乡村旅游为创意产业的延伸提供空间和平台

创意产业与乡村旅游相互融合过程中催生了创意产业 + 乡村旅游模式的形成。在该模式下，乡村文化通过乡村旅游业为乡村旅游创意提供内容，乡村旅游业为乡村旅游创意的价值创新提供所需业态和产业支撑，并通过乡村旅游所涉及的"食、住、行、游、购、娱"等相关产业和部门实现创意的产品化与商业化过程（图3-7）。

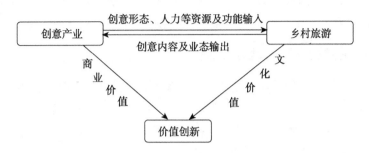

图 3-7　创意产业 + 乡村文化模式生成机制图

第五节　乡村旅游创意生成的困境及优化路径

一、乡村旅游创意生成的困境

（一）创意生成缺乏相关理论指导

国外关于乡村旅游的研究起步较早，距今已有一百多年的历史，研究成果较为丰硕。随着我国新农村建设和乡村振兴等战略的相继实施，乡村旅游作为乡村发展和振兴的重要途径，有关乡村旅游的相关研究也如雨后春笋般涌现，并在近年来呈激增态势。

自2006年开始，我国开始出现乡村创意旅游的相关研究，但研究数量一直维持在较低水平，其中2007年和2008年基本处于研究的空白状态，从2013年起相关研究逐渐增多，并处于持续和快速上升的趋势，如图 3-8 所示。截至目前，与创意旅游相关的研究主题主

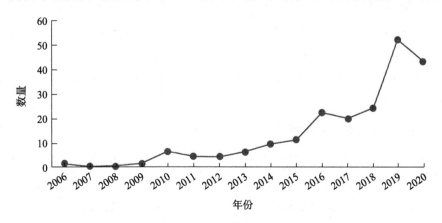

图 3-8　2006—2020 年关于乡村旅游创意研究数量趋势图

要集中在四个方面：乡村旅游创意开发研究、乡村旅游与创意产业融合发展研究、乡村旅游与创意农业研究、乡村旅游创意产品开发研究。现有研究中有关乡村旅游创意生成方面的研究较少，几乎处于空白状态。理论研究的匮乏使得乡村旅游创意生成实践缺乏相应理论指导，从而引发相应问题的出现，如乡村旅游创意生成创新不足、创意决策的市场定位不准、创意 IP 培育不到位、创意模式推广本土化程度不够等一系列问题。

（二）创意生成忽视乡村地方文脉根植

地方文脉是指旅游目的地所在地域的地理背景，包括地质、地貌、气候、土壤、水文等自然环境特征，也包括当地历史、社会、经济、文化等人文地理特征，是一种综合性的、地域性的自然地理基础、历史文化传统、社会心理积淀、经济发展水平的四维时空组合。乡村地方文脉是在乡村历史起源与演进的过程中逐渐形成的，承载着乡村从源生和演进过程中所留下的历史印记，它是乡村文化的精髓和灵魂。在乡村旅游创意转向过程中，不仅需要相关产业和技术的支撑，更需要深挖地方文脉，突出乡村文化特色。当前，国内乡村旅游创意仍处于起步发展阶段，在乡村旅游创意中普遍存在随意模仿和盲目跟风的现象，只学其表未显其根，致使很多乡村旅游创意缺乏新意和自身特色，许多乡村旅游创意更是昙花一现，很快湮没在乡村旅游创意经济的激流中。

（三）创意"IP"保护意识淡薄

IP 是"intellectual property"的英文缩写，通常被称为知识产权或版权，是指关于人类在社会实践中创造的智力劳动成果的专有权利。"知识产权"一词是在 1967 年世界知识产权组织成立后出现的。随着科技的发展，为了更好地保护产权人的利益，知识产权制度应运而生并不断完善。各种智力创造比如发明、外观设计、文学和艺术作品，以及在商业中使用的标志、名称、图像，都可被认为是某一个人或组织所拥有的知识产权。

创意属于典型的智力成果，乡村旅游创意虽脱胎于乡村旅游文化，但绝不是对原有乡村文化的原样照搬和复刻，而是要对现有文化资源进行分类、萃取、重组和符号化的再现。我国乡村旅游创意仍处于初步发展阶段，相关创意 IP 开发秩序与监管制度尚在建立和完善中，在乡村旅游创意生成过程中由于对创意 IP 保护的重视不够，一些成功的乡村旅游创意被抄袭和照搬，加剧了乡村旅游创意市场化过程中的竞争，可能导致一些优秀的乡村旅游创意还未开花结果便已枯萎凋谢，更谈不上形成乡村旅游创意 IP 的衍生开发和价值链延伸与创新。

（四）创意模式本土化创新不足

乡村旅游在创意转型升级过程中初步形成了乡村旅游创意生成的一般模式。但总体来看，我国乡村旅游创意生成和创意市场化机制仍在不断完善中，加之乡村旅游创意管理相关研究相对滞后，对乡村旅游创意的理论指导和支持不足，乡村旅游创意生搬硬套的现象较为普遍，忽视了乡村旅游创意生成和开发过程中所涉及的地方产业基础、市场消费需求、人力资源、经营管理水平等要素，本土化创新的不足致使很多乡村旅游创意在市场化的过程中出现各种水土不服的现象。

二、乡村旅游创意生成模式的优化路径

（一）积极推进跨学科研究，为乡村旅游创意生成提供理论指导

在当代不同学科的交叉融合下，创意被进行了重新定义，创意的内涵和外延越来越宽泛。在乡村旅游创意生成过程中，离不开艺术学、设计学、地理学、心理学、社会学、文学、历史文化学等相关学科的理论和知识，乡村旅游创意开发也涉及旅游学、管理学、经济学、历史学等学科理论。乡村旅游创意生成的研究是以管理学和文化经济学为主要学科背景，同时综合运用多学科的理论和方法。在有关乡村旅游创意进一步的研究中，应在跨学科合作基础上构建乡村旅游创意管理的理论体系和研究方法，为乡村旅游创意生成提供更多的理论指导和参考。

（二）挖掘梳理乡村地方文脉，为乡村旅游创意提供优质内容

发挥地方文脉对乡村旅游文化资源的整合功能，通过乡村地方文脉的挖掘和梳理定位乡村文化特色，为乡村旅游创意提供内容来源，增加乡村旅游创意的新奇性，并为乡村旅游创意地方化特色和IP创新提供文化资源保障（图3-9）。新奇性是商业化的前提和保障，只有新奇性和商业性双高的乡村旅游创意才能经得住市场的考验。而乡村旅游创意双重价值的创新过程也是乡村旅游创意生成机制的形成过程，不论何种乡村旅游创意生成机制都能为乡村地方文脉的传承、发展及价值创新提供实现路径。

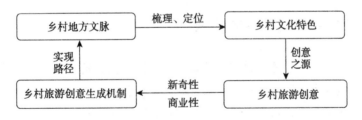

图 3-9 地方文脉与乡村旅游创意生成机制

（三）健全乡村旅游创意 IP 保护与开发机制，实现 IP 价值创新

当下 IP 的泛化加大了 IP 专利注册和保护的难度。注重乡村旅游创意生成中 IP 的乡村文化特色，在健全和完善旅游创意 IP 的相关法律法规的过程中增强乡村旅游创意知识产权的保护，并加大乡村旅游创意 IP 市场化运作的监管力度。对于参与乡村旅游创意的各类主体和具备乡村文化传承身份的民间艺人等，应给予特别关注。对于脱胎于当地乡村文化，尤其是非物质文化的优质乡村旅游创意，应及时跟进相关知识产权的申报。

依托创意产业、乡村旅游业的产业功能和运作模式进行乡村旅游创意 IP 的开发和价值

创新。实施乡村旅游创意 IP 的品牌化战略，积极开发 IP 相应衍生产品和创意 IP 在价值链上的创新，以实现乡村旅游创意 IP 的价值最大化。

（四）优化乡村旅游创意生成要素结构，促进创意本土化创新

乡村旅游创意生成机制具备一定推广价值，其构成要素涉及较多行业、部门和人员，在乡村创意生成模式的具体选择上，应首先对生成模式的各项构成要素进行综合评估，具体包括宏观和微观两个层面的考量。宏观层面包括当地经济社会总体发展情况，旅游产业、创意产业发展状况、社会文化氛围、人力资源、技术水平及其他相关产业的支撑程度；微观层面包括乡村文化资源禀赋状况及其旅游创意开发价值大小、创意组织培育与智力支持状况、创意的推广运营策划能力及当地政府对乡村旅游创意生成与开发的配套政策和管理水平等。通过对乡村旅游创意生成构成要素的评估，选择适宜乡村旅游创意生成的具体模式，并发挥和利用各构成要素的优势以促进乡村旅游创意的本土化创新。

第六节 典 型 案 例

水上町旅游创意开发

一、水上町简介

水上町位于日本本州岛中部群马县西北部，距离日本首都东京约 160 千米，交通便利，占地 350 公顷，是群马县内面积最大的町。

二、水上町"农村公园"创意构想

20 世纪 60 年代起，日本经济步入快速发展阶段，随后成为亚洲为数不多的经济发达国家。在城镇化过程中，日本乡村劳动力不断向城市迁移，加上社会人口的老龄化，20 世纪末日本越来越多的乡村开始走向衰落，水上町也面临同样的问题。1990 年，水上町政府提出了"农村公园构想"，目的在于通过乡村旅游开发，激活乡村经济振兴，并借以吸引人口数量的扩增，增加当地居民的收入和福利。"农村公园构想"使当地走上了乡村旅游创意开发的道路。

三、水上町旅游创意开发

（一）乡村生态文化的创意开发

水上町背靠本州岛巍峨山脉，利根川、赤谷川汇聚于此，湖泊群集，区域内水系发达，山林环绕，林木丰富，温泉点缀其中，自然生态环境十分优良，有着得天独厚的生态文化

资源。水上町充分利用山地、河谷的阶梯式地形特征开发了如登山、徒步、划水、露营、蹦极、漂流等系列体育旅游项目，打造了宿营地和各类水上运动基地，成为"户外运动的天堂"。在水上町水体旅游资源中温泉是其一大特色，水上町立足于日本温泉沐浴文化，结合健康养生理念，把温泉的养生功能与休闲功能进行了整合，建成了两个村营温泉中心，并根据旅游者的需求，设计开发了各类主题功能温泉，旅游者可根据自己的需求喜好进行选择，并通过温泉相关配套服务，极大地提升了旅游者的旅游体验，在市场中赢得了良好的口碑。

（二）乡村生产文化的创意开发

日本乡村传统产业以水稻种植为主业，以养蚕和栽培苹果、香菇等经济作物为副业。水上町在农村公园构想的指导下，采用休闲旅游+大农业开发模式，有效利用传统和现代农业生产文化，建成了农村环境改善中心、农林渔业体验实习馆、农产品加工所、畜产业综合设施等。通过农业景观、农事体验、农业生产知识了解和学习等内容，开展了与农业生产文化相关的观光、提高和专项等不同层次的旅游活动。水上町为了改善乡村环境，政府成立乡村环境改善中心，结合日本建筑美学、园林景观美学将水上町打造为真正的"乡村公园"。

（三）乡村生活文化的创意开发

乡村文化为乡村旅游创意赋予了内涵和灵魂，水上町除利用乡村生态文化进行旅游创意开发之外，同时也在积极寻求乡村文化的创意开发，水上町在挖掘当地工匠文化、民间传说文化、戏曲文化的基础上，通过旅游项目的建设开发，打造了展示乡村文化、传承乡村传统工艺的"工匠之乡"，在继承和发扬当地传统手工艺文化的同时，实现了文化创意的商业价值。在相关开发中，水上町建立了胡桃雕刻彩绘、草编、木织、陶艺等20余个传统手工艺作坊，形成了"人偶之家""面具之家""竹编之家""茶壶之家""陶艺之家"等特色手工艺品牌之家。旅游者在游览时不仅可以现场观摩手工艺品的制作过程，还可以在坊主的指导下亲自动手参与，极大增强了旅游的可参与性和互动性。

四、启示

（一）乡村文化是创意生成之源

水上町的乡村旅游创意的成功之处在于充分挖掘了当地文化资源，在"三生"文化资源梳理与分类的基础上，通过文化萃取将特色文化进行了符号转化，在创意生成的过程中充分考量了创意的功能价值、符号价值和体验价值，对原有乡村文化进行了最大化的利用，实现了乡村旅游创意的全面开发，当地文化资源为水上町乡村旅游创意的生成提供了素材和内容，是水上町乡村经济振兴、社区可持续发展的文化基础。

（二）产业融合是创意实现基础

水上町除了传统的 20 余个手工作坊外，同时开发了温泉、滑雪、民宿、餐饮、旅游商品、休闲娱乐等业态，形成餐饮＋住宿＋温泉＋特色商品盈利模式，几乎涵盖了旅游活动"食、住、行、游、购、娱"的六大业态形式。水上町各类旅游产品和服务的背后是三大产业的融合发展。事实证明，乡村旅游创意的生成和实现离不开产业融合的过程，产业融合是乡村旅游创意实现的基础。

（三）政策法规为创意提供保障

政府统筹水上町在整体规划上，遵循统一调性与主题。它以行政条例的形式通过了《守护美丽新治风景条例》，确保每个主题地块不被随意开发。招商引资为吸引经营商入驻，政府对每一间"工匠之家"进行补贴，建设前三年每人每月可从町财政领取 4000～5000 日元，此后，政府还继续以委托管理费的名义向商家提供补助金，在政策支持下，水上町商家越来越多，"商气"越聚越旺。水上町政府和相关管理部门通过乡村旅游创意内容的培育实现创意的生成，制定有针对性的法规保护乡村旅游创意的 IP 权益，并为创意的商业转化提供有效的政策支持。在水上町这个案例中我们了解到，政策法规既是乡村旅游创意生成的边界和底线，又是创意符号转化和多次元开发的有力保障。

本章小结

（1）乡村旅游创意生成是指在乡村旅游业发展实践中，为提升乡村旅游吸引力，在相关政策法规边界内以产业融合为基础，创意主体运用各种创意思维对原有乡村文化资源进行加工重组和再创造，通过各类符号转化以实现乡村旅游创意价值创新的过程。

（2）乡村旅游创意生成以乡村性与乡土性、时空差异性和绿色生态性为主要特征。这是乡村旅游创意生成与其他创意的不同之处。

（3）乡村旅游创意生成构成要素主要包括主体要素（乡村旅游创意阶层）、方法要素（思维要素、科技要素、政策法规要素）、介体要素（宏观介体和微观介质）、客体要素（乡村文化）和目标要素（创意的价值创新），各要素按一定关系组合在一起，形成了一个有机的乡村旅游创意生成要素系统。

（4）乡村文化是乡村旅游创意的源泉，任何乡村旅游创意的生成均不能也不应离开对乡村文化的挖掘和萃取，离开乡村文化的创意如同无根之木、无水之源，是没有持久的市场生命力的。依据乡村聚落的特殊性可将乡村文化分为生态文化、生产文化、生活文化。

（5）乡村旅游创意生成模式主要包括乡村文化＋创意旅游、创意产业＋乡村旅游两大类型，文化属性是两类乡村旅游创意生成模式的内在基础，乡村创意生成的目标是通过乡村旅游业实现乡村旅游创意的文化价值和商业价值。乡村文化＋创意旅游生成模式可分为三种基本类型，分别是乡村生态文化＋创意旅游、乡村生产文化＋创意旅游和乡村生活文化+创意旅游；创意产业＋乡村旅游生成模式也可分为两种基本类型，分别是创意产业文化艺术功能拓展类和乡村文化艺术衍生品创意类。

（6）乡村旅游创意生成过程中仍存在诸多问题，如乡村旅游创意生成缺乏相应的理论指导、创意的 IP 保护意识不强、创意存在模仿跟风和生搬硬套等现象，在本章结尾给出了相应对策。

 思考题

1. 什么是乡村旅游创意生成？其生成的基本原则是什么？
2. 乡村旅游创意生成构成要素有哪些？各要素之间的关系如何？
3. 乡村文化与乡村旅游创意的关系是什么？
4. 乡村旅游创意生成模式有哪些？其生成机制是怎样的？
5. 你认为现实中的乡村旅游创意存在哪些不足，如何进行优化？

 **即测即练**

自学自测　　扫描此码

第四章

乡村旅游创意阶层

学习目标
- 了解创意阶层的理论体系
- 了解创意阶层介入旅游开发的途径
- 掌握乡村旅游创意阶层的概念及类型
- 掌握乡村旅游创意阶层的创造方式
- 掌握乡村旅游创意阶层的激励措施

第一节　创意阶层概述

一、创意阶层的概念

（一）创意阶层的崛起

从丹尼尔的"后工业时代"到郑也夫的"后物欲时代"，我们的世界正发生着重大变化，技术变革、文化重塑……旧的秩序被打破，新的规则尚未建立。究其根源，变化的根本推动力是人类创造力的提升。根据《韦式词典》的解释，创造力是"创造有意义的新形式的能力"，这种能力已经成为当前各行各业获得持续竞争优势的关键，无论是艺术、时尚、旅游、还是信息技术等，产业先行者几乎都是提出创意并保持创意的人。因此，从更深层次上来说，我们现在的经济是一个由人类创意提供动力的经济。

由此看来，创意是现代经济中最宝贵的要素。创意产生于人，作为创意的载体，人的重要性得到了重视。早在 2000 年，弗罗里达（Florida）就曾提出：我们的经济正在从过去的由大公司定义的以企业为中心的体系向以人为推动力的体系转变。于是，资本开始全力支持创意，挖掘、培养那些放荡不羁、天马行空的怪才去主导创意，引领经济增长。正是人类社会对于创意的经济性需求，促使了创意阶层的兴起。

（二）创意阶层的概念

任何新阶层的兴起都不乏学者们的关注和讨论，创意阶层概念的提出也有迹可循。马赫鲁普（Machlup，1962）将从事知识生产和分配工作的群体称为"知识工作者"。丹尼尔·贝尔（Daniel Bell，1973）认为在工业时代由生产型向消费型转变的过程中，造就了一个更加精英化的社会阶层，它包括科学家、工程师、管理人员和教育工作者等。保罗·福赛尔（Paul

Fussel，1983）提出"X 阶层"，主要是从事艺术、写作等创意工作，崇尚自由、有独立心智、追求自我价值实现的群体。罗伯特·莱特（1992）提出"符号专家"的概念，即操作概念和符号的工作人员。可以看出，以上学者都已发现了社会中逐渐兴起的新知识阶层，但也仅限于提出某一概念，没有形成系统的理论。

弗罗里达（Florida，2002）通过对美国社会阶层结构进行调查发现，除了农业阶层、工业阶层、服务业阶层外，一个新生社会阶层正悄然兴起，并占据了当时美国总就业人口的 30%，于是他在《创意阶层的崛起》一书中首次提出创意阶层的概念。弗罗里达超越了传统的框架理论，不以对生产资料的占有来划分新阶层，而认为创意阶层是指所有需要创意的职业的从业者，创意阶层的所有财富都来源于创意，而创意是天生的，且个人拥有的。弗罗里达把创意阶层分为"创意核心"和"创意专家"两种类型，"创意核心"即创意阶层的核心成员，包括由科学家与工程师、大学教授、诗人与小说家、艺术家、演员、设计师与建筑师等构成的"超级创意核心"群体，以及由非小说作家、编辑、文化人士、智囊机构成员、分析家和其他"舆论制造者"等构成的现代社会的思想先锋，巧夺天工的发明、经典传唱的歌曲、抨击时弊的报道等，都是他们的作品。"创意专家"分布在商业、金融、法律、卫生等知识密集型行业，为了解决复杂问题，他们需要经常调动自身的知识储备来做出大量思考，然后提供适宜的解决方案，又被称为"创造性专业人员"。通俗点说，创意核心的主要任务在于理论、形式等的创新，而创意专家则侧重于提供创新性的解决方案。区别于其他阶层，创意阶层作为创造性工作者，主要依靠提供创意和发明创造获得酬劳，这显然比劳工阶层和服务阶层拥有着更大的自主性和灵活性。

金元浦（2004）在《文化创意人力资本与创意阶层的崛起》一书中谈到，随着文化创意产业在我国的发展，大批量的教育和培养创意人才是我国创意产业未来获得大发展的前提。为避免阶层分析的敏感性，国内学者初期研究多用创意人才这一概念代替创意阶层。林剑（2012）认为，创意人才也是一个群体概念，对这一群体的研究实际上源于对创意阶层的研究。李具恒和杜万坤（2007）发现，凝结创意的人力资本构成创意人力资本，而创意人力资本成就创意阶层。蒋三庚、王晓红等（2009）根据产业链的不同环节，把创意人才分为创意生产者、创意策划者、创意成果经营管理者三类。创意生产者是指创意内容的提供者及创意产品的完成者，包括画家、作家、编剧、设计人员、民间艺术家和民间手艺工人；创意策划者是创意的生产者和引导者，他们可以整合创意资源，拓展创意空间，激发创意生产者的灵感等，包括导演、广告策划人、项目策划人等；创意成果经营管理者是指通过创意产品经营实现创意产品价值的人，包括项目经理、经纪人、中介人等。林剑、李具恒、蒋三庚等人对创意阶层概念进行了本土化创新。

（三）创意人才、人力资本与创意阶层的区别

创意人才和创意阶层有何区别？赵曙明和李程骅（2006）认为，创意人才是以自主知识产权为核心，以"头脑"服务为特征，以专业或特殊技能（如设计）为手段的"专精人才"。李元元、曾兴雯等（2011）认为，创意人才是通过专业技能，发挥创造能力来提供高

附加值产品或服务的脑力劳动者。事实上，由于国内早期对阶层概念使用较为谨慎，学者们大多用创意人才来指代创意阶层。本书认为创意人才是创意阶层的基本组成元素，创意阶层是从群体性角度对创意人才的另一种表达。因此，我国对创意人才的研究大都是基于创意阶层角度。

人力资本是通过人力投资形成的资本，是体现在人身上的技能和生产知识的存量。在创意经济快速发展的今天，人力资本发展成了更高级的形态——创意人力资本，显然，创意阶层是创意人力资本的创造者。从某种意义上来看，创意阶层身上的创意构成了其独特人力资本的核心内容，从而也使得创意阶层与具有创意的人力资本合二为一。但是，西方学界对创意阶层与人力资本的关系一直存有争议：①创意阶层在概念上是否完全不同于人力资本？②创意阶层在解释经济增长时是否具有额外的理论贡献？有研究发现，创意阶层与人力资本之间有较大的重叠部分。汉森和涅德尼斯尔（2009）的研究表明，创意阶层与人力资本(依据获得的教育水平)之间有很强的相关性。关于第二个争议，弗罗里达（2002）明确提出，地区经济增长依赖于该地区是否拥有特殊品质的人力资本——创意资本，而创意资本包括人才、网络、创新三要素，以及人力资本、产业资本、文化资本、社会资本四大方面。国内学者王猛（2016）利用中国 20 个大城市面板数据研究证实，创意阶层集聚显著促进了城市创新水平，且其影响效应大于人力资本。此外，也有学者证实了创意阶层的空间集聚对区域劳动生产率、区域经济增长、城市创新等均具有正向影响作用。

二、创意阶层的评价指标

（一）国外创意阶层评价指标

作为创意阶层的基本元素，如何评价创意人才是研究创意阶层的关键，创意人才指数、欧洲创意人才指数具有一定代表性。

根据人力资本理论，创意人才拥有较高水平的知识、技能、劳动存量，在一定意义上等同于高脑力劳动者。基于此，弗罗里达在 3T 模型中参照一个地区所拥有的学士以上学历人口数占总人口的百分比来反映该地区的创意人才资源状况，即创意人才指数。创意人才指数的诞生是创意经济发展过程中的重要事件，不可否认，高教育水平是创意阶层的特征之一。但是弗罗里达无形中地将创意人才狭义化，忽略了低教育水平、高创意技能的中下阶层文化创意工作者。

欧洲人才指数是欧洲创意指数的一种，是弗罗里达与蒂纳格利结合欧洲实际发展状况，在对"3TS"指标体系进行修订的基础上建立起来的，具体包括三个方面：①人力资本，即25～64 岁人群中拥有学士或以上学位人数的比例；②创意阶层，即创意从业人数占全部从业人数的百分比；③科学人才，即每百万人口中从事研究性工作的科学家与工程师的数量。

（二）我国创意阶层评价指标

我国创意人才评价具有一定代表性的有香港创意指数、上海城市创意指数、北京文化创意人才指数等。

香港创意指数包括结构与制度资本、人力资本、社会资本、文化资本、创意成果。该指数反映的人力资本流动性越高，越有助于社会的文化交流、技术转移、知识流通、创意产生。易华（2010）在文章中写到香港创意人才指标包括三大方面。①研究开发与教育支出指标。研究开发支出指标指的是企业部门研发支出、高等院校研发支出、政府研发支出每项各占 GDP 的百分比；教育支出指标指的是政府教育支出占 GDP 的百分比。②脑力劳动者人口指标。包括 15 岁以上接受第三等级教育（中学后教育）的人口（无学位）的比例、15 岁以上达到第三等级教育水平的人口（有学位）的比例、研发人员占总工作人口的比例、参加过在职培训的人员占总工作人口的比例。③临时性/流动性人力资本指标。包括16 项指标，具体为赴外留学生数量，每个抽样组的工作签证数、当地离港居民数、当地离港居民增加数、香港居民移居国外人数等。

上海城市创意指数包括产业规模、科技研发、文化环境、人力资源、社会环境五个方面，35 个分指标。城市创意指数的计算采用测评年度指标数值与基准年度指标数值比重的总和，与指标权重相乘得出，是我国内地第一个城市创意指数。

北京文化创意人才指数是北京文化创意指数的一部分，主要从高学历人员占文化创意企业从业人员比重、中高级技术职称人员占文化创意企业从业人员比重、科技活动人员占全市从业人员比重、高等教育文化创意人才培养比重（包括高等教育文化创意学生人数、全市高等教育学生人数）四个方面来测算创意人才情况。

三、创意阶层的特征

（一）个体特征

1. 精英化

创意阶层的精英化表现为学历和能力两个方面。弗罗里达用创意人才指数来反映创意产业的人力资源情况，即参照一个地区所拥有的学士以上学历人口数占总人口的百分比来衡量。根据他的定义可以推断，从事创意工作的群体受教育水平较高，多年的系统学习使他们具备强大的知识体系、敏捷的思维逻辑和较强的实操能力，容易成为社会创新的源泉；而类似民间手工艺人身份的群体，他们可能没有受过良好的教育，不具备高学历，但依靠过硬的业务能力和对工作的热爱，他们既传承老一辈的技艺，又在当下不断发展创新，推出符合时代潮流的优秀作品，在各自领域做出了巨大贡献，称得上是行业精英。

2. 个性化

创意阶层通常有自己的认知体系与价值观，他们会通过生活、工作、行为等方式来表达对事物的想法与看法，因此常常表现为"特立独行"的艺术家、"行为怪癖"的科学家、"格格不入"的创作者等，这些都是创意阶层表现出来的强烈的个性化和表达自我的倾向。不仅如此，区别于传统的劳工与服务阶层，创意阶层不愿意受制于"标准"之下，规则和权威对他们起不到明显的约束作用，只有在自由、开放、平等的环境中他们才能随心工作，没有固定模式、没有检验标准，否则他们会义无反顾地选择离开。

3. 具有想象力和创造力

天马行空、无奇不有的想象力，独具匠心、自成一格的创造力，是创意阶层最独特的标签。在创意阶层的头脑中，可以有各种奇奇怪怪的想法和思考，想象力就是一切创新可能性的源泉，教育赋能和对目标的执着追求使创意阶层还具备一定的能力把想象变成现实，即创造力让想象力落地，缺失了创造力，创意阶层可能会成为空想家。创意阶层在参与实践的过程中，会利用自己的想象力和创造力对某件事物进行大胆的创新，时常会出其不意地打造出与众不同的产品。

（二）群体特征

1. 强包容性

创意阶层的精英化和个性化特征奠定了这个群体具有超强包容性的基调。一方面，成员多样化。不同的职业、党派、种族、民族……只要是从事创造性工作的从业者，都属于创意阶层，其成员组成异常丰富。另一方面，价值观多样化。创意阶层的价值观与众不同，甚至可能表现为异于常人的"怪癖"，美国人戏称硅谷那帮科技企业家为"nerd"，意指不喜欢社交、一味钻研某种技艺的书呆子；但是这样不讨人喜欢却极富创意的人，在这个群体里却会受到成员们的欣赏与尊重。

2. 价值观趋同

尽管创意阶层成员包罗万象，但对创新和自由的向往是创意阶层的标配。他们渴求能够自由地表达个人意愿，对那些他们认为任何人都能融入并获得成功的组织和环境情有独钟，不希望创意被定义或框架，不愿意行动受拘束或限制；注重工作的独创性，勇于挑战，完美的作品是对创意阶层个体最佳的激励，享受成果带来的满足感，却不愿意标榜特色；追求个性与多样的体验，在这个群体中，你可能很难通过一个人的外观来判断他的职业，因为科学家可能不是严肃的，艺术家也会经常穿着邋遢。

3. 缺乏阶层认同

从业个体都期望能够通过一定的互动在群体中获得认同，从而找寻归属感。但是目前的组织环境普遍存在着对创意价值和对创意人才重视的不足，人才的培养和管理制度与其实际需求不匹配，个体的创意成果往往会转化为企业的经济收入，而个体的价值追求受到不同程度的忽视，这种对灵感和能力的隐形限制会增加创意个体的挫败感，其工作积极性和创造性会被严重损伤。

（三）职业特征

1. 以创意创造财富

创意经济时代下，人们对创意的追求促使了创意阶层的崛起，而创意阶层又以创意作为创造直接经济财富的手段，包括社会经济财富和个人经济收入。不同于一般职业群体，创意阶层不以提供劳动力和服务作为创造财富的主要形式，而是使用"脑力"提供创意。对于个体来说，一个天才的想法或是一项巧妙的设计不仅伴随着高额的经济回报，更是直接助力整个创意产业向前推进，而后者对个体的激励作用远大于金钱激励。

2. 以团队形式创作

尽管创意的想法是私有的，但创意成果的实现通常需要合作才能完成，合作能更好地发挥不同个体的优势，将不同的创意与想法融合，形成更具特色的创意产品。因此，创意阶层一般具有较强的合作意识，并且多数情况下以团队形式进行创作，团队成员对团队支持创新氛围的认知程度会对个人创意、创新行为产生显著的正面影响。以《流浪地球》的幕后制作为例，作者刘慈欣在小说中的一个创意想法，就需要7000多人的制作团队去合作实现，从概念设计到美术设计再到特效制作，团队的通力合作才能最终呈现出一部高质量电影。

3. 工作弹性大

创意工作通常具有较大的弹性，创意阶层可以灵活地、自主地选择工作地点和工作时间，他们可以在家里办公、在街头创作、在废旧楼里寻找灵感，不受制于快节奏的工作和生活步调，摆脱朝九晚五束缚和"996"（早上9点上班、晚上9点下班，中午和傍晚休息不多于1小时，总计工作10小时以上，并且一周工作6天的工作制度）的恐惧，典型的办公室环境留不住有创造力的人，因为在那里创造的价值得不到足够的鼓励和尊重，而自由、空间、信任更符合创意阶层的个性。工作弹性大在某种程度上也为创意阶层的频繁流动提供了条件，因为他们有足够的自由去寻找某个可以满足他们诉求的工作与居住环境。

（四）生活特征

1. 城市选择偏好

创意阶层对生活的城市条件有着特殊的要求，也就是城市选择偏好。良好的城市规划、完善的公共设施、发达的商业环境、浓郁的文化氛围等，都可以作为吸引创意阶层集聚的因素。但是，仅凭上述单个因素吸引不来大量的创意阶层，只有创意城市才能吸引创意阶层的集聚。兰德里认为，创意城市的基础是建立在以下七大因素上：①地区人员品质；②意志与领导素质；③人力的多样性与各种人才的发展机会；④组织文化；⑤地方认同；⑥都市空间与设施；⑦网络动力关系。理论上来说，创意城市并不一定是大城市，但一定是有魅力的、精致的城市，宽容性和多样性的都市风格不可或缺，创意阶层在这里不仅可以获得较好的发展机会，还要能找寻到兴趣爱好相同的亚文化群体，从而对此地产生归属感。

2. 休闲娱乐偏好

个性化是创意阶层的标签，他们并不都向往标准化的生活质量，追求精致的、高档次的品位消费；相反，基于弹性的工作时间，创意阶层的休闲消费活动同样不受时间和空间的约束，有着更多的选择。因此，创意阶层更加注重可以解放自由精神的休闲娱乐活动，追求精神上的体验消费。创意阶层喜欢作为成员去参与娱乐享受过程，而不是表现得像个旁观者，游离于娱乐形式之外，所以他们会去小型现场演出场所（live house）现场消费音乐，去酒吧寻求刺激，因为这些地方都很难将表演者和观众严格划清界限。同样，参与性强的户外运动也是他们的最爱，从传统的慢跑、骑车、登山，到徒步旅行、户外探险，甚至是极限运动，充满活力的休闲娱乐活动总是最吸引创意阶层。但是他们也喜欢捧着书在咖啡屋里坐一下午，和朋友们在第三空间喝茶聊天，看画展或是音乐表演，这些多样而又丰富的休闲娱乐体验可以更好地满足其个人需求。同时，对休闲娱乐活动的偏好也体现出创意阶层的独特性，具有高度的自主选择性和很强的内在动机。

四、创意阶层介入旅游开发

创意阶层是旅游开发中不可忽视的重要力量。一方面，创意阶层聚集在旅游目的地经营着一系列活动，不仅增强了当地的旅游接待能力，还提升了旅游吸引力，吸引着更多的创意阶层、旅游者，甚至是投资商前往，为旅游目的地注入了强劲的发展活力与动力。另一方面，作为知识和创意的载体，创意阶层可以为当地的旅游开发出谋划策，与政府和社区居民一道探索发展之路。本书从以下三个方面梳理了创意阶层介入创意旅游开发的途径。

（一）旅游产品开发

1. 原创参与

原创参与就是创意生产者根据资源特点进行产品的原始形态设计与实物开发。显然，旅游产品的开发离不开相应的资源基础，一般来说，旅游目的地的自然风光、人文风情、民俗技艺等资源都是创意产生的源泉，创意阶层通常会在这些资源中提炼出特点突出的元素，糅合进产品的设计与生产过程中去，这样的生产方式最能体现生产者本人对个性与创意的追求，注重作品的原创性与独立性。在整个旅游产品开发体系中，原创式开发是最基础的，以至于大众旅游产品以此为母体进行再创新。创意旅游要想蓬勃发展，必须得拥有比较发达的原创式开发体系。

2. 组合设计开发

组合设计开发是指创意生产者结合新元素对产品的外在形象与内在表达进行重新设计组合，从而打造出一款全新的、大众化的旅游产品。相比于满足生产者内在喜好与价值诉求的原创式开发，规模式开发更加注重面向市场、面向客户，并且更容易满足规模化生产要求，在原创式开发的基础上将利益扩大化。当然，规模式开发不仅需要不同行业的创意阶层跨界合作研发，而且对背后生产组织的能力要求较高，甚至需要一定的垄断性。以乌镇为例，在重塑乌镇的过程中，结合景点特色和目标打造，搬迁居民、改造景点、兴建剧院……项目耗资动辄上亿，不仅如此，乌镇戏剧节、木心美术馆、世界互联网大会等一个个大型项目的落地也不是总设计师陈向宏凭借一己之力能够做到的，从乌镇变身成为中国乌镇，单枪匹马的原创式开发远远不能做到。

3. 再生产开发

再生产开发是指对资源进行再利用，结合新的创意打造新的旅游产品，简单地说就是重塑经典。与原创式和规模式开发不同的是，再生产式立足于原有的资源基础上，依靠旧景点、旧故事推出新产品、新创意。再生产式开发注重以创意的思维和市场的要求对原生资源进行深度挖掘，然后形成一个新的产品。以经典的山水实景演出《印象·刘三姐》为例，刘三姐是广西壮族民间传说中的歌仙，有许多围绕她展开的传奇故事，此系列选择以刘三姐为主题形象原型就已经获得了大众的熟悉和认同感；再依托 1961 年拍摄的电影《刘三姐》为故事基础，结合耳熟能详的山歌和漓江自然风景，可以说《印象·刘三姐》的创新具有"旧题新做"的特征。纵观整个"印象系列"，其创意不仅表现在某个项目的创新，更表现在对旧文化的改造，赋予旧文化以新生命。

（二）旅游目的地形象塑造

1. 旅游目的地形象重塑

一般情况下，客源地与旅游目的地之间会存在着一定的共同点和差异性，而旅游者到目的地旅行的目的通常是为了体验差异，无论是风光差异还是文化差异，因此，旅游者对旅游目的地的第一形象感知是至关重要的。可以说，旅游目的地的形象直接关系到能不能有效激发旅游者前往旅游目的地旅行的欲望，而创意阶层总是以各种各样的方式重构大众对旅游目的地的认知，最直观且有效的方法就是通过文字影响读者的认知和行为。以丽江为例，得益于大番茄传媒机构策划、云南人民出版社出版的《丽江的柔软时光》一书，丽江被渲染出了"柔美""娇艳"的绮丽氛围，而"高原姑苏""茶马古道上的重镇"的大众文化形象得以更新。当然，充满浪漫气息和诗意的城市形象构建和宣传颇具效果，大批文艺青年背上流浪包踏上寻找浪漫的旅程。但近些年随着旅游竞争的升级和对主流文化的宣扬，世俗化的形象在官方的校正下逐渐淡出宣传舞台，各行各业创意人才的聚集已经为丽江树立起了独特的城市形象，它仍然是年轻人心中向往的旅行圣地。

2. 旅游目的地形象传播

创意阶层不仅参与旅游目的地形象塑造，他们还是旅游目的地形象传播的主体。作为传播主体，创意阶层的身份可以是外来的旅游者，也可以是当地的相关从业方，他们通过各自的方式进行形象传播。赵雷的一首《成都》为当地旅游带来了前所未有的热度，玉林路、小酒馆、成都街头……画面感十足的歌词让成都慢悠悠的生活气息扑面而来，旅游者来到成都旅游大多数都要去玉林路一带消费，去小酒馆门口排队，这首歌曲对成都整体形象的宣传远超想象。

（三）旅游目的地人气扩展

如果要综合考虑促使人们前往某地旅游的因素，那么旅游目的地名人的吸引作用不可忽视，他们会通过自身影响力和创意行为来提高旅游目的地的知名度，从而提高吸引力。以大理双廊为例，双廊旅游业的迅速发展很大程度上得益于杨丽萍、赵青、三宝等艺术家的入驻，这些享有盛名的画家、舞蹈家、作曲家虽然只是出于个人原因入驻双廊，本意并不在于助力地方旅游业发展；但是由于其自身强大的影响力，他们自觉或不自觉的成了双廊旅游对外宣传的推手和媒介，并且在旅游起步初期确实吸引了一大批小众爱好者前往双廊旅行、采风、集聚。除去艺术家本人，他们所经营的客栈、艺术馆等也同样成了旅游吸引地，太阳宫、青庐、粉四……昂贵的酒店也成了旅游者的旅行打卡地。《孤独星球》（*Lonely Planet*）对此亦有相应的描述：一些文艺界名人在这里置业，使双廊有了"艺术小镇"之称，一些艺术家的宅院成了标志建筑。

此外，名人的创意行为也能够显著提升旅游目的地的讨论度。杨丽萍、赵八旬、沈见华等人倡导并发起的"双廊公益论坛"，邀请了国内外各行各业的创意阶层如艺术家、建筑家、媒体人等来到双廊，尽管杨丽萍等人的初衷是探讨对双廊的保护与开发，但是论坛的举办促使了本地居民的旅游参与意识和文化自觉意识的觉醒，意义十分重大，是我国乡村发展史上的一次创新，双廊的影响力在无形间又再一次得到了提升。

第二节　乡村旅游创意阶层的产生

在传统旅游业亟须转型升级的当下，乡村旅游也不例外。一直以来，乡村旅游以"采菊东篱下，悠然见南山"的田园风光和农家情趣为基调，打造现代都市生活者向往的"不闻城市喧"的意境，受到了大批旅游者的追捧，因而发展速度惊人，一跃成为旅游者出行的最主要选择之一。当前我国各地的乡村旅游开发仍然以观光型和休闲型为主，并向集观光、研学、康养、休闲等于一体的乡村旅游综合体转型。"住农家屋、吃农家饭、干农家活、享农家乐"，数年不变的乡村旅游项目已经让旅游者审美疲劳，有新意的、有内容的乡村民俗体验游少之又少，优势不明显、特色不突出、旅游者留不住，没有旅游者的乡村游何谈长远性发展。如今之计，唯有求变和突破才能走出瓶颈，既然旅游资源是不变的，那么能变的只有人。

一、旅游创意阶层的出现

传统旅游业对应着传统旅游者，赏景观花、拍照聊天，旅游对于他们来说就是从一个景点变换到另一个景点。而新时代旅游者无论是从旅游理念、旅游方式、旅游目的等，都已经发生了截然不同的变化。一方面，新时代旅游者追求旅游体验感，注重旅游给他们带来的感受与乐趣，不再是走马观花式的观光旅游，他们可以延长旅游期，只为深度体验；另一方面，旅游活动参与必不可少，偏爱旅游活动的旅游者本身具有较高的好奇心和创造性，他们不愿意被"安排"，更想自己参与旅游过程的设计，不仅向往新奇的旅游目的地，更喜欢特别的旅游活动，如参与制作、民风体验等，比起一张摆拍的照片，他们更期待不确定性的旅游，追求不确定过程中的放飞、驰骋与意外地收获，而这些变化都已经成为旅游产业发展和优化升级的努力方向。

旅游者的新要求催生出了旅游的新供给，大量以提供"旅游创意"为主要工作形式的群体开始出现。根据社会分层理论的界定，一个新社会阶层的认定应该要满足两个基本条件：①具有明显区别于其他阶层的群体地位特征；②形成了稳固的阶层认知，即认同本阶层的社会地位与功能。可以看出，旅游创意阶层的雏形已经显现，尽管目前该群体的行为还不具有极高的辨识度与代表性，阶层认知也尚处于萌芽状态，但旅游创意阶层的存在已是客观事实。

基于此，本书认为，所有从事创意实践，能够产生新思想、新知识、新技术的人都属于创意阶层。旅游创意阶层是创意阶层的重要组成部分，是指直接或间接地服务于旅游业，具有创意思维和创新能力，能够把文化旅游资源转变为经济资本的人群。需要指出的是，旅游创意阶层成员的创意具有很强的指向性，那就是服务旅游业，面向旅游市场，这是区别于创意阶层概念最显著的特征。以当前发展现状来看，旅游创意阶层从事着旅游生产、策划、运营、营销等多种工作，如经营文化艺术馆、创意餐厅与客栈、酒吧、休闲门店等。旅游创意阶层致力于打造风格独特的旅游场景与服务，给旅游者提供全新的旅游体验服务。

想要实现新发展，核心在于变，要灵活多变，要花样百变，还要不落俗套。创意旅游的表现形式各不相同，但它一定是打破常规思维的，只有剑走偏锋才能出奇制胜，安全牌往往不能使旅游者耳目一新。这就对旅游创意阶层提出了极高的要求，拥有创造性的思维是核心，因为绝佳的旅游体验感需要创意去塑造，通过创意去规划和设计更适宜的旅游线路、更刺激的旅游活动。同时创意可以通过发掘资源潜力并凝练特色来加速旅游资源转化，赋予旅游产品更大的差异性，从而形成本地独特的"卖点"。要知道创意的成功应用，往往可以为旅游目的地带去新的发展机会，甚至使其"起死回生"。

二、乡村旅游创意阶层的产生

近年来，我国乡村旅游发展迅速，取得了可喜的成绩，但乡村旅游面临的困境也一直存在。受传统农牧业收益相对较低及城市化进程加快的影响，青壮年人口纷纷向城市流动，加上农民自身的保守性和乡村的封闭性，乡村旅游发展缺乏一定的人力、财力、信息和技术资源，只能从最基础的庭院经济开始。利用闲置的房屋和庭院开办农家乐、民宿、销售农副产品等，后来又衍生出采摘、垂钓、农业观光等娱乐活动。相比于田园综合体、乡村生态馆、乡村庄园等高层次的乡村旅游业态，庭院经济投资小、门槛低、风险低，在发展初期能满足旅游者的休闲需求，但随着其数量的迅速增加，遍地开花、直接模仿导致了千村一面，资源同质化现象严重，对旅游者的吸引力在不断下降，导致部分乡村旅游地遭遇了发展瓶颈。

（一）本土乡村旅游创意阶层的产生

穷则变，变则通。当庭院经济走到了穷巷，旅游者人数减少，收益降低，原有的乡村旅游经营者不得不开始思考旧小院的新出路。一部分人注重"修炼自身"，积极参加乡村旅游培训、参观学习、开阔视野，希望学习到先进的乡村旅游开发与管理经验。在掌握了一定的技能后，他们开始运用所学经验与外界合作改造原有的低级农家乐，深入挖掘本地乡土文化并进行创造性开发，与此同时，他们也有了新的身份——乡村旅游创意阶层。

本土乡村旅游创意阶层是土生土长的当地人，对家乡的情感、相对自由的生活节奏、熟悉的社会网络所带来的安全感等，都可能成为他们留在本地的理由。也有一部分人放弃了城市里的工作选择回乡，如大学生返乡就业、新乡贤回乡创业等，学生时代的教育经历及工作中的职业技能培训，在很大程度上提升了乡村的人力资本存量；而城市生活中掌握的市场精神、商业意识、现代观念、经营技巧和人脉资源等，有助于他们在返乡创业和就业过程中形成一定的文化优势。在这种情况下，相比于在城市里单一的工种，返乡更有助于自我价值的实现。

需要指出的是，部分地区在发展乡村旅游的过程中十分重视本地居民的培训教育，通过各种途径提升社区居民的旅游参与能力，最终表现为居民自身的旅游服务水平、经营管理能力、旅游产品创新意识等的显著增强，为开发高水平的旅游项目与旅游服务助益良多，这一类社区居民（特别是乡村文化能人）也逐渐发展为乡村旅游创意阶层。

（二）外乡乡村旅游创意阶层的介入

在部分乡村旅游发展迅速的地区，有想法的致富带头人通过将资源资本化，与外来投资者合作开发，或将村庄作为一个整体对外承包，由外来投资者负责全村乡村旅游的开发、宣传、经营等一系列活动。这样一来，村民有了工作，集体也有分红。投资者再以招商形式对外租赁店铺，从而吸引更多的商家入驻。在这条生产链中，商家大多为外地人，他们被此地潜藏的旅游商业价值所吸引，并以自带的资金、文化资本改造着乡村，这些人可以被称为外乡乡村旅游创意阶层。以陕西袁家村为例，自2007年开始发展乡村旅游以来，从最初的五家农家乐和少量经营餐饮的小企业发展至今包括印象体验地、设计师民宿、茶馆、戏台等在内的400多家乡村旅游企业，这些企业的经营主体由袁家村老村民、袁家村新村民与外来投资者共同构成。外来的投资者、经营者构成了袁家村外乡乡村旅游创意阶层的主体，经济利益驱使他们集聚于此。

当然，还有一些外乡乡村旅游创意阶层可能是在旅行过程中被乡村旅游目的地的风景、气候所吸引、对当地的文化产生了浓厚的兴趣等，从而选择短期或长期的在此处居住、就业、创业。大理双廊乡村旅游创意阶层是由最初的旅游者发展而来。因喜爱当地的自然环境、人文风情和生活氛围而选择居住在此，渐渐地在本地形成了理念、精神、动力相同的亚文化群体，并吸引了更多爱好相同的创意人才集聚。对于他们而言，集聚的动机可以是体验多样化和多层次的民族文化，寻求创意素材，也可以是单纯地追求高品质生活，追求精神的解放和自我价值的实现。总体来看，无论是出于何种动机，外乡乡村旅游创意阶层总是直接或间接、有形或无形、主动或被动地进行价值创造和生产，对当地乡村旅游业发展和乡镇建设产生了重要的影响。

值得一提的是，在外乡乡村旅游创意阶层选择来到某个乡村的过程中，中间人的作用不可忽视。在这里引用布尔迪厄的"文化中间人"概念来阐述这一现象，它是指在那些涉及"呈现"与"再呈现"的职业，或者提供符号性产品和服务的机构，以及近些年来大规模扩张的文化生产机构中，产生的新的小资产阶级。在本书中，我们将文化中间人具体化，特指那些为旅游创意阶层引荐资源与信息的第三方，他们可以是具有一定社会地位的个体，如知名学者、企业家、政府官员等，也可以是朋友、同事等普通个体。文化中间人通过自身的影响力、所拥有的资源吸引着旅游创意人才，同时也改变着外界对本地的固有印象（通常来说是负面的），带动文化旅游消费与投资等。

必须指出的是，针对乡村旅游创意阶层这一特定群体，地区乡村旅游业必须要具有一定的发展基础或前景才会对乡村旅游创意阶层产生吸引力，这一点无论对本土还是外乡旅游创意阶层都适用。

三、乡村旅游创意阶层的作用

综上所述，乡村旅游创意阶层特指服务于乡村旅游业的旅游创意阶层，除具有创意阶层的一般特征之外，还具有乡土情怀重、地域相对集中的特点。其作用主要表现在以下三个方面。

（一）乡村旅游目的地发展的重要力量

作为知识、技术和创意的载体，乡村旅游创意阶层是乡村旅游目的地发展的重要力量。他们可以是路上的旅行者，意外踏足某个"世外桃源"，发现大众旅游者不熟悉的美丽乡村，成为乡村旅游目的地的发现者；立足于悠久的历史文化和深厚的民间艺术资源，他们用创意和创新重新改造乡村，是乡村旅游地的设计者；走进乡村进行艺术创作、文化展演、经营实践，他们是乡村旅游目的地的经营者；用镜头去记录，用笔尖去描述，札记和照片是他们分享乡村美好的手段，他们是乡村旅游地的传播者。

（二）乡村旅游从资源型向创意型转变的推动者

乡村旅游创意阶层在推动乡村旅游从资源型向创意型转变中起关键作用。所谓创意型，就是以创意为内涵，以现代旅游的内容产业为表现，依托三农资源与生产、生活、生态"三生"空间，打造新景观、策划新活动、开发新产品、创造新业态、生产新体验、开拓新市场，满足旅游者个性化、多样化的体验需求，重新定义乡村旅游。相较于传统模式，创意型乡村旅游对人才的依赖性更大，因为任何旅游创意的产生，都是人们对于旅游全过程的重新审视与构思，是创意人才长时间复杂脑力劳动的成果。乡村旅游创意阶层擅长变废为宝、推陈出新，挖掘乡村文化，打造独特卖点，他们可以把看似稀松平常的山水、林田、旧屋、老牛等事物变成美丽又有魅力的乡村景象，并赋予其独特的意义，旅游者的乡愁情绪有了寄托，寻根还乡的精神需求得到了满足，乡村旅游地也由此获得了新生。

（三）建设多元美丽乡村的重要主体

乡村旅游创意阶层也是建设多元美丽乡村的重要主体。乡村人口流失大幅度削弱了乡村建设的主体力量，造成了一定程度上的资源浪费。而乡村旅游创意阶层合理利用了乡村资源，在依托自然景观的基础上依山而建、傍水而居，在挖掘人文资源的基础上将艺术与乡村特色相统一，重振乡村文化，凸显乡村风貌。而他们对于乡村的开发、资源的产业性转化更是赋予了乡村更多的内生发展动力，提升了乡村活力，在经济赋能的同时对建设多元美丽宜居的乡村来说也具有十分重要的意义。

四、乡村旅游创意阶层的类型

根据蒋三庚、王晓红等（2009）对创意人才的划分，本书将乡村旅游创意阶层分为乡村旅游创意生产者、乡村旅游创意策划者、乡村旅游创意经营管理者三种类型（表4-1）。

表 4-1　乡村旅游创意阶层类型

类型	主要构成	内容描述
乡村旅游创意生产者	创作者	摄影师、作家、歌手、表演者、民间艺人等
	艺术家	舞蹈家、演员、画家、制作人等
	设计师	商品、服饰、建筑等设计人员
	文化精英	学者、教授、行业专家等
	民间手工艺人	传统手工艺品的制作者
	非遗传承人	艺术、服饰、语言、饮食、建筑等非遗项目的传承人
乡村旅游创意策划者	规划、策划者	乡村旅游创意项目、活动、产品、广告等策划者
	乡村规划管理者	乡村基层组织干部及主管部门的管理人员
乡村旅游创意经营管理者	旅游企业管理人员、旅游个体经营户	创意酒店、餐饮、旅行社、文创商店、旅游场所等持有者或经营管理者

乡村旅游创意生产者通过运用个人的知识和才能来生产创意，包括创作人、艺术家、设计师、文化精英、民间手工艺人、非遗传承人等。乡村旅游创意生产者在乡村旅游的转型过程中发挥着至关重要的作用，他们思维开阔，头脑灵活，时常会有打破常规的创新想法或行为，是地方人文旅游资源的生产者。

乡村旅游创意策划者既是旅游创意的产出主体，也是创意的引导者，包括乡村旅游规划、策划者及规划管理者，他们可以整合创意资源，拓展乡村创意发展空间，但是其产出依赖于生产者提供的资源。

乡村旅游创意经营管理者专注于对乡村旅游创意产品的商业运作与经营，负责将创意落地，主要为旅游企业管理人员、旅游个体经营户。当然，部分经营管理者由于熟悉旅游创意产品的创作与生产过程，了解市场对旅游创意产品的需求，往往会按照自己的设想来设计、建造与经营，扮演了部分创意生产者、策划者的角色。

需要指出的是，乡村基层组织干部如村支书、村主任、合作社负责人等在乡村旅游发展过程中作用十分显著，他们通常会成为乡村旅游的设计者与乡村变革的带头人。一方面，他们瞄准时机带领乡村发展旅游，积极争取上级政府部门的政策与资金投入以及外部市场支持，为乡村旅游建设添砖加瓦；另一方面，他们率先加入乡村旅游的开发与经营，通过亲身行动广泛获得村民信任，动员村民加入。由此可见，由于乡村的特殊性，个体可能同时扮演多个角色，职能分工并不十分明确。但是毋庸置疑，乡村旅游创意阶层必将成为地区乡村旅游业转型升级的中坚力量。

第三节　乡村旅游创意阶层的创造方式

乡村旅游创意阶层依靠创意的想法和行为创造产品和服务，相应地他们将获得报酬：外在报酬，如金钱、晋升、职权、福利等；内在报酬，如认同、尊重、接纳等由此产生的心理收入。在不同目的的驱使下，乡村旅游创意阶层将表现出一定的行为偏好。例如：对物质层面的需要使乡村旅游创意阶层通过创意来获取相应的经济效益，但不愿受拘束的天性又使这种行为表现出一定的非主动性，甚至是违背自身意愿的；而出于内心的主动追求，创意的产生以及创作的过程又是一种纯粹的、非功利性的行为，即满足艺术家自身精神层面的需要，比如获得尊重和认同。

一、乡村旅游创意阶层的行为模式

民众普遍认为创意工作者是高收入群体，他们重视艺术生产而轻视经济效益，甚至对金钱表现出嗤之以鼻的态度。其实不然，即使是像凡·高这样的天才艺术家、典型的创意工作者，他生前也只卖出了一幅油画，一直在为生存奔波。由此可见，创意工作者的收入并不稳定，特别是在默默无闻时期，他们需要从事非创意生产工作，以获取维持基本生活所需的收入。这就牵涉如何进行工作时间分配的问题。

杨永忠（2018）在《创意管理学导论》中引用索罗斯比的艺术生产模型来模拟创意阶层的决策过程。在这个模型里，索罗斯比将文化产品的价值分为文化价值与经济价值两部分，艺术家可以从事艺术工作，也可以从事非艺术工作，而艺术工作又区分为商业导向与非商业导向，艺术家决策的目标就是通过安排创意的合理投入，追求作品中文化价值与经济价值的最大化。杨永忠将艺术家泛化为创意阶层，通过研究表明，创意阶层对工作时间的分配受到自身偏好以及文化产品中的经济价值、文化价值的工作时间回报方式的影响。也就是说，对文化价值更加偏好的创意阶层，会倾向于从事更多的文化价值单位时间回报率高的工作，并且在既定的偏好下，当单位时间经济回报率上升，创意阶层也会将更多的时间分配到文化价值单位时间回报率高的工作。这种现象在乡村旅游创意阶层身上同样适用。例如，一位生活在乡村的漆陶工作者，将自己创作的漆陶作品陈列在家中售卖并供旅游者欣赏。漆陶是漆艺与陶艺的完美结合，具有色泽、质感、造型等多重视角的美，但由于制作工艺复杂、漆液黏附性低等原因，不能批量生产推向市场，实用价值不高，加之乡村的封闭性，购买者少之又少，他一度需要额外的收入来支撑生活。如今乡村旅游者越来越多，制作漆陶的经济回报也越来越高，拥有了坚持创作的底气，他不断尝试着在题材、形式、技法上推陈出新。

二、乡村旅游创意阶层的创造路径

乡村旅游创意阶层的创造路径可以总结为三个阶段：激发创意灵感、策划创意产品、完成创意呈现。

（一）激发创意灵感

对于创作者来说，很多情况下灵感不是在苦思冥想和日夜钻研中得到的，而是被景或物触发突然而来，因此足够的自由度与松弛性是创造的前提。乡村作为休闲旅游目的地，不仅可以依托田园风光达到放松身心的效果，而且通过场景的变化可以带来视角的转换，激发灵感产生，催生创意。写生和采风是现代创作者创作的重要方式，无论是本土还是外乡旅游创意阶层，他们都需要离开常驻地，前往陌生、新奇的环境进行思维转换的过程，因为途中见闻更有利于增加阅历、开阔视野，同时完成与外界的信息交换、资源收集。而灵感触发与创意想法的产生虽然是两个不同的操作，但几乎是同时完成。

在这里，创意生产者是此环节的主体，无论是创作者、艺术家，还是设计师，他们才是创意产生的源泉及承载者。一方面，在视觉艺术中，创作者的创作过程往往表现出很高程度的独立性与自主性，他们根植文化、提炼元素、注入创意，所塑造的产品都具有独创性，并带有特殊的艺术情感和个人风格，这类作品往往不需要过多的后续加工便可以直接呈现。另一方面，以表演艺术为例，创作者很难独立完成从创作到呈现的过程。以当前火热的旅游演艺为例，导演、演员、灯光、舞台、场务……这些群体需要在内部不断地讨论、修改、排练才能达到统一，使剧目完美地走上舞台。除此之外，他们可能还需要同外界进行协商、调配，协作是完成创造的基本路径。但这只是项目内部的分工协作，创意转化成创新，产业链中的其他环节必不可少。

（二）策划创意产品

完成创意的生产是一件极其困难的事情，许许多多天才的想法因为缺乏理性分析和逻辑推理而无法落地。史蒂文斯曾对此进行调查，结果显示从创意到创新的转化率仅为 300∶1。在创作者脑海中的创意可以是千奇百怪的，但是一旦脱离想象朝着现实方向发展，从抽象到具象，从概念到实践，那么创意的想法一定要具有可操作性。市场受众狭窄、接受度低的创意并不适合转化为商品，无法创造经济价值。因此，衡量创意是否具有商品化意义，以及如何使创意商品化便是策划者的工作。

如果创作者处于产业链的上游，那么专注于产品策划的企业则处于中游位置。他们往往往会根据对市场需求的分析，以及下游生产企业的要求来评估筛选某个创意是否可以商品化，然后提出制作工艺、包装设计、市场定位、营销推广等相应方案。从创意原型到产品雏形，策划者承担了中间过渡的职能。需要指出，策划者不仅仅指企业，还包括个体与政府部门。当前很多个人自主品牌就是创作者本身参与创作、策划、生产整个过程成长起来的，在这种模式里创作者拥有相对较多的自主权，可以按照喜好选择合作对象与产品形态，但也需要面临成本高、难落地等问题与挑战。因为角色的特殊性，政府的策划者职能更多地体现在顶层设计与整体调控。以成都市天府古镇的旅游开发为例，成都市政府联合成都文旅集团、携程网共同打造了该项目，在此过程中，成都市政府联合多个企事业单位、专家学者设计开发方案，整合资源进行宣传营销。通过确定整体的开发目标与市场定位，再细化至各古镇的建设方向，集中力量干大事，政府的策划者职能便由此体现。

（三）完成创意呈现

被誉为"世界创意经济之父"的约翰·霍金斯说过："他没有提供咖啡，也没有提供甜甜圈，更没有提供点子。但是，他是企业家，正是有了他，一切才得以发生。"

从创意到创造再到创新，本质上是指创意是否具有实用性和经济性，这也是把创意放在了产业层面来阐释，否则创意将无法被消费者发现。但是创意的最终商品形态如果束之高阁那便无从谈起价值是否实现，只有在流通和交换中才能实现并创造更多的经济价值与社会效益。因此，创意经营管理者在整个创造过程的最后一环发挥着重要作用，负责成功销售商品，完成惊险的跳跃。创意经营管理者的目的就是获取利润，优秀的创意则是获取利润的直接源头。

没有金融资本的创作者无法将自己的创意付诸实践，因此他们需要借助经营者或者说企业家的力量。创意经营管理者并不会直接面对创作者，但是他们需要协调并利用创意来完成相应工作，并与终端消费者进行互动从而了解市场变化做出产品或销售的更新决策。同样，终端市场的反馈又通过产业链的层层传递来到创作者面前，推动新创意的产生。

例如，非遗传承人、生产工厂、经营者分工协作形成了香包产业链。非遗传承人主要负责带领学徒制作香包、传授手艺以及部分定制品制作；生产工厂负责提供原材料、包装以及机器制成品；而经营者负责经营销售门店，唯一的区别是经营者还承担着策划者的职能，等同于企业家。因为除了经营门店外，更重要的任务是对接非遗传承人与工厂，利用传承人的手艺和创意策划生产，同时安排工厂完成相应任务。创意经营管理者的眼光、领导力和市场悟性不仅为其带来了丰厚的经济收入，更是完成了从想象到现实的最终呈现。

第四节　对乡村旅游创意阶层的激励

创意需要载体，人才需要激励。要想发挥乡村旅游创意阶层的价值，不仅需要提供创意实现的平台，更需要满足人才本身超越性的精神需求。基于此，本书从外在激励和内在激励两方面入手，提出对乡村旅游创意阶层的激励建议，其落脚点旨在留住并发展人才。

外在激励注重优化施展才能的空间，而内在激励从自我呈现、价值实现、身份认同、情感满足四个方面表达了对人才的承诺、尊重与支持。

一、外在激励

（一）发展乡村特色旅游

强大的产业实力能够为区域发展输送源源不断的新鲜"血液"，也是吸引、激励创意人才的长效保障。大多数乡村旅游目的地发展模式单一且重复，精致、魅力、有内涵的乡村旅游目的地才会成为创意人才向往的"诗与远方"。一方面，要深挖乡村的文化资源内涵，对特色民俗文化进行创意包装，开发具有参与性与互动性强的旅游项目或创意活动，提升乡村旅游的层次感和品位。结合现代旅游者的消费体验需求，发展特色乡村旅游一定要走精致化、品质化道路，通过乡村小剧场、林间书屋等形式展现独特的乡村文化魅力，提高地方乡村旅游人气，增强对普通旅游者与特殊群体的吸引力。另一方面，发展乡村旅游要鼓励多种经营主体加入。国内许多地区的乡村旅游都是在政府的扶持下起步运营，利益相关者局限在政府、社区居民、旅游企业范围内，旅游者、旅游创意阶层与非政府组织介入范围窄、途径少，导致了乡村旅游发展在一定程度上缺乏市场活力，竞争力不强，特色不明显。因此，政府要引入市场机制，鼓励引导更多乡村旅游关联方加入经营，丰富经营主体，增强发展实力与竞争力，有活力、有价值、有发展前景的乡村旅游会吸引到更多的创意人士入驻乡村。

（二）优化乡村人文环境

开放、包容、充满活力的乡村人文环境能够有效地激励乡村旅游创意阶层集聚。为此，首先要改变社区居民的思想观念，要引导居民自觉地接纳乡村旅游创意阶层，对创意工作者个性化的行为与想法给予充分的理解和支持，不要让传统束缚住创意工作者的手脚。还要逐渐培育居民的创新意识，鼓励居民积极参与旅游创意实践，促进居民与乡村旅游创意工作者形成良性互动，这样才能吸引更多的民间艺人、创作人、投资者等群体入驻乡村。其次，要积极营造创意创新环境和氛围，鼓励乡村旅游创意阶层对乡村文化进行创意开发，促进多元文化交流，打造更多符合当代发展潮流的乡村旅游产品。鼓励创意开发的同时也要对失败给予最大程度的包容，让乡村成为旅游创意生产与实践的基地，才能吸引更多的乡村旅游创意阶层前来体验和发挥创意才能。最后，要推动创意产业与乡村旅游产业的融合渗透，使创意产业与乡村旅游产业形成相互支持的态势。着力改善乡村文化消费环境，建设更多的文化消费载体，为乡村旅游创意阶层提供一定的文化产品服务，满足其对文化消费空间的需要。

（三）营造良好生活环境

完善乡村基础设施能够为乡村旅游创意阶层创意活动提供最大的便利，健康舒适的生活环境也是拥有良好生活品质的基础。现阶段，各级政府和主管部门应抓住乡村振兴的大好机遇，加快优化和解决乡村基础设施方面存在的问题。首先，交通与通信的通达性和便捷度是基础。由于工作特性，乡村旅游创意阶层需要保持与外界的稳定联系，因此要加强乡村的交通网和通信系统建设，保障有形与无形的信息传送通道畅通。其次，卫生保障、休闲设施、服务网点等公共服务建设要到位，要为乡村旅游创意阶层提供舒适便捷的生活与工作环境，以及合理的人性化支持。最后，相比于高度便利的都市生活，静谧优美的乡村环境格外吸引创意工作者。但随着乡村旅游业的发展，环境污染、生态破坏、空间挤压等现象不可避免的出现，乡村生活环境质量的下降也会打消创意工作者集聚的想法。因此，一定要重视地区环境的治理与保护，保留乡村的田园韵味，同时还要注重合理的规划乡村空间，避免大规模的开发建设挤压乡村公共空间，给居民、创意工作者等利益关联方留出一定的第三空间用地。

（四）加强创新政策支持

当前，我国乡村旅游业整体实力不足，使创意人力资本落地困难，需要强有力的政策来支持保障其发展。首先，要为乡村旅游发展提供更多融资服务，比如通过设立产业基金、特殊项目融资等方式保障乡村旅游创意发展的资金需求，通过强化对乡村旅游创意项目的支持，为乡村旅游创意阶层提供良好创业环境。其次，要加大对乡村旅游创意项目用地保障、税收减免等方面的支持，因地制宜地采取多样化的促进政策，鼓励乡村旅游创意阶层创作、创业。最后，还要制定完善的知识产权管理机制，保障人才的创意成果，严厉打击各种侵害知识产权的违法犯罪行为，在全社会树立起尊重知识、保护成果的良好氛围，只有产权问题得以解决，乡村旅游创意阶层才能实现自由创作。在此基础上引入市场机制，将乡村旅游创意阶层的创意成果完全推向市场，助力创意价值目标实现。

（五）建设乡村旅游创意实践基地

乡村旅游创意实践基地将创客平台与乡村旅游相结合，承担着乡村旅游创意、创新项目的孵化作用，可以为创意工作者提供共创空间，这样的"集群"能够有效吸引乡村旅游创意阶层集聚。要立足乡村实际承载能力，合理规划基地建设，吸引文创活动、艺术体验、休闲度假等多种业态集聚，鼓励和引导本地文化精英、外乡旅游创意阶层、文化企业家、社区居民等主体入驻实践基地，鼓励大学生、在外务工人员、新乡贤等群体返乡投资、创业、就业，为多方资源、信息、成果的共享搭建平台，同时还要做好基地的基础、服务、支持设施建设，如融资服务、制度支撑、技能培训、创业帮扶等，为乡村旅游创意阶层提供便利条件。

二、内在激励

（一）营造自我呈现空间

城市的建设、网络的发展使得创意阶层的自我空间被不断挤压，他们不得不寻找新的情感归属与精神寄托。城市作为现代生活空间，生活节奏快、工作压力大、人际关系淡漠，创意阶层对自由和自我的追求得不到满足，而乡村生活悠闲宁静，乡村的"慢"与一定程度上的"远"也正是创意阶层所热爱的。要以"乌托邦"式的生活理念包装乡村，以"解放自我的文化艺术聚落"为目标，将乡村打造成具有创意阶层自我呈现的第三空间，乡村旅游创意阶层在这里可以自由的创作、社交、享受和创造生活，暂时逃离城市的喧嚣、压力和束缚，去追寻和探求他们所认同的价值和意义。

（二）鼓励自我价值实现

乡村旅游创意阶层具有较高的成就动机和需求层次，往往十分在意自我价值是否得到了实现，希望看到自己的创作成果得到他人、行业、社会的认可和尊重。因此，成就激励和精神激励的效用要远远大于外在的物质激励。同样，当外界评价与自我评价不一致时，乡村旅游创意阶层将会感到自我价值并未真正实现，从而产生挫折感和自我怀疑。乡村旅游创意阶层会在作品中注入个人的思想和情感，通过艺术来表达对事物的认识与看法，指手画脚的干预会影响其创意的自由发挥，甚至挫伤其创作的热情与信心，因此要赋予乡村旅游创意阶层一定的创作自由。创意阶层喜欢挑战，追求刺激与新鲜感，一份具有挑战性的工作可以有效地激发其工作积极性。可以借助论坛、大赛、交流会等形式充分发挥乡村旅游创意阶层的特长优势，也可以通过提高创意工作的标准、丰富工作内涵来促使创意阶层不断进行自我挑战。当然，创意来自于灵感，而灵感来自于丰富的生活与时间的沉淀，任何人的知识都是有限的，只有不断学习才能保持长久的生命力和创造力。要尽快搭建起创意阶层学习、交流、进修的渠道和发展通道，这也是追求自我价值不断实现与超越的另一种满足。

（三）推动"客"向"主"身份转变

对于外乡旅游创意阶层而言，风景优美、环境舒适的乡村聚落是其逃避城市束缚感，找寻新生活方式的最好选择。但是由于乡村旅游创意阶层与本地居民之间存在着明显的文化差异，由此引发的隐形界限使得他们在潜意识中把自己看作是乡村的"客人"。因此，赋予地方认同感才能在一定程度上消除隔阂。首先，不稳定的居留住所使外乡旅游创意阶层的"客人"意识十分牢固，要完善户籍管理制度与住房需求保障，长期的居住生活才会产生地方情感。其次，要充分发挥乡村旅游创意阶层在社区旅游发展规划中的知识与才能，使其成为乡村发展的重要规划者与参与人，只有承担起地方发展责任，才能获得充分的满足感与主人翁意识。最后，要通过一系列的活动消除对本土文化的陌生感，将外乡旅游创意阶层融入本地社会网络中去，通过创意实践成为新乡村文化的代表者。由"客居"向"主人"的转变实现，其实是一种身份认同和情感接纳。

（四）增强人文关怀力度

周到的人文关怀能够满足乡村旅游创意阶层的情感与尊重需求，增强其对乡村的认同感与归属感。以本地乡村旅游创意阶层为例，此类群体对于家乡本就有着较大程度上的认同与依赖，这种情感会左右其行为选择。因此，要充分利用地缘与亲缘优势，从人才的情感与现实需要角度出发，加强对创意人才的人文关怀。要切实提高乡村旅游创意阶层的社会地位，肯定人才价值，维护人才的合法权益。创作是一件艰难且孤独的事情，人才往往会因此而产生的较大的压力，要在精神层面上对其减压，高度重视人才的合理诉求，营造鼓励创新包容失败的社会氛围；还要在生活上减负，对他们的家庭、子女、工作等问题实施一定的帮助。同时也要健全激励机制，对乡村旅游创意阶层取得的成绩要给予及时的肯定，并通过物质和精神的双重奖励使其更具获得感和满足感，这不仅是对工作成果的价值肯定，也是对其付出的认可。

第五节　典型案例

大理双廊镇的旅游创意阶层

风花雪月，自在大理。大理一直是众多旅游者竞相前往的旅游胜地，得益于大理旅游发展的带动作用，环洱海、洱海—南诏风情岛等旅游线路越发成熟，舒适的气候环境、优美的湖光山色、浓郁的民族风情，加上杨丽萍、赵青等人的名人效应，双廊旅游声名鹊起，发展迅猛。出于不同动机，部分旅游者在旅行结束后会选择长时期的居留双廊，由于自带着一定的经济和文化创意资本，他们的行为往往会对双廊的经济、社会、文化产生不同程度的影响，是乡村旅游情境中典型的创意阶层形象。

一、感性的集聚动机

双廊的旅游创意阶层，旅游者占了大半。双廊位于云南省大理市东北端，洱海、鸡足山环绕四周，大理古城、苍山隔海相望，水天一色、群山叠翠造就了境内秀美的自然风景。金梭织锦、玉玑红莲、虎口观潮等十八胜景与古镇清幽、渔家灯火交相辉映，是大理著名"风花雪月"四景的最佳观景地之一，每年有大批国内外旅游者慕名而来。当然，欣赏美景、体验差异是旅行的基本出发点，但被打上特殊形象标签的双廊，它所迎来的旅游者更多的是以获取精神享受、体验行为艺术的刺激感，寻找文化认同的群体为目标，并且自身具备一定的创意资本和物质基础，因此与一般旅游目的地旅游者存在着差异。

从旅游创意阶层的行为来看，他们离开了熟悉的环境，前往陌生的地方体验自然风光和人文差异，在旅行的过程中却发现，双廊悠然自得的生活方式正是他们寻找的工作之外的休闲港湾——在远离大都市的地方，他们可以自由自在的做自己想做的事情，这是对价值和意义的一种追求，在双廊他们找到了情感的归属和精神的寄托。对于一般旅游者，旅行行为只停留在浅层次的游览和观光，在双廊收获的旅行体验并不能支撑其改变现有的生活状态，他们依然会回归正常的都市生活。但不同的是，旅行中的"思"与"体验"会给予旅游创意阶层灵感和创意，因此他们会遵循内心的感召，在一次或多次的旅行后有足够的信念动力和现实基础将"理想变成现实"。如果说旅行行为的发生仅仅是一种满足需求的冲动，那么选择在双廊或长或短的居留则是现实情况与感性选择综合考虑后的结果。

以艺术家、设计师、文化精英等群体构成的旅游创意阶层，其工作基调就是要以创意为核心进行不断的创作，他们向大众提供文化的、创意的商品和服务，而这些商品和服务更具有情感特征，是创意阶层激情创作的结果。未出名前的双廊经济社会发展水平较低、交通不畅、旅游者寥寥，却能吸引到赵青、杨丽萍等著名人士，这从另一方面也反映出旅游创意阶层不是以挣钱多少和追求效益最大化的经济人，而是遵循直觉的感性人，感性选择在旅游创意阶层集聚双廊的行为中起了至关重要的作用。

"在大理的小旅馆住了很长一段时间，我不知道自己为什么会喜欢这里。早晨起来去街上赶集，坐在屋檐下晒太阳。租了自行车沿着洱海岸边骑，随便躺倒在邂逅的一片豌豆田边睡觉。在崎岖回旋的悬崖山路上走至力竭，便似可以忘记了一切的事……花费了很多时间流连于一家又一家的店铺和小摊，收集绣片，并用笔记本记录下所得到的民俗工艺知识……图案大部分是龙鱼牡丹鸟或含有特定意义的纹路，不知道这诡异的美感是一种天性的禀赋还是用来抵抗生死的轮回。我为此深深沉迷，并在大理延长停留日期。"碧海蓝天、青瓦白墙、淳朴自然……双廊的一切都符合旅游创意阶层的想象，于是他们开始驻扎，用相机、画笔、诗集将双廊标记成"诗与远方"的理想国。

二、活跃的创意行为

旅游创意阶层在双廊从事着参与旅游宣传、经营、公益等一系列活动，对双廊的经济社会发展产生了重要影响。

（一）宣传

以摄影师、旅行爱好者为主的旅游创意阶层，他们习惯用作品记录下美好的景色和事物，再通过专业渠道进行宣传推介，让更多的人看见双廊的旅游价值。以专业分享笔记心得的小红书 App 为例，搜索"双廊旅游"会出现上万篇旅行图文和旅拍视频博客，这时创意阶层就变成了关键意见消费者（key opinion consumer，KOC），通过 KOC 的真实旅游体验和分享，激发和带动网友线下旅游打卡，带火特色旅游线路和优质小众景点。以博主"小艾琳一"的大理旅行分享笔记为例，这篇笔记共获得 4 万点赞，以及 1 万多条询问相关旅行事宜的留言，这样的"种草能力"可能比普通广告来得更快更有效。

（二）经营

创意客栈、休闲场所、商店、工作室……旅游创意阶层在双廊进行了大规模的经营活动，他们善于发挥创意，将普通的商店包装成文艺、别致的样子。

木夕大里是一家度假酒店，位于双廊最靠近洱海的位置，两面滨水，因为在酒店布局、氛围营造、景观设计等方面格外注重凸显自身特色，具有明显的创意、主题和情调，迎合了大部分文艺青年的旅行需求，所以慕名而来的旅游者非常多。酒店设计师八旬将自然与人文衔接的恰到好处，他用现代建筑"自由平面"与白族建筑的空间建构方式相结合，使酒店内部"虚实相生，互为表里"；"度假"是酒店不变的主题，宁静、舒适的居住感，隐逸、意境的"Dream Island"，这是设计师八旬及他的创作团队为梦想而作的"乌托邦"。在木夕大里，旅游者可以贪婪地享受微风和阳光，倾听海浪的声音，眺望无垠的海景，惬意又自在。

双廊的大部分酒吧集中在风情岛码头北侧的海街，少部分散落在大建旁村等处，大多风格独特，充满强烈的艺术感和浓郁的文艺气息，休闲氛围十足。吉姆餐厅是音乐人赵雷开的一家餐厅酒吧，被众多网友称为必打卡的大理酒吧。酒吧门口大排的红灯笼让人忍不住想要一探究竟，停放的大摩托和墙上的涂鸦彰显着独特的赵雷风格。这里不仅有美食，还有民谣、摇滚和南来北往的人，是好吃的酒吧、好听的餐厅，"比起丽江那些躁动心脏的酒吧要惬意很多"。

（三）公益

艺术家沈见华在双廊开办的"双廊白族农民画社"就是一项比较有意义的公益活动。他免费教当地的白族老奶奶们绘画，无偿提供场地和用具，免费指导绘画技巧，在北京、上海、成都等地分别举办了不同主题的画展，画作的售卖为老奶奶们带来了不菲的收入。如果没有沈见华创办画社这一行为，双廊农民画这一民间资源可能至今仍然不被大众所熟知，甚至渐渐被其他事物所取代，而这些白族老奶奶们也依然会困顿于生计。

出版农村画报、组织双廊公益论坛……这些行为和活动多发生于早期进入双廊当地的旅游创意阶层，他们希望通过这些活动为新移民和原住民谋划可持续发展的未来，这是"新双廊人"社会责任意识觉醒的象征。

三、旅游创意阶层的影响

（一）旅游产业升级

随着旅游消费升级，简单的"吃、住、行、游、购、娱"已不能满足旅游者的需求，康养、休闲、娱乐、社交等新需求渐次崛起，旅游者对体验性、互动性越来越关注。双廊旅游资源富集，得益于独一无二的自然景色和人文风光，一度吸引了大量国内外旅游者。但由于缺乏资本和技术，优质资源无法实现向旅游产品的转化，因而旅游发展一直处于初级观光阶段，随着丽江、迪庆、保山等周边地区旅游业的发展，双廊旅游竞争力出现不可避免的下降。旅游创意阶层进入双廊后，他们所携带的知识、技术、理念和资本，对双廊旅游发展意义重大。针对双廊的资源特点，旅游创意阶层运用创新理念，依靠自身优势和对市场的把握成功开发出了符合大众需求的观光、休闲、娱乐产品，以及满足小众爱好的艺术空间，使双廊从单一的观光旅游提升到了多层次的旅游度假，迎合了多样化、多元化的市场需求，成功更新了旅游产品，提升了双廊的旅游价值。

（二）生计方式变迁

受到旅游创意阶层经营理念和方式的影响，越来越多的双廊本地人开始参与或从事旅游业相关工作，改变了以往"靠山吃山，靠海吃海"的生计方式。在客栈餐馆打工，在街边售卖土特产，或私车拉客、经营租赁等，也有少部分财力充足的人效仿旅游创意阶层开起了酒吧餐厅，有效地实现了收入增长，摆脱经济贫困。

（三）利益相关者竞争

旅游创意阶层对双廊的社会关系也产生了一定的影响。双廊主要是由赵、李、杨等几大家族组成，村民间或多或少存在着一定的亲戚关系，社会关系和结构比较简单，处于熟人社会状态。旅游创意阶层进入后，简单的社会关系发生了变化。由于旅游创意阶层会租用原住民的宅院和基地进行旅游开发，在此关系基础上，房租、分红、排挤等利益博弈开始显现。同样，在整个双廊旅游大发展的背景下，原住民之间的关系也发生了变化，建筑空间的抢夺、公共用地的侵占、垃圾堆放、污水处理等一系列问题使原本亲近的社会关系变成了利益操控下的相互竞争。

无论正负影响，不可否认旅游创意阶层弥补了双廊原住民的角色局限，在创意经济大发展的背景下以第三视角重新审视双廊的特色与不足，将自然与人文有机地结合起来，重新塑造地方旅游形象，注入发展活力，而更重要的意义在于，传统的双廊社会被赋予了更多的现代意义。

 **本章小结**

（1）创意阶层是指所有需要创意的职业的从业者，分为"创意核心"和"创意专家"两种类型，具有鲜明的个体特征、群体特征、职业特征和生活特征。

（2）创意阶层介入旅游开发的路径有三种：旅游产品开发、旅游目的地形象塑造、旅游目的地人气扩展。

（3）旅游创意阶层是指直接或间接地服务于文化创意旅游产业的、具有创意思想和创新能力、能够把文化旅游资源转变为经济资本的人群。而乡村旅游创意阶层特指服务于乡村旅游业的旅游创意阶层，除具有创意阶层的一般特征之外，还具有乡土情怀重、地域相对集中的特点。乡村旅游创意阶层可以分为创意生产者、策划者、经营管理者三种类型。

（4）乡村旅游创意阶层对工作时间的分配受到自身偏好及文化产品中的经济价值、文化价值的工作时间回报方式的影响。创造路径可以概括为激发创意灵感、策划创意产品、完成创意呈现。

（5）对乡村旅游创意阶层的激励可以从外在、内在两方面入手。外在激励措施包括发展乡村特色旅游、优化乡村人文环境、营造良好生活环境、加强创新政策支持、建设乡村旅游创意实践基地等；内在激励措施包括营造自我呈现空间、鼓励自我价值实现、推动"客"向"主"身份转变、增强人文关怀力度等。

 **思考题**

1. 简述创意阶层的概念、特征。
2. 简述创意阶层介入旅游开发的途径。
3. 简述乡村旅游创意阶层的概念、特征及类型。
4. 简述乡村旅游创意阶层的创造路径。
5. 简述乡村旅游创意阶层的激励措施。
6. 结合实际，谈谈如何推动外乡旅游创意阶层"客""主"身份转变。

即测即练

自　　　扫
学　　描
自　　　此
测　　　码

乡村旅游创意产品

第一节　乡村旅游创意资源

一、乡村旅游资源的概念

国家标准《旅游资源分类、调查与评价》（GB/T 18972—2017）对旅游资源的定义为：自然界和人类社会凡能对旅游者产生吸引力，可以为旅游业开发利用，并可产生经济效益、社会效益和环境效益的各种事物和因素。根据这一定义，高曾伟（2002）提出，乡村旅游资源是指能吸引旅游者前来进行旅游活动，为旅游业所利用，并能产生经济、社会、生态等综合效益的乡村景观客体。它是以自然环境为基础、人文因素为主导的人类文化与自然环境紧密结合的文化景观，是由自然环境、物质和非物质要素共同组成的和谐的乡村地域复合体。乡村旅游资源的定义包括三个要点，即对旅游者产生吸引力、为旅游业开发利用及产生效益。

二、乡村旅游创意资源的概念

学者们对创意的定义具有以下几个共同点：创意的来源和核心是人的创造性，且这种创造性是独有的，创意的过程是形成判断和寻求解决问题的方法，创意的结果是新事物的产生和新价值的创造。已有研究对创意产业的评判标准包括四项：人的脑力劳动是绝对性主体，知识产权密集型产业，能够转化出市场财富，能够创造就业机会。

从文化与创意的关系发展历程看，受到寻求旅游发展替代模型与扩张创意经济、符号经济的推动，旅游业与创意产业日渐融合。在创意旅游中，旅游者通过主动参与活动、与当地人互动获得对地方的真实性体验。

结合创意和创意旅游的特点，本书认为，乡村旅游创意资源指在乡村地区能够通过人的创造性开发利用，为旅游者带来对乡村文化的真实性体验，为旅游业创造出符号价值的各种事物和因素。

三、乡村旅游创意资源的类型

传统乡村旅游资源类型从成因、属性、特征、开发利用等不同维度具有不同的划分方法。乡村性是乡村旅游的核心，从乡村性角度看，乡村吸引物资源可以划分为农村生态、农业生产、农民生活三种资源，即三生资源。秦冉（2019）结合三生资源划分方法与《旅游资源评价国家标准》提出乡村旅游资源分类系统，划分为 3 个主类，8 个亚类，39 个基本类型。《创意旅游的一个研究框架》一书提出：在乡村边缘地区，旅游创意在资源或资本方面的地方特征包括：①自然资源是当地旅游发展的基础；②经济资源为旅游发展增加当地市场；③社会资本形成创意过程繁荣的基础；④文化资本为旅游发展增加当地基石。

本书在对相关文献梳理的基础上，将乡村旅游创意资源分为五大类：文化资源、人力资源、社会资源、自然资源与经济资源，如表 5-1 所示。

表 5-1 乡村旅游创意资源类型

主　类	亚　类
文化资源	无形文化资源
	有形文化资源
人力资源	旅游创意生产者
	旅游创意策划者
	旅游创意经营管理者
社会资源	社会组织
	社会关系网络
自然资源	自然生态资源
	田园生态资源
经济资源	接待设施
	基础设施
	公共服务

（一）文化资源

英国的创意产业定义隶属于文化产业范畴，创意本身就具有文化属性。2018 年 UNWTO 研究表明，81%的国家旅游部门将当代文化与创意看作文化旅游的一部分。在旅游业发展过程中，文化旅游领域注入创意也更加显著，创意旅游被当作文化旅游的延伸、形式（Richards，2011）或重塑（Richards，2014）。因此，文化资源是创意旅游的基本资源。

文化资源包括无形文化资源与有形文化资源，无形文化资源包括地名、方言、人物、历史事件、文艺团体、文学艺术作品、传说与典故、地方习俗与民间礼仪、民间演艺、民间健身活动与赛事、宗教与祭祀活动、庙会与民间集会、特色服饰、现代节庆等。有形文化资源包括农业生产资源（如传统与现代农业生产活动与设施）、特色建筑与遗址遗迹（如传统与乡土建筑、特色街巷、特色社区、交通建筑、历史事件发生地、名人故居与历史纪念建筑、废弃生产地等）、特色物产与工艺（如农林畜产品与制品、传统手工产品与工艺品、中草药材及制品、水产品与制品与菜品饮食等）。

（二）人力资源

通过吸引有创意技巧及才华的人，地方将享受更高的经济增长。弗罗里达（Florida，2002）在《创意阶层的崛起》一书中提出，创意中心的兴盛，不像传统经济是因为自然资源或是交通的因素，也不是因为当地政府给予商店减税，或是其他振兴商业的诱因。创意中心的成功，大多是因为创意人士要住在这里，企业跟着创意人士来，或者创意人士自己创立公司。创意阶层是从事"创造有意义的新形式"的工作阶层，决定了工作场所的组织方式，哪些公司繁荣或破产，以及哪些城市繁荣、停滞或衰落，是创意生产的动力源泉。

人力资源是乡村旅游创意的来源，创意阶层构成了人力资源的主体。弗罗里达将创意阶层划分为"核心群体"以及"创意专家"两种类型，我国学者蒋三庚等聚焦文化创意产业链的不同环节，将创意阶层分成三种类型，即创意生产者、创意策划者及创意成果经营管理者。本书采用后者的划分方法，更有利于实践操作。

（三）社会资源

在城市，萨科（Sacco，2007）在对 2004 年欧洲文化之都热那亚和里尔的文化资本与当地发展策略进行比较后发现：里尔非常重视无形部分的发展，尤其是社会资本的积累。里尔吸引众多、广泛的主体参与文化生产与创新，包括社区的积极参与、本地企业间合作参与文化活动、外部企业投资和参与决策、本地人才与外部人才共同参与贡献，并在主体间建立极其复杂的合作互动系统和国际社会关系网络，开展紧密有效的交流互动，参与观点、人、项目的国际交换，在向更广阔的范围传播其文化影响中获得了更大成功。在乡村，杰林西奇（Jelincic，2019）提出，乡村边缘社区发展创意前哨（creative outposts）的本质是地方社会资本在地理上的集中，伴随创意能量的涌现，创新的特征包括多样化和密集的关系。

理查兹（Richards，2014）提出创意互动促进更多关系而非交易的价值交换形式，资本的重心从依附于文化的形式转向了创意资本和关系资本。在关系转向背景下，旅游创意对社会关系资本的依赖性增强，社会网络和关系成为创意产生和流动的关键资本。

（四）自然资源

乡村文化是乡村居民在农业生产与乡村生活过程中逐步形成的，根植于自然环境与人地关系，旅游创意无法脱离自然环境独立存在。它们或依赖于自然资源，或体现着自然环境对人类活动的影响，如冰雪构成了拉普兰冰雪创意旅游项目的景观环境和资源基础，旅游者参与和体验当地人的农事生产活动，月光、银河夜与萤火虫开发为季节性的亲子科普活动。

因此，自然资源是创意旅游发展的背景和基础。自然资源分可为自然生态资源与田园生态资源。自然生态资源包括水域风光、地文景观、天象与气候、动植物资源等，田园生态资源包括农田、种植园、养殖园等。

（五）经济资源

创意旅游是建立在非物质遗产基础上的，因此所需的资金和基础设施资源相对较少（Blapp，2017），但仍需要一定的经济资本用于必要的设施、场所、运营管理和市场推广。同时，经济资本也能够增加创意旅游的本地市场。

四、乡村旅游创意资源的特征

创意的资本形式包括内生无形资产，以及通过合作、网络和建设发展获得的外部资产（Richards，2011），保持地方资源与全球创意资源的流动是地方保持创意活力的重要措施。

经济合作与发展组织（2014）强调创意策略的重点已由传统文化旅游的有形文化资源向无形文化资源转移，无形资源构成了乡村旅游创意资源的主体，创意资源的本质是无形的（Richards，2012）。

第二节　乡村旅游创意产品概念及类型

一、乡村旅游创意产品的概念

旅游产品是一个复合概念。从需求的角度讲，旅游产品是指旅游者出游一次所获得的整个经历；从供给的角度讲，旅游产品是指旅游经营者凭借着旅游吸引物、交通和旅游接待设施，向旅游者提供的用以满足其旅游活动需求的全部服务，是由多种成分组合而成的整体概念，是以服务形式表现的无形产品（林南枝等，1994）。史密斯（Smith，1994）对旅游产品的概念提出了一种解释模型，物质基础、服务、接待业、选择自由、参与机会。米德尔顿（Middleton，1998）认为旅游产品实际上分为两种情况：第一种是综合概念，包括旅游者出门旅游至回家期间所有涉及的设施与服务所共同构成的综合体；第二种指某一特定的具有商业性的物品，如吸引物、接待设施、交通、服务等。申葆嘉（1995）提出广义旅游产品概念，它包括专业条件（人才因素、物质基础）和社会条件（安全保障、社会意识、居民态度、社区生活、文化要素、公共设施）两个部分，反映了接待地的整体特征。王晶晶等（2020）认为，乡村旅游产品是旅游者在乡村旅游过程中可以购买或体验的所有有形商品和无形服务，包括旅游景点、旅游项目、旅游商品、旅游服务等多种形式。

在创意旅游研究领域，理查兹（Richards，2011）认为，创意旅游概念的共同点包括参与、真实的体验、允许旅游者通过与当地人和文化互动发展他们的创意潜力与技术。消费的形式从被动到主动，强调生动的、无形的文化而不是静态、有形的文化遗产。创意旅游的本质在于与自我实现和自我表达相关的活动与体验，旅游者在发展他们的创意技术的时候成为合作表演者与合作生产者。达克斯伯里（Duxbury，2019）提出，创意旅游四个最有共鸣的视角包括旅游者的主动参与、创意的自我表达、学习与联结当地社区。

综合以上观点，本书认为：乡村旅游创意产品指乡村地区通过对创意资源的开发，使旅游者主动参与旅游活动、与当地人互动和学习当地文化，发展自身创意潜能与技术，获得对地方文化真实体验和乡村生态自然体验的整个经历。

这一概念包括以下要点。

第一，乡村旅游创意产品开发的目的是为旅游者带来难忘的体验，创意产品开发应提炼乡村地区的地方性精神内核和表征符号，构建、演绎乡村文化的特色品牌，塑造乡村人格化、故事化的IP及衍生体系。在旅游者与社区居民的文化交流过程中，使社区居民建立地方文化自信与文化认同，使旅游者获得对地方文化的真实性体验，从而促进旅游者的全面发展，满足人民对美好生活的向往，促进乡村文化的繁荣，平衡城乡关系。乡村的地方文化既包括乡村居民的生活文化，又包括人作用于自然的生产文化，这种生产文化体现了我国传统文化中人与自然的和谐关系。

第二，传统旅游产品包括用以满足旅游者需求的全部吸引物、设施与服务。乡村旅游创意产品主要依托的是地方无形文化资源，更加侧重旅游活动参与和与当地人的社交互动、文化学习等无形部分。

第三，旅游者在消费乡村旅游创意产品过程中，自我实现，自我表达，发展自身创意潜能与技术，旅游者成为合作生产者，或旅游者与生产者实现产销合一。

第四，乡村旅游创意产品不具备知识产权属性，但创意产品的地方性和体验的真实性为旅游者带来了差异性体验，具有创新竞争力，从而抗衡重复生产与同质化竞争，为乡村地区带来市场财富与就业机会。

二、乡村旅游创意产品的类型

（一）农业创意产品

农业创意产品依托特色农作物、特色养殖活动、传统及现代农业生产活动、特色农产品等资源，适合开发的产品形式包括农事活动参与、农业知识科普、农产品制作、创意农业景观与农产品形态等。如台湾花露休闲农场，它是台湾苗栗一家以花卉为主题的精致休闲农场，分成了休闲水榭、香草能量花园、雨林餐厅、薰衣草园、绿茵地、城堡旅舍、精油博物馆、产品展览馆等。农场充分挖掘农业产业的园林艺术价值，融合农耕文化，进行建筑、景观小品等基础设施外观的精致化打造和"精致生活方式"营造。用三产融合打造产业链闭环，一产的种植为二产的深加工提供原材料，加工的产品可以延伸到食用、药用、科普教育等领域。

1. 农事活动参与

选取典型或具有趣味性的耕种、养殖生产环节设计旅游者可参与的农事活动，如耕地、播种、施肥、除草、收割、采摘、挤牛奶、剪羊毛、放牧等，使旅游者在当地人的帮助下自主完成生产过程，体验农事劳作过程、获得农业生产技能、收获自己的农作物并实现与当地人的社交互动。产品设计可衔接生产、加工、制作环节，使旅游者完整体验农事活动的全过程，令其获得最大化的满足感和成就感。

另外，可适当发展智慧农业与社区支持农业。将物联网技术运用到乡村田地，农作物全程由乡村社区管理，旅游者不定期参加相应农事体验，并通过摄像头观察农作物长势，还可将蔬菜果实通过物流送往旅游者指定地点。

2. 农业知识科普

筛选传统农业生产方式、特色农业业态及趣味性、观赏性、科学性强的农作物品种，通过生态园、博览园、博物馆等形式发展农业知识科普。产品创意设计要侧重动态演示与现场解说，博物馆可利用现代科技手段进行解说和演示，组织主题科普与教育活动，通过田园场景里的现场活动开展现场农业知识科普。例如，挖掘、传承传统农耕生产技术和农耕工具，传统播种和收割、桑基鱼塘等传统生产方式，储臼、石磨、铡刀、木犁等传统工具，展现人类最初的生产、生活方式。发展热带植物、热带水果、名贵花卉、有机蔬菜、高效农业等业态，葡萄酒、蝴蝶、青蛙、茶、薰衣草、柠檬、玫瑰、香草等主题农产品，引进特色动植物和外地稀有品种，如发光树、防火树、跳舞草等。

3. 农业物产制作

依托特色种养殖向二产、三产延伸产业链，利用农林畜产品、中草药材、水产品等农副产品开发系列旅游餐饮、特色旅游商品，发展物产制作体验活动。创意餐饮是备受旅游者喜爱的元素，创意美食应在食材选择、组合、造型、主题方面不断创新，体现地域性、原创性和民族性，同时体现时代性，例如，引入无麸质食物、慢食、轻食等时尚健康的餐食理念。旅游商品系列设计可借鉴文化创意产品开发经验，利用本地材料，充分体现当地农业文化元素，文化底蕴丰厚，具有一定观赏性或实用性，类型丰富多样，品质上乘，包装精美，并不断推陈出新。在美食体验和商品销售现场，旅游者可在社区居民、创意工作人员的指导下加工、制作自己的农业物产，帮助旅游者体验传统农副产品的手工制作过程。

4. 农业景观与农产品形态创意

突出乡村田园的大地艺术化，打造造型多样、具有强震撼性和吸引力的乡野景观。如日本稻田画，稻画始于1990年的前半时期，以紫、黄、绿、红等颜色的品种，在稻田上作画成新艺术，画作主题多变，形成了富有吸引力的创意景观。依托于日本的精细农业，稻田画将农业的每一个环节延伸，将农作物的食用价值与审美价值进行了结合。

创意养殖景观主要是利用生物技术改良畜种，提升养殖业的观赏价值、经济价值等附加值。例如：通过喂养绵羊适量金属元素，培育具有五颜六色羊毛的彩色绵羊；通过相关生物技术培养五彩珍珠，打造"鲤鱼跳龙门"等奇特景观。

农产品形态创意主要是利用科学技术改变农产品形态，并通过创意赋予其特殊的意义，提升农产品的审美价值和内涵。例如：通过利用生物技术，种植爱心猕猴桃、相连接的梨即"永不分梨"、长生不老寓意的"人参果"、平安果、五彩辣椒、足球葫芦等，将外观形态与农产品寓意相结合，提升其附加值；培育巨型南瓜、迷你西瓜、彩色番茄等，增强农产品的吸引力。

（二）民俗创意产品

民俗创意产品的基础资源主要包括地名、语言及方言、传说与典故、地方习俗与民间礼仪、民间演艺、民间健身活动与赛事、宗教与祭祀活动、庙会与民间集会等社会与精神民俗资源，菜品饮食、传统手工产品与工艺品、建筑、特色服饰等物质民俗生活资源。民俗创意产品可进一步细分为农耕文化、民俗文化、民族文化与乡土文化创意产品等类型。

本地居民是地方民俗文化的载体，民俗创意产品主要围绕乡村社区居民展开，产品开发形式包括民俗文化学习、民俗表演、民俗活动参与、传统手工艺品制作及原生态民俗创意景观等，旅游者在活动参与的基础上，与本地居民的社交互动是该类产品的最大特点，也是地方文化学习最重要的渠道。

1. 民俗活动参与

民俗活动种类繁多，包括民间演艺（音乐、舞蹈、杂技、曲艺、戏曲）、习俗礼仪表演、民间故事表演、服饰走秀、茶艺表演、民间健身活动与赛事、宗教及祭祀活动、庙会与民间集会、烹饪比赛等。产品设计一方面要侧重挖掘、再现和活化各类民俗文化；另一方面要在被动展示的基础上，吸引旅游者与当地人一起参与到活动的设计、筹备、比赛与表演当中，使旅游者学习和体验当地的民俗文化，并与当地人一起发展和创造新的民俗文化。

开设地方方言课程。旅游者现场学习其方言，甚至以当地传说与故事元素为素材现场共同即兴创作表演，激发其语言与表演艺术潜能。设计地方美食与烹饪活动。由本地人指导旅游者采购或采摘新鲜食材，制作具有地方性的民俗美食或加工制品，使旅游者亲自制作和品尝当地美食、获得地方美食的烹饪知识与技能。例如，泰餐烹饪学校推出的专门面向外来旅游者，旨在传授泰国特色美食制作技艺的短期培训课程，一般包括到酒店迎接客人、到菜市场认识和采购原料、选择自己想做的菜品、学习制作香料和酱料、学习自选菜品的制作过程、品尝大家自己完成的菜品赠送食谱、送客人回酒店等环节，该产品具有新奇感、真实感、参与感和成就感等特点。

2. 传统手工艺品制作

传统手工艺品品种繁多，如手工织布、扎染、编织、手工刺绣、剪纸、酿酒、古法打铁、弹棉花、皮具、油纸伞、毡制、木制品、绘画、雕刻、吹糖人、木偶、皮影、脸谱、面具等。

设计现场互动创意的方式，使旅游者向当地居民学习并共同创作具有当地特色的手工艺品，邀请旅游者一起深入当地社区，共同学习手工传统与技能，共同讨论并进行现场再创作，创意演绎生活习俗场景，为旅游者提供良好的文化艺术氛围与创意潜能挖掘空间。

例如，在法国阿韦龙省地区，旅游者可在专业刀匠的指导下学习制作自己的拉基奥勒刀，选择刀柄的材料，组装弹簧、支撑垫和刀片，最后完成雕刻、装饰和抛光。设计师在原有的拉基奥勒刀设计的基础上增加了新的创意，如设计图标，旅游者可以效仿。

3. 民俗创意景观

乡村的原生态民俗创意景观主要是通过挖掘乡土自然资源，结合景观设计方法，运用艺术元素展示农村居民庭院的原生态性。一是从乡村建筑的符号、材质、空间、环境等展现乡村自然风貌，选取典型的居民庭院，打造以盆景小院、农耕小院为特色的主题院落，从土墙、竹篱、衣物，晾晒的玉米、大蒜、辣椒、柿子等食品、堆放的柴堆等细节入手，呈现乡村真实场景，还可将农舍与花卉艺术相结合，在房前屋后、房顶种植花卉，营造审美体验。二是空屋改造，利用老物件还原乡村原始生态风貌。借鉴日本越后妻有乡村的艺术化民宿改造经验，注重地方传统建筑的复原保护，通过创意将废弃的房屋以艺术的方式重新呈现，搜集展现乡村记忆的古老物件，如蓑衣、斗笠、煤油灯、风车、吹火筒、水缸、风箱等，充分利用这些古老物件还原村落原生态的物化表达，承载乡愁记忆。

（三）人物历史创意产品

人物历史创意产品依托人物（人事记录）与历史事件资源，产品设计侧重活化、再现历史人物及故事，使旅游者身临其境地经历、演绎鲜活的历史与历史中的人物，参与者在活动中激发了创意潜能，通过自己的创意让历史重现，亲手发掘其中所蕴含的巨大的文化遗产魅力与丰富的内在文化价值。由英国遗产委员会每年夏季举办的"历史再现"活动即以历史重现为主题，是欧洲最大的历史主题活动。该体验活动让体验者自己参与设计并扮演感兴趣的历史人物，每个人都身临其境地成为英格兰上下千年某特定历史时期的鲜活演绎者与创造者，完全不同于从前教科书浮于表面的理解。孩子们在对历史和文化上下语境知识的学习、自我角色创意与扮演中，站在自己演绎的每个历史人物肩膀上与他们一同走过特定历史事件，成为自己发现和追溯现在由来的奇妙创意之旅。

（四）自然创意产品

依托地文景观、水域风光、动植物资源、天象与气候等资源开发体育运动、康体疗养、科普教育等自然创意类产品。

1. 体育运动

丰富多样的自然环境为体育运动提供了得天独厚的资源。户外运动包括水面运动及航海类、陆地运动及单车运动、山地运动及地下活动、野营活动及捕猎饮食、机动车船及航空运动五大类。区别于传统体育旅游产品，体育旅游创意产品设计应结合自然资源特质设计体育运动项目，玩法要大胆而富于巧思，能够刺激旅游者的参与欲望，突出参与性、挑战性、刺激性、竞技性和娱乐性，旅游者参与项目的过程即是挑战自我的体验过程。产品包括适合资深冒险旅游者的专业产品及适合普通旅游者的入门产品，参与难度不等，选择多样。新西兰皇后镇是利用自然环境发展极限运动的典型案例。皇后镇有着"世界冒险之都"等诸多美誉，这里诞生了蹦极、高空秋千、高空滑索、喷射快艇、跳伞、滑翔伞、热气球、雪上摩托车、四驱摩托车、滑雪等众多现代极限运动，大多数的项目都设置了不同的难度。

2. 康体疗养

适宜的气候、森林、温泉、海洋、野生食材与中医药等资源是康体疗养的天然资源。例如，利用森林资源开发健走、瑜伽、太极、冥想、森林马拉松等康养活动，开发温泉泡浴、中医药及现代医学温泉理疗、温泉娱乐、温泉体育等多模式产品，围绕中医药主题开发种植、采集、加工、科普、养生等活动。康养旅游创意产品设计一方面突出参与的、动态的康体疗养过程，另一方面塑造产品的疗养文化，通过文化的浸润，实现人与自然的和谐相容、旅游者身体疗养与心灵养护的交融。

3. 科普教育

神奇的地质地貌演化、美丽神秘的天象、精彩纷呈的动植物世界，无不蕴含着大自然的万千奥妙。可以筛选科学性与趣味性兼具的自然现象，开发由自然领域科学家及专业探险人士带队的深度科学考察与探险产品，针对儿童及青少年的大自然科普探险产品，面向大众的科普创意产品。科普教育创意产品设计应注重科普的互动性，使旅游者在真实的自然环境或"身临其境"的模拟环境中，通过活动的参与互动获取鲜活生动的自然知识。

（五）艺术创意产品

艺术创意产品指本地或外来艺术工作者聚集在乡村地区，形成文学、绘画、雕塑、雕刻、舞蹈、音乐、戏剧等艺术创意集聚区。艺术创意产品应能够调动并充分挖掘参与者的创意潜能、实现学习性与教育性的附加体验价值与功能。产品设计形式包括博物馆、展览、体验工坊、表演、学习课程、研讨班等形式，旅游者可深入当地居民与艺术家的工作区域、社区甚至家中与他们学习互动，也可与他们一起对艺术作品进行改编、创新与再创作，使旅游者在传统环境中原地学习。还可发展艺术形式的社区教育计划，争取更多的艺术爱好者、青少年、学生等群体参与，学习艺术形式的专业知识与技能，提高他们的艺术修养，激发培养其创意潜能、团队合作与领导力、批判性思维力等。

（六）节事创意产品

突破传统节事活动的设计路径，充分挖掘当地资源，融入创意巧思，形成节事创意产品。围绕农产品丰收、民间艺术、民俗风情等主题组织旅游创意节事活动，主题选择应富有新意且根植于地方的乡土性，设计参与性、文化性、艺术性、娱乐性强的活动内容。发挥节事活动的眼球经济效益，恢复乡村的活力，带动消费、平衡淡旺季、弘扬文化、提升知名度和塑造地方形象。尤其要让乡村居民参与其中，制造更多就业岗位，让当地民众的生活得到实质性的改善。

第三节　乡村旅游创意产品生产

本书在相关文献研究的基础上，对已有研究成果进行了系统、全面的分析与整合，从生产或目的地角度，在批判性视角下提出了乡村旅游创意产品生产的原理、组织方式与生产方法，以帮助生产者理解乡村旅游创意产品的本质，领会创意生产的关键要领，更好地实现产品生产的价值增值与可持续性。

一、乡村旅游创意产品生产原理

乡村旅游创意产品生产要通过合理、周密的计划将地方创意资本转化为创意体验。创意旅游者追求对目的地日常生活的主动参与和对地方文化的难忘体验。因此旅游创意强调更多的合作生产和本地嵌入，需要广泛的利益相关者参与，其中，企业家和社区是旅游者获得真实体验的关键。通过具体的产品为旅游者提供参与当地活动、与当地人社交互动和地方文化学习的机会，使旅游者与生产者通过合作生产方式实现主客交流，最终获得创意体验和技能知识的转移。

好的创意产品设计要将地方、人与事件联结赋予意义，创建一套适应当地的特定要素，整合发展要素并使其融为一体，吸引新公民与旅游者加入价值创造过程。要设计新的组织、管理、运营和参与模式，确保自上而下和自下而上的创意都能得到利用，如图5-1所示。

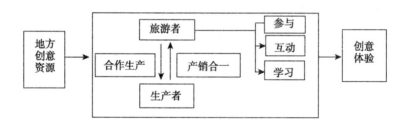

图 5-1　创意旅游产品的生产原理

（一）创意旅游者

托夫勒（Toffler，1980）提出了后工业时代下的生产消费者（prosumers）概念，他们倾向于生产自己的商品和服务。雷蒙德（Raymond，2007）认为创意旅游者是参与者，通过实践学习，并在发展新能力中找到乐趣和成就感。谭小侃（Tan，2013）提出，创意旅游者指那些积极在他们选择的目的地创造体验的旅游者。创意旅游者渴望体验，寻求积极地参与，利用当地多样性发展兴趣爱好，丰富现有知识和技能，通过创意表达自我，追求个人认同和自我发展。

创意旅游者具有显著的多样性，谭小侃（2014）从旅游者创意体验的内在主观性方面将创意旅游者划分为五种类型：求新者、知识和技能学习者、意识到旅游伙伴成长的人、意识到环保问题的人及放松和休闲者。雷莫阿尔多（Remoaldor，2020）探讨葡萄牙中小城市和农村地区创意旅游者的动机与特征，发现了三个聚类：创新型学习者、知识技能型学习者和休闲创意型学习者，休闲创意寻求者在体验过程中表现出社会化和与他人分享合作生产过程的需要。不同学者对创意旅游者动机认识不同，陈丽婵（Chan，2016）认为，获得独特的旅游产品、体验式旅游欲望和寻求社会尊重是旅游者消费的重要动机，张洋（Zhang，2019）提出，观光、社交、自我提升和逃避是参与创意活动的主要动机。不同类型旅游者的体验感知由不同的影响因素组成，了解创意旅游者的期望是设计体验的前提，生产者可采取不同策略满足旅游者需求。

（二）创意生产者

当地活动的参与和与本地人的互动使创意旅游向更大程度的合作生产与本地嵌入转变，一种更深入的对创意设计的考虑正在出现，即从把创意看作一般的生产活动或产业，到把它看作是一群人、城市、地区和地方的集体创意（Richards，2020），最后是一个地方的普遍转变。创意发展是一个地方所有参观、使用和生活的人的合作生产系统（Richards，2018），使广泛的利益相关者参与进来发展创意是至关重要的，理想情况下包括自上而下和自下而上的机制（Richards，2011）。例如，一个强有力的公共部门制定创意政策，对创意发展进行规划与管理，各种组织（协会、图书馆等）开展创意活动、建立利益相关者的联系及开展对外交流，创意企业家和当地社区是推动创意发展和提供真实体验的关键角色，旅游者也是合作生产的重要角色。

理查兹（Richards，2007）提出，生活方式业务的发展可以说是创意旅游发展的主要驱动力之一，生活方式型企业家的创意技能被广泛用作小规模旅游业务的基础，例如，提供绘画或摄影假期。艺术家也常常被视为城市更新和开启士绅化进程的先锋，他们通常是第一个搬进破旧社区寻找廉价空间的人，作为地方构建者创造了居民和旅游者都能享受的空间（Nieuwland，2021）。生活方式型企业家往往倾向于选择在乡村建立有创意社区的新企业（Richards，2006），在乡村背景下他们是发展创意旅游的关键角色，是最有可能提供真实体验的演员（Johannesson，2017）。

这些艺术家和中间人并不总是当地人，而是对当地有文化兴趣的人，保持、吸引和留住人才对所有地方都是一个挑战。帕帕莱波雷（Pappalepore，2014）建议在政策方面采取软性办法，例如，为创意企业家提供集聚的机会和空间。迪亚斯（Dias，2021）提出，环境（创意氛围、当地的创业文化、医院或学校等免费机构的存在和市场未来潜力）影响生活方式企业家的社区依恋，并间接影响他们的创新和根植意愿，地方应为创意人才改善环境以吸引创意人才的集聚。

联结当地社区是创意旅游最有共鸣的视角之一（Duxbury，2019）。"草根"参与对激活直接造福于当地人的本地资产是重要的，对旅游者"像当地人一样生活"至关重要。理查兹（Richards，2014）认为，创意产业的普通形式、位于郊区、实验性的创意被忽视或排斥，应该采用一种自下而上的方法来发展"一个有利于穷人的创意城市"。露西亚（Luciaa，2018）研究了意大利那不勒斯 Ilcarttastorie 博物馆和 Favara 农场文化公园由私人推动的文化复兴案例，强调在文化再生和创意城市建设中有私人和社区参与的重要性。乡村地区尤其强调自下而上的设计方法，倡导社区参与创意体验的合作生产并提升社区能力，为社区赋权、发展社区福祉、创建地方骄傲与自信及形成跨旅游价值链。

（三）生产方式

博斯威克（Boswijk，2007）认为，以生产者为导向的第一代体验已经被基于消费者和生产者之间合作生产的第二代体验所继承，最近又被第三代体验所继承，在第三代体验中生产者社区和消费者这两种角色之间的区别实际上消失了。创意旅游体验的生产方式是合作生产或产销合一。合作生产需要生产者和消费者之间建立一种新的关系，旅游者愿意参与设计、生产和消费一种体验或与组织合作创造新产品和服务，这模糊了生产者和消费者之间的传统区别。例如，创意旅游者与当地表演艺术家一起改编莎士比亚剧目并参加排练和演出，而不是被动的观看商业演出。

合作生产为旅游者和被参观的人（主人）都增加了价值，同时也有助于目的地的独特性和真实性（Binkhorst，2009）。在组织和目的地层面上，学者们都认同合作生产对竞争绩效的战略作用，强调管理和营销方法。在旅游者层面，创意旅游者既是体验的消费者，也是生产者，创意旅游者在体验生产中占据主导地位（Binkhorst，2009；Richards，2009）。

（四）创意主题

坎波斯（Campos，2015）提出的旅游者现场合作生产体验的概念框架中，合作生产体验是通过参与体验活动和与他人的互动形成的心理现象，积极地参与和互动都会影响旅游者的"即刻的意识体验"。布拉普（Blapp，2017）认为，巴厘岛乡村社区创意旅游的三个主题包括旅游产品中的日常生活、有意义的互动与文化学习（体验的中心），且三个主题间相互联系。

综合以上观点，参与当地活动、与他人社交互动和学习目的地文化是旅游创意体验的普遍主题。旅游者的积极参与是指旅游者在物质消费和认知活动中使用个人资源、能力和策略参与体验（Prebensen，2013）。与传统的以凝视为范式的旅游观形成对比，旅游者现在被视为体验者、创造者和演员，而不是接受者、翻译家和观察者（Tom，2007）。互动是在体验过程中发生的人与人之间的关系，本质上是情感的。例如，旅游者与家庭成员或动物互动，与其他访问者的随意交谈，在学习情况下与技术人员的知识获取和交流。巴兰坦（Ballantyne，2011）强调了社会互动在激发思想、情感和创意方面的重要性，与他人的接触也是一种陪伴感和安全感的来源，个人之间的互动影响旅游者体验中的参与水平。学习是"创意核心"的中心，创意核心基本上是一个学习的过程，是互动研讨会和创意体验的焦点（Duxbury and Richards，2019）。这些类型的活动是创意旅游概念的原始灵感，而让旅游者通过学习当地的文化、技能和想法，参与到目的地的创意中，仍然是创意旅游发展最强大的灵感之一。

（五）创意体验

旅游业是一个销售体验的行业，持续增长的竞争正引导目的地和企业提供令人信服和难忘的体验。体验经济是表达创意转向的中心要素（Richards，2011），大多数旅游创意产品以难忘的体验为目的（Blapp，2017）。

体验是消费者创造个性化意义和持久记忆的渠道。地方的自我体验经历经过多年的反思，形成了一种持久的个人自我认同感，自我认同是消费者创造有意义体验的核心，旅游体验已经成为用于表演和（重新）建立身份认同的叙事资源。王朝辉（Wang，2020）发现创意体验的二级构念包含逃避、认知、放松、互动和学习五个维度。创意体验对旅游者的满意度（Suhartanto，2020）、忠诚度（Luo，2016）、记忆、真实性和重游意愿有正向影响（Wang，2020；Hung，2014；Alif，2016）。宾霍斯特（Binkhorst，2009）强调有必要将整个旅游旅程，出发前、目的地和返回后，作为一个完整的创造性体验的一部分，参观前和之后的阶段作为参观本身的体验延伸，在此期间旅游者可以预期和反思体验的创意维度。

目前，旅游实践已经从主要的被动凝视发展到旅游者在目的地日常生活中更积极的参与形式（Richards，2011），文化和创意旅游者正在使用他们的创意技能来发展与目的地日常生活的新关系（Stylianou，2011）。创意旅游体验侧重对地方日常生活的体验，旅游者在城市的创意体验中看重"像当地人一样生活"，当地人被框定为当地文化和体验的门户，他们可以向旅游者展示如何创造性地游览这座城市，找到那些只有当地人才会去的地方（Richards，2014）。

二、乡村旅游创意产品组织方式

基于乡村旅游创意产品生产的独特原理，其产品组织方式主要指建立旅游者与本地人的连接。实现这一目的的三个要素为知识平台、创意网络和创意环境，即创意旅游者通过知识平台和创意网络进入创意环境或社区。

（一）知识平台

在没有剧本的情况下，很难以正式的方式在旅游者和当地人之间传递创意知识（Richards，2011）。知识平台为创意旅游者提供创意知识，建立与本地人的联系，在互联网提供的隐性知识世界中，旅游者越来越多地被视为自己体验的工匠。例如，旅游者通过"www.toursbylocals.com""www.dinewiththedutch.com"等网站找到当地人，参与基于本地的创意形式，以及智能手机提供的城市指南或第二人生提供的酒店指南。近年来，各种媒体形式的旅游者创造内容（tourists create content，TCC）增长为旅游者提供了大量的创意资源。

（二）创意网络

理查兹（Richards，2011）提出城市文化体验内容应由文化旅游向创意旅游，继而向关系旅游转变的趋势。创意旅游根植于社会网络和关系之中，旅游与日常生活、本地与旅游者之间没有明确界限，旅游者看重意料之外、计划外、期望与现实间的差距。传统的生产者与消费者互动价值链是从生产者到商品再到消费者，而创意体验生产需要通过利益相关者之间的社会网络和关系实现。

另外，创意体验设计应将地方空间资源与流动的全球空间相连接，对保证地方与全球水平关键资源交换非常重要（Richards，2020）。雷莫阿尔多（Remoaldo，2020）提出，创意网络指连接创意个人和组织的网络和平台，创意网络支持创意组织交流共享和刺激创新。他通过互联网搜索到全球24个创意旅游机构的门户网站，最有名的是国际创意旅游网络，包括巴黎、巴塞罗那、里约热内卢等国家首都，以及法国比奥特镇和意大利托斯卡纳等小地方，在奥地利、危地马拉、新西兰和泰国等国家也有全国性网络。

地方需要建立利益相关者与创意活动的联系，居民必须被动员起来，刺激产生关系资本和激发创意。

（三）创意环境

隐形知识存在于拥有它的技术人员身上，知识转移通过不同创意群体之间的社会互动传递（Leonardo，2011），旅游者因此寻求相遇和验证新文化形式的物理空间，如咖啡馆、广场、博物馆门厅等（Richards，2008）。创意环境是创意旅游体验产生的环境，包括宏观层面与微观层面的环境构成，包括有形的物质环境，也包括无形的组织、社交、氛围等要素。

在宏观层面，创意景观、创意空间构成了基本的创意环境。创意景观包括节事活动和展览。事件在时间和空间方面起到集中作用，形成了创意网络中的重要节点（Richards，2011），事件越来越多地成为创意体验的来源，连接了全球流动空间与当地空间（Cohendet，2010）。创意空间包括逐渐增加的空间集群，集群将创意生产者与艺术家集聚在一起为旅游消费提供创意环境（Richards，2011）。创意空间通常不会固定在特定主题或理想的表现中(第二空间)，它们通常是动态的和灵活的，可以灵活地适应任何特定的叙事，类似于表征空间（第三空间）（Richards，2006）。创意集群包括正式制定的区域，通过其他策略突出的创意场所，如城市照明设计，以及"弹出式"文化空间，包括临时城市、酒吧、俱乐部，创造了"第三空间"的形式，这些文化场所不仅是目的地，而且是人口众多、可供交流互动的关系空间（Richards，2014）。国内学者钱佳将创意旅游资源划分为创意主题园区、创意城市景观、创意社区、创意旅游商品与创意活动五种类型（钱佳，2014），从实践角度看，目前文化创意园区是国内创意旅游的主要实现场所。

在微观层面，谭小侃（2013）提出，创意体验环境变量包括卫生、外围、声音、空间设计、建筑设计与景观，旅游者体验受到"场地氛围"与"设计规划"的影响。坎波斯（Campos，

2015）提出，体验景观包括建筑、景观、场地布置、可使用空间、装饰、清洁等环境，还包括员工、朋友、亲戚、其他旅游者等社交因素，员工可获得性、技术、功能质量等组织机制及服务传达特征。

创意旅游强调氛围作为体验的一部分，创意的地方强调"时尚、cool 和氛围"，创意工作者与旅游者都被这种创意氛围所吸引，城市从而变"hot"（Richards，2014）。郑天明（Cheng，2021）提出，创意氛围是"旅游者感知到融入旅游目的地环境的创意氛围所引发的主观情感反应"，由新奇气氛、愉悦气氛、艺术气氛、享乐气氛和特色气氛组成。帕帕莱波雷（2016）认为，非中心城市地区创意产业的集中吸引人们到创意区域，这里提供消费机会和文化资本的积累，创意制作人和其他时尚创意访客本身也是一种吸引力（生产消费者），这些因素有助于一个地区的氛围和 cool 的形象。

目的地与企业应为创意阶层集聚和旅游者到访提供空间和场景，小城市可搭建临时场景或组织活动，提高企业主的组织管理与运营能力，发展一线员工参与活动设计、改进及与旅游者互动的新能力，举办节事、展览等活动，营造有吸引力的氛围。

三、乡村旅游创意产品生产方法

乡村旅游创意产品要通过具体的创意形式实现。如沉浸式工作坊、文化和技能学习课程、培训学校、沉浸式实验室、共同工作空间、小组讨论、研讨会、读书会、辩论、讲座、会议、比赛、游行、节庆、展览、旧建筑改造、景观小品、文创商品等。在产品开发领域，雷莫阿尔多（2020）研究发现，视觉艺术（含绘画）、美食与酒、手工艺与传统艺术、文化旅游拜访是最普遍和受欢迎的创意领域，其次是表演艺术、历史休闲与遗产、绘画与视频、音乐、创意写作与文学、运动、时尚设计、健康（瑜伽和中医等）、家具设计、化妆品和美容。另外还有博物馆、舞蹈、节庆、雕塑、摄影、建筑、电影、哲学、精神活动、语言学习、考古，甚至是与地方文化相关的任何领域。

乡村旅游创意产品生产的具体方法包括以下几个方面。

（一）基于地方的创意

体验设计需要仔细考虑与地方相关的创意领域，而不是将其视为全球的灵丹妙药。理查兹（2011）认为，每个地方都有潜力提供一种知识、技术、物质资产、社会资本与氛围的独特组合，这种组合使特定的地方特别适合特定的创意活动，地方特定的创意传统、文化场景、事件和技能往往被视为创意旅游发展的源泉。虽然在几乎任何地方都可以组织创意学科的课程，但最成功的可能是那些基于地方内在创意和想象力资本而产生特别吸引力的课程（Richards，2006）。例如，加泰罗尼亚许多以艺术为基础的课程与一些伟大艺术家相关，而这些艺术家是被加泰罗尼亚文化和风景所启发，如毕加索、米罗和达利，这是将创意资本固定在特定地点的一种方式。

（二）基于日常的创意

兰德里（Landry，2010）认为，创意旅游为旅游者提供机会深入了解一个地方，大多数活动都是普通的，就像看到人们去上班,等待队列中去赶公车，站在办公室吸烟，购买饮料或三明治，在人行道上聊天。雷蒙德（Raymond，2007）指出，旅游者拜访非正式的手工作坊及当地人，研讨等活动就发生在导游家与工作场所的小团体中，难忘的体验可以很简单。地方将日常生活融入旅游产品的创意变得越来越重要。例如，巴厘岛乡村社区创意旅游项目就是基于传统的日常生活，传统的巴厘岛家庭和烹饪工作室提供 3 小时的烹饪课程和 5 小时的"巴厘岛日常生活之旅"，包括椰子油加工、步行到稻田、一些农业活动和巴厘岛午餐，还提供骑自行车和徒步旅行到被联合国教科文组织列为世界遗产的 Jatiluwih 梯田，放松项目（瑜伽、冥想和按摩）以及婚礼、生日、蜜月和周年纪念的仪式。

（三）计划外的自发活动

创意体验的最佳设计是基于关系和意外提供的惊喜，而不是可预测的 （Richards，2020）、高度控制和脚本化的安排。布拉普（2017）认为自发活动价值大于计划活动，保持旅游开发水平和低适应度、高互动时，跨文化交流热情持续更久，这是控制和预防社区旅游衰落的关键因素。另外，不同旅游者对体验的期望不同，可为其提供活动选择。在体验设计中增加参与度需要留出空间让人们参与、互动和表达自己的创意，这就强调了旅游环境的"underdesign"（Richards，2020），达到超越表面能力的"惊喜"元素在建立创意体验中也很重要。

例如，布拉普在研究巴厘岛不同社区时提出：在 U1，一个导游说："我们这里不做太多的程序，大多数活动都是自发的。"在这种方式下，我通过参与当地人的练习学会了演奏甘美兰音乐，通过和主人一起去购物装饰 Penjor，了解了巴厘文化，并在寺庙打扫时与村民互动。同样，我在 U2 学会了如何为庙会做祭品，在 U3 的健身课上也学会了如何与前辈们互动。相反，在 D1 中，有一个相当结构化的程序。我更喜欢为旅游者准备小吃，而不是计划中的活动，因为这让我觉得旅游中的当前问题对我来说更接近当地文化。

（四）建立真实性舞台

创意旅游体验特别强调真实性是体验的关键。联合国教科文组织（2006）与雷蒙德（2007）对创意旅游的定义都强调了旅游者通过与当地人接触获得对地方性文化的真实体验，真实性发生在自然生活环境中，创意旅游者可以接近地方文化的后台，创意作为一种背景存在。例如，塞维利亚在市中心为文化旅游者提供纯粹与表演有关的服务，表演空间提供了保持艺术活力所需的收入，在离市中心较远的历史街区提供弗拉门戈学校等更多与生产有关的活动，希望学习弗拉门戈的创意旅游者被迫渗透到城市的日常结构中，寻找真正的弗拉门戈技能。青山（Aoyama，2009）提出，如果不是塞维利亚弗拉门戈旅游不断地尝试建立一个真实性舞台，弗拉明戈舞可能就不会存在，旅游业的生存取决于成功地展示了真实性。

（五）通过讲故事和叙事提供意义

规划的意义通常是通过讲故事或叙事来提供的（Harrison，2008）。叙事是一系列事件与事故的描述，叙事解释人们对体验赋予的意义，构建旅游体验的基础（Scott，2006）。故事是叙事的特定形式，必须引起情感反应，有明确的开始、设定和结局，有娱乐与一系列相关事件的目的，故事人物对挑战事故的反应，这些反应与解决办法的结果。讲故事支持社交互动，是新信息学习的有效形式，对于理解旅游体验至关重要，个体利用他们的记忆来构建他们呈现给他人的故事，当他们将自我相关的叙述交织在一起时，他们的故事就成为理解自我的工具，甚至随着时间的推移在形成体验记忆中发挥作用（Ian，1999）。故事在提升旅游体验方面有两个关键作用：一个是向旅游者提供信息，围绕特定主题的故事将更有效地捕捉和保持旅游者的注意力，并鼓励正念；另一个是为旅游者提供机会，让他们表演自己的故事，然后把这些故事讲给别人听（Moscardo，2009）。正念理论提供了故事对旅游者积极体验评价如此重要的解释机制，正念有关积极的认知状态和情感结果，注意力集中，与深处理有关，故事有助于正念，正念旅游者拥有更积极体验（Moscardo，2017）。

讲故事是一种消费者价值的合作生产行为（Pera，2017），故事被用来帮助合作生产和管理旅游体验。目的地和企业通过使用故事作为核心结构设计体验机会，鼓励旅游者创造和讲述自己的故事，实现自我的创意表达、完成和意义的实现。合作生产的机会包括：通过导游、标识、指南、移动 App、网络平台向旅游者讲故事、鼓励创造自己故事的活动及通过跨媒体挖掘的故事世界。

以音乐为主题的手机应用程序斯德哥尔摩之声项目是一个使用手机程序和地点故事鼓励旅游者参与活动、创造自己故事的例子。这个基于地理位置的应用程序将旅游者链接到他们附近有音乐特色的地方和体验。然后它会讲述这些地方及其音乐的故事，提供这些音乐的配乐链接，并包含每个地点的测验和挑战，玩家可以通过这些测试和挑战积累积分，从而进入特殊活动和其他地点。这些跨媒体故事让旅游者有机会听到一个目的地故事，重新演绎一个目的地故事，或者创造他们自己的故事。

（六）区分严肃休闲和临时休闲

塞奥（Seo，2019）提出了有趣的新观点，在注意力经济和体验经济的交叉点上，可能需要以满足注意力持续时间缩短的方式来提供创意。严肃休闲与创意旅游的共同特征在参与学术活动、工作坊、研讨会等活动中尤为明显。临时休闲与严肃休闲的共同点非常少，值得考虑将严肃休闲和临时休闲的区别应用于各种形式的创意元素。例如，韩国咖啡城市江陵不足 1 小时的咖啡制作体验项目非常受欢迎，这种体验项目被称为积极参与的"零食文化"。

（七）基于创意融合的多样化

面对那些总是想要全新、有创意和真实体验的旅游者，当创意旅游变得同质化时，可通过基于创意融合的多样化来维持可持续性。例如，在韩国咖啡城市江陵，当美食旅游慢慢变得同质化，创意融合提供了异质产品。咖啡和食物的混合物被开发成咖啡面包、咖啡米酒等创意产品。咖啡工艺也成为咖啡旅游多元化的重要组成部分，包括咖啡杯、咖啡蜡烛、咖啡香薰产品、咖啡染色等。咖啡与其他活动的融合，催生了以咖啡为主题的明信片展览和咖啡粉绘画。当咖啡与文化空间日益融合时，越来越多的文化空间开始销售特色咖啡，江陵市的工艺村项目是这种融合的典型案例，大部分商店将作为咖啡和文化场所（画廊或工艺店）同时使用。"安木咖啡街电影节"是10月份咖啡节的衍生品，每年5月份举办，将咖啡馆作为小型电影院、小型音乐厅、小型咖啡博物馆等。海滩设计节则与咖啡节同期举行，目的是将咖啡节的旅游者吸引到新推出的节日和一个迄今为止受咖啡旅游影响相对较小的海滩。Bon Bon Mill咖啡馆是由当地的独立电影制作人以社区为导向经营的。洪相洙导演去江陵时经常访问咖啡馆，咖啡馆为2017年柏林国际电影节上获得最佳女演员银熊奖的电影《独自夜晚的海滩》提供了一个拍摄地点，而且在电影的叙事中也起着至关重要的作用。Bon Bon Mill咖啡馆无论有意与否，都成为韩国电影史上的重要组成部分。

（八）应用新技术

机器人技术、可穿戴技术、无人机技术、光影技术、二维码技术、近场通信、GPS与GIS技术、大数据与云计算、物联网等技术趋势将广泛应用于旅游业及旅游体验提升。例如，创意旅游强调了互联网和移动技术作为支持的重要性，它们促进了体验的合作生产和故事的兴起，虽然技术可能不会从根本上改变故事的重要性、结构和使用，但它们允许个体旅游者和旅游企业在制作、表演和传播旅游和旅游故事方面拥有更大的权利和创意（Maria，2011）。同时，它允许在全球范围内形成想象中的社区，这些社区可以形成重要的市场细分，即使是相当深奥的创意追求也可能成为创意旅游产品（Richards，2006），如纺织旅游。

另外，巴西2016年推出了"可玩城市"项目，使用数字技术设计7个免费的人工制品并被整合到城市空间中，包括增强现实游戏、有趣的镜子、音乐垃圾桶、互动地图、漂浮岛屿等。数字技术促进人类与城市不同空间的互动，促进了新的有意义的旅游体验创造，与技术的联系也使有形文化和无形文化之间的联系更具互动性和趣味性（Marques，2017）。

第四节　典型案例

日本越后妻有大地艺术节

越后妻有位于日本新潟县包括十日町和津南町在内的一片760平方千米的乡村区

域，之前面临人口空心化、老龄化的衰败，人口数量不到巅峰时期的三成，农田废耕，房屋空置。

艺术的出现成为其命运的转折点，国际著名的艺术策展人北川弗兰是越后妻有的"艺术拯救者"，他立志用艺术拯救故乡，策划了越后妻有的大地艺术节。从 2000 年开始，每三年一届的大地艺术节至今已经成功举办了七届，前六届艺术节共有 363 组艺术家和建筑师参与，其中不乏克里斯蒂安·波尔坦斯基（Christian Boltanski）、玛丽娜·阿布拉莫维奇（Marina Abramovic）、蔡国强、草间弥生等当代艺术圈的大师级人物。越后妻有的大地艺术节，可以说是世界上最大、最成功的艺术节之一。

在越后妻有的大地艺术节中，艺术家们负责艺术作品本身的创作，整个艺术节本身的举办工作，如布展、协调和组织运营等，就落在了由本地居民和区域外的支持者组成的"越后妻有一里山合作组织"身上。尤其是其中的艺术节专门协作团队——小蛇队，更是核心主力。小蛇队的成员包括本地居民、来自东京等日本各地以及海外的义工们——从中学生到 80 多岁老人不等，不受年龄、职业、特长和性别的限制。目前募集到的成员已经达到 1000 人。他们本着自身兴趣志愿加入，通过内部自发组织的方式参与到艺术节的组织工作中。从艺术节开幕前协助艺术家们完成艺术品的制作、到开幕之后各场馆的接待管理，甚至是艺术作品、餐厅及民宿的营运，都可以看到这些热心义工们的身影。可以说，这个协作组织，才是艺术节一届又一届成功举办的幕后功臣。

在大地艺术节的策划过程中，北川的理念与多数艺术节要"彰显艺术"有所不同。"大地艺术节"坚持的是"人与自然的结合"，艺术只是辅助的配角，"乡土"才是主角。就像北川自己所说："这不是一个有关艺术的节日，艺术只是一个催化剂，是用来呈现当地历史和人的生活方式。"那么，如何才能做到以乡土为主角呢？越后妻有的大地艺术节或许能带给我们启迪。

一、打破艺术的空降感，树立土地与居民的主角地位

越后妻有大地艺术节中，强调要反映与本地居民和土地相结合的艺术作品，因此与当地不相适应的艺术作品，是无法得到好的评价的。每一届艺术节举办后，经典的作品会被永久性保存，而这样的作品必须满足三个条件：第一，得是公认的好作品；第二，能抵抗本地冬季大雪；第三，与本土环境相协调。

更重要的是，当地居民并不只是被动的旁观者，而是被推上了艺术节的"舞台中央"——村民们也是艺术品的创作者与制作者！参与大地艺术节的村落，在 2000 年第一届时有 28 个，到 2015 年第六届时已经增至 110 个，并且还在增加中，村民们参与进来的热情越来越高。在每一届艺术节的三年周期中，除了 7—9 月的 50 多天会期以外，其余的 1000 天中，他每天都要不断地与当地人交流想法，艺术家们也在北川团队所营造的交流氛围中，尽可能多地和当地人交流感想、生活情况、对土地的认识以及对作品的要求或期待等。正是基于他们的沟通与努力，才激发了当地民众的全情参与热情、赋予了艺术作品极强的乡土表

达性，让艺术节不再是艺术的独角戏，成为一曲全民共演的艺术大合唱！

这当中最经典的莫过于设置在林中梯田上的艺术作品——来自伊利亚与艾米利亚·卡巴科夫（Ilya and Emilia Kabakov）的《梯田》，他们直接将农民耕作的形象栩栩如生地放置在了梯田中，在农田里树起了彩色的农民雕塑，分别呈现出"犁田、播种、插秧、割草、割稻、到城里贩卖"等动作状态。并将一首歌颂农民的诗，以雕塑的形式矗立在梯田中的农民雕塑旁边。此外，他们还在梯田对面建立了观展台，使整个作品就像是从画册跳到现实中的绘本诗歌。他们用艺术的方式呈现和歌颂了本地农民农耕生活的原风貌场景，使艺术完全融入乡土大环境之中，成为展现在土地精神的、有灵魂的艺术作品。

二、艺术不仅仅是新生作品，更是乡土旧物的再生

随着人口的流失，越后妻有地区很多民居被闲置，出现了几百座废弃的空屋。处理掉它们需要花费几百万日元；但若放任不管，又可能在雪季被暴雪压垮成为废墟，实在是个沉重的负担。因此大地艺术节从第一届就开始关注空屋改造的问题，在现存的 359 件作品中，有 1/5 都是以空屋为场所或是由空屋改造而成的。大地艺术节的目的之一，就是让这些废弃的房屋以艺术的方式重新焕发出在地文化魅力。《梦之家》项目是废屋改造的典型。前南斯拉夫艺术家玛丽娜·阿布拉莫维奇将一所超过一百年历史的旧空屋，以"梦"作为艺术主题改造成了民宿。

三、设计支持农产，大师带动升级

越后妻有所在的新潟县是稻米产量仅次于北海道的日本第二农业大县，一直以来局限于原始农产品销售方式。于是，越后妻有运用艺术节带来的艺术大师们的设计，开始创造属于这片土地的新特产。在大地艺术节的线上商城中，有众多当地特产贩卖。而其中有不少商品融入了曾来布展的知名艺术家的作品元素，成为具有大师标签的创意产品。例如，草间弥生的《花开妻有》作品图案的包裹布，售价高达 4800 日元；具有田岛征三设计图案的包裹布也卖到了 3800 日元的价格。这些包裹布都是当地村民制作的，现在得到大牌艺术家的设计"加持"，成为具有吸引力的商品。还有以台湾绘本画家几米设计图案为外观的儿童拼图、标签纸、钱包等，成为受到来这里参观的年轻人喜欢的商品。

在艺术节的带动下，越后妻有逐渐成为日本知名的旅游地。前来艺术节的旅游者人数，已经从第一届的 16 万增长到了第六届的 50 万。越后妻有甚至为了能够进一步盘活冬天资源，开始举办冬季艺术节，其中举办了日本最大的花火大会及地面灯光秀等冬季特色活动。

艺术不只是"高高在上"的外来拯救者，大地艺术节尊重乡村的地方性，艺术形式与表达基于当地的乡土文化、物料资源与居民意愿，吸引旅游者，提高农产品与文创产品的附加值并促进其电商销售，使村民们从最初的怀疑抵触，转变到如今的全情支持，跟艺术家建立了深刻的互助、依赖关系，以乡土为根的艺术节激发了内生的乡土活力。

（案例通过以下资料来源整理：华高莱斯国际地产顾问（北京）有限公司公众号，《日本越后妻有——乡村振兴需要怎样的艺术原动力》，作者张文晖、常瑶。）

本章小结

（1）乡村旅游创意资源指在乡村地区能够通过人的创造性开发利用为旅游者带来对乡村文化的真实性体验，为旅游业创造出符号价值的各种事物和因素。乡村旅游创意资源分为文化资源、人力资源、社会资源、自然资源与经济资源五大类。大部分乡村旅游创意资源的本质是无形的，具有可再生性。

（2）乡村旅游创意产品指乡村地区通过对文化资源的创意开发，使旅游者主动参与旅游活动、与本地人互动，从而学习当地文化、发展自身创意潜能与技术、获得对乡村地方文化真实体验的整个经历。乡村旅游创意产品可划分为农业创意产品、民俗创意产品、人物历史创意产品、自然创意产品、艺术创意产品、节事创意产品等类型。

（3）乡村旅游创意产品主要依托地方的无形文化资源，目的是为旅游者带来难忘的体验，更加侧重旅游活动参与和与当地人的社交互动、文化学习等无形部分，旅游者是体验的合作生产者，或旅游者与生产者实现产销合一。乡村旅游创意产品能够抗衡大众旅游重复生产与同质化竞争，为乡村地区带来市场财富与就业机会，但也要警惕新的重复生产。

（4）乡村旅游创意产品生产要通过合理、周密的计划将地方创意资本转化为创意体验。旅游创意强调更多的合作生产和本地嵌入，需要广泛的利益相关者参与，其中，企业家和社区是旅游者获得真实体验的关键。通过具体的产品为旅游者提供参与当地活动、与当地人社交互动和地方文化学习的机会，使旅游者与生产者通过合作生产方式实现主客交流，最终获得创意体验和技能知识的转移。

（5）乡村旅游创意产品的组织方式主要指建立旅游者与本地人的连接，实现这一目的的三个要素为知识平台、创意网络和创意环境，即创意旅游者通过知识平台和创意网络进入创意环境或社区。

（6）乡村旅游创意产品生产的具体方法包括：产品设计应基于地方的、日常生活的创意，建立真实性舞台使旅游者接近地方文化的后台，通过计划外的自发活动为旅游者提供惊喜，通过讲故事和叙事提供意义，利用创意融合的多样化维持其可持续性，以及应用新技术创造新的有意义体验等。

思考题

1. 哪些资源可以成为乡村旅游创意资源？

2. 乡村旅游创意产品的内涵是什么？

3. 乡村旅游创意资源如何转化为创意产品，创意产品生产过程包括哪些要素？

4. 乡村旅游创意资源可开发出哪些类型的创意产品？

即测即练

自学自测　　　扫描此码

乡村旅游创意运营

第一节 乡村旅游创意运营概述

一、乡村旅游创意运营的概念

在了解什么是乡村旅游创意运营之前，先要了解与运营相关的概念，以便能更好地对乡村旅游创意运营进行界定，如运营管理、运营模式等。刘丽文（2016）将运营管理分为生产运作过程管理与生产运作系统管理，即运营管理是对生产运作过程的计划、组织与控制及对生产运作系统的设计、改造与优化的过程。威廉·史蒂文森，马风才等（2016）提出，运营管理是将人力、物力、设备、技术、信息、能源等生产要素通过一定的模式转化为有形产品和无形服务的过程。综合来看，运营管理是指以企业为运营主体，通过管理职能的发挥对企业财务、人力资源、产品设计、生产加工及市场营销等各类经营要素进行系统化的设计、安排和统筹。

目前关于运营模式的概念尚未统一，运营模式是业务流程集成度和业务流程标准化两个维度在不同水平上的组合。运营模式是对业务流程、业务单元和利益相关者关系的管理组织方式，产品的价值创造和价值增值过程是运营模式的核心。杰德拉·卡桑等（2016）提出，管理学视角下的运营模式最基本和最重要的职能是财务会计、技术、生产经营、市场营销和人力资源管理。企业的运营是五个职能之间的有机结合，形成一个循环往复的过程，企业要实现自己的业务目标，就需要综合以上五项功能，即运营模式。综合来看，有关创意运营模式的定义可分为盈利视角、系统视角和价值创新视角三大类。

（一）运营

运营是管理学中的常见概念，从字面来看，运营就是组织运行和经营的组合，运行同时包含动态、流程等含义和特征，而经营除了管理学中对其一般的理解外，还包含通过盈利实现组织目标的内容。管理学中将运营定义为与产品生产和服务创造密切相关的各项管理工作的总称，包括计划、组织、实施和控制四个方面，该定义中的各项工作主要包括人力资源、财务会计、生产制造和市场营销，其重点在于组织如何通过节约成本提高效率，将产品或服务投放市场并实现盈利的全过程。因此，运营就是如何将投入转化为产出以实现企业经营目标的价值增值过程。

（二）创意运营

学术界目前对创意运营的概念没有明确的定义，但提出运营需具备创意性。在目前相关的研究中，少量研究是关于创意开发战略、治理结构、市场营销以及投融资机制等方面的内容，较多的研究是探讨以电子商务、旅游网站及供应链为平台的创意运营模式。此外，互联网视角下的创意运营研究日益增多，一般是指利用微信、微博、贴吧等新媒体平台进行品牌推广、产品营销的运营方式，通过对优质、高传播性的品牌相关内容进行线上活动的策划宣传，将信息推送给消费者的同时，提升用户的参与性，提高创意的知名度，并实现相应的市场推广。陈睿和杨永忠（2017）借鉴互联网产品运营模式，提出了创意运营的一般模式，包括内容运营模式、平台运营模式、终端运营模式和众筹运营模式。旅游创意在旅游开发中应具备功能价值、体验价值和符号价值，因此，有关旅游创意运营的概念界定可从创意的价值实现视角去理解和定义。

综上所述，本书将创意运营的概念界定为：依据资源禀赋与市场需求进行旅游创意的生成，在综合考虑各类社会网络关系的基础上，通过不同的决策路径进行旅游创意 IP 的培育与开发，并借助互联网与数智化技术平台进行创意的传播与扩散，最终在市场化营销推广中实现创意的价值转化。

（三）乡村旅游创意运营

乡村旅游创意运营是旅游创意运营的一种类型。根据上述旅游创意运营的概念界定，乡村旅游创意运营可界定为：依据乡村资源禀赋与旅游市场需求进行创意内容的生成，在综合评估各类社会网络关系的基础上，通过乡村旅游创意决策路径进行 IP 的培育与开发，并借助互联网与数字化进行乡村旅游创意的传播与扩散，在市场化营销推广中实现乡村旅游创意的价值转化。

二、乡村旅游创意运营的一般机理

乡村旅游创意运营因其价值链环节的具体内容不同，决定了乡村旅游创意运营机理具有自身的独特性。依据乡村旅游创意运营的相关概念，其一般机理大致包括以下环节和内容：乡村文化资源的萃取与创意转化；创意内容生成；IP 的培育与开发；创意的传播与扩散；体验与反馈、粉丝效应与创意价值转化，如图 6-1 所示。此运营机理遵循创意运营的一般规律，同时符合文化创意运营的价值链构成，即文化资源、内容创意、生产制造、市场推广与消费。

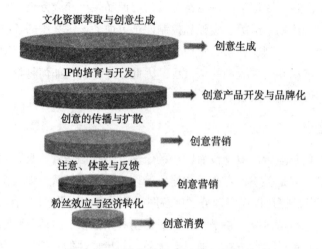

图 6-1　乡村旅游创意运营一般机理

　　在乡村旅游创意运营中，对乡村文化资源进行挖掘和萃取是为创意内容的生成打基础，依据市场需求与创意内容特质，进行乡村旅游创意产品的设计与研发，通过对乡村旅游创意 IP 的培育与市场开发实现创意的价值创新。在乡村旅游创意产品化和市场化过程中，综合运用各类创意营销方式进行创意的传播与扩散，在引起消费者注意、体验与反馈的基础上形成粉丝效应和粉丝经济。以上是对乡村旅游创意一般机理实现过程的解释，该过程既是创意从无形投入到有形产出的过程，又是乡村旅游创意的文化价值和商业价值的实现过程，在该过程的各个环节中均贯穿着运营管理的一般理论和方法。

三、乡村旅游创意运营的特征

（一）文化与市场相兼顾

　　首先，创意内容是创意运营的起点，其内容质量决定着创意开发的市场潜力，乡村旅游创意的生成在根植于乡村文化的同时，也应充分考虑乡村旅游创意的市场需求与文化消费偏好，这要求创意既要有内容的新奇性更要有商业开发价值，二者缺一不可。其次，在乡村旅游创意决策中，创意开发形式的选择同样须考虑被选择形式能否较好的呈现创意的文化内涵，以及是否具有市场竞争和品牌化开发的运营优势。例如，当下比较流行的以乡村旅游为主题的新媒体视频，该类形式是既能场景化的呈现乡村旅游创意内容，又能依托互联网平台进行流量变现。最后，解决市场的信息不对称是创意运营的重要内容之一，通过利用各类技术手段和营销策略对乡村旅游创意进行传播与扩散，在营销过程中除考虑乡村旅游创意的外部市场属性外，还应考虑对创意内在文化的传播与扩散，形成对乡村旅游创意的围观和注意，以创意内容的文化价值促成商业价值的实现。可见，在乡村旅游创意运营的各个环节中，均贯穿和体现着创意文化与市场的二元属性。

（二）线上与线下相兼容

在创意产业中，从创意内容生成、创意的呈现方式、创意的产品化与市场化、创意信息的传播与扩散、创意的粉丝效应和粉丝经济的形成及创意的价值创新等众多环节均离不开互联网技术的支持和运用，这使得乡村旅游创意运营的各个环节具备了鲜明的线上特征。未来随着互联网、数字化、新媒体及元宇宙技术在创意产业中的进一步应用，对乡村旅游创意的线上体验和消费或将成为未来的重要方式，届时乡村旅游创意运营的线上特征将会愈加凸显。

乡村旅游创意的线下运营重点关于创意 IP 的情景化、产品化和服务化的生产开发过程。从经济学的角度来看，旅游活动的本质是一种消费体验，这种体验是旅游者身心的双重投入，表现为在一定时间和空间场所中旅游生产和旅游消费的同一性，因乡村旅游创意的乡村性和乡土性决定了乡村旅游创意线下体验的重要性，线下实地旅游消费在较长的时间内仍将是乡村旅游创意体验的主要形式。因此，乡村旅游创意运营需线上与线下相兼容。

（三）无形与有形相结合

文化是创意之源，但文化与创意都是比较抽象的概念，创意管理学认为创意是创新的前端，对创意的产品化就是创意的创新过程，而创新是以实现创意文化价值和商业价值为目标的。乡村旅游创意的产品化是以乡村旅游市场需求为导向，利用乡村特定的时空环境进行产品化开发，其产品化开发的途径和形式是比较多样的。例如，可通过基础设施和旅游专项设施建设实现创意产品化，可辅以相应的配套技术与专项服务实现产品化，也可借助互联网和新媒体平台实现创意的产品化。产品化过程是乡村旅游创意从抽象到具象的过程，该过程也与乡村旅游创意运营过程相辅相成。

第二节　基于 IP 的乡村旅游创意运营

乡村旅游创意在产品化和市场化过程中，其硬件是可以模仿的，但创意的内在文化性是不容易模仿和复制的，究其缘由，是因乡村自然景观和文化特色影响或决定了乡村旅游创意的生成与开发。因此，乡村旅游创意运营不等同于乡村旅游运营，其运营重点并非在于规划开发、资本投入、设施建设，而是在于乡村旅游创意内容生成和运营模式的选择，其中创意内容的 IP 培育是乡村旅游创意生成与运营的重要内容。创意具备原创性、新奇性和独特性等特征，这些特征与 IP 概念的内涵和特征相一致，因此，创意的运营在某种程度上就是对 IP 的运营。

一、IP 的含义

（一）狭义 IP 的含义

近年来，IP 概念在文化创意产业中较为流行，形成了数字文化领域的一种独特发展模式。IP 是英语"intellectual property"的缩写，是知识产权或内容版权的英文表达方式，其原意为"知识财产所有权"或"智慧财产所有权"，也称为智力成果权，直译为知识产权，指人们就其智力劳动成果所依法享有的专有权利，通常是法律赋予创造者对其智力成果在一定时期内享有的专有权或独占权。

（二）广义 IP 的含义

1. IP 是创意产业的核心资源

文化产业在互联网和数字化技术的支持下，迎来了前所未有的产业转型升级的机遇，以数字阅读、影视动漫、游戏直播及网络传媒等为代表的互联网文化产业迅速崛起。2020年 11 月，文化和旅游部发布的《关于推动数字文化产业高质量发展的意见》中引入 IP 概念，提出"培育和塑造一批具有鲜明中国文化特色的原创 IP，加强 IP 开发和转化，充分运用动漫游戏、网络文学、网络音乐、网络表演、网络视频、数字艺术、创意设计等产业形态，推动中华优秀传统文化创造性转化、创新性发展"，这使 IP 成为数智时代文化创意产业的核心资源。

2. 泛娱乐化下的 IP

IP 对内容产业的贡献从文学、影视、动漫、游戏、时尚设计等传统行业一直延伸到旅游、博物馆、美术馆和体育等领域，优质 IP 内容的开发为文化创意市场带来了丰厚的利润。如故宫、长城、各地的地标性建筑、区域自然景观、地方特色美食、体育赛事、网络文学、企业家名人、自媒体草根博主、知名直播主持人、代表性文博文物、演艺艺术作品、各类知名品牌等都可以被转化形成 IP，随着 IP 热度和影响力的持续攀升，IP 的内容竞争也进入到了一个新层面，围绕着 IP 建立的融合多元产业的 IP 生态产业链也已经日趋成熟。从法律范畴来看，IP 只是一个法律概念，但在"人人都是自媒体"的泛娱乐商业环境下，IP 的传统内涵和外延也在不断地被扩充，IP 的概念不仅仅局限于"知识产权"，在以互联网为基础的社会网络关系下，有一定影响力、流量热度或粉丝群体的内容和要素都可以被称之为 IP。

二、IP 的特征

（一）内容性

知识产权是智力创造成果，传统的知识产权包括科技发明、文学创作、艺术作品、商标符号、名称或形象，不论哪种类型的 IP 都是以知识内容为内核，如文学创作一般包含时空的场景内容、人物形象内容、情节内容、故事内容等，再如企业科技发明、商标、专业名称或产品。形象是对 IP 内容的高度概括，其往往包含着某种文化寓意、企业文化、特色文化等文化内涵。即使是泛娱乐化时代的 IP 概念，无论是核心层的文学、影视、娱乐、游戏动漫等产业、还是外围圈的各类文化创意产业，其 IP 均要以内容为载体，内容是 IP 生命力所在，没有内容就没有 IP，只有具有优质内容的 IP 才能带来长久的商业价值和良好的社会文化效益。

（二）独特性

IP 作为一种创造性的智力劳动成果，更多地表现为一种无形财产或精神财富，具备独特性的特点，"独"在于 IP 的原创性，"特"是 IP 新奇性的表现。独特性是 IP 内容吸引力和市场竞争力的重要因素。在 IP 概念泛化的情况下，IP 的形成是以或特色或稀缺或新奇为前提的，独特性仍是广义 IP 的核心要素。

（三）价值性

在对 IP 的最初界定中，IP 是以知识成果的形式存在的，知识成果具备价值性，IP 的内容性和独特性为 IP 的价值性奠定了基础。文化创意产业背景下的 IP 价值实现是通过产品化、商业化过程完成的，具体方式为：一类是从无形的知识成果向有形的产品或服务产品的转化，另一类是从知识产权向商业业态的产业转化。在 IP 不同形态的转化中 IP 的价值得以实现，包括商业价值和文化价值两方面，IP 的文化价值是其商业价值实现的前提，而商业价值是 IP 文化价值实现的途径。

在当今 IP 泛化的环境下，IP 的价值性显得更为重要，一个超级 IP 的形成，其代表的人群、承载的内容、传达的精神都十分重要。2019 年 11 月，由腾讯社会研究中心、中国国际电视台和上海大学共同发布的《数字新青年研究报告》中指出，近七成的年轻人通过游戏、动漫等方式了解传统文化。IP 已成为年轻人文化消费和体验的重要方式，IP 所承载的文化性和价值观一旦触发潜在消费群体的文化认同，便会促成消费者的消费，并形成良好的口碑效应。

（四）共享性

产业融合与跨界混搭是文化创意产业的主要特征，融合与跨界混搭都是建立在资源共享的基础上，如资金、技术、人力资源等，在这些共享中最核心的是对 IP 的共享，其他资源的共享是为 IP 的共享而服务的。

IP 因内容的原创性而具备专有性，专有性是 IP 共享的前提，但只具备专有性而忽略共享性的 IP 是无法实现 IP 价值的。在基于数字化与互联网多领域共生的创意产业中，每一个创意都有成为 IP 的潜力，都具备通过创意 IP 衍生开发实现创意价值创新的可能，而 IP 价值创新的关键又在于对 IP 的共享与共创，只有共享 IP 才能释放和转化出更多更大的能量，进而扩大和提升 IP 的创造力和影响力。IP 共享的常见方式有专利版权付费、联名、冠名、周边产品设计开发及 IP 多次元开发等。

三、乡村旅游 IP

（一）旅游 IP

从旅游利益相关者视角出发，旅游 IP 被认为是消费者、投资者和资源端三者的利益纽带，至少包含后端、中端和前端三个 IP 层面。夏蜀（2019）在 IP 概念的基础上，对旅游

IP 进行概念延展，认为其是在互联网背景下的一种旅游知识产权的新范式，是旅游业以生成信息产品的方式创造出的智力劳动成果。从功能价值角度来看，旅游 IP 是在旅游活动中可被用于旅游渠道、旅游服务及旅游产品中的知识产权。从旅游产业的经济属性及 IP 运营的机理来看，旅游 IP 的经济本质是一种粉丝经济。

综上可知，旅游 IP 是 IP 的一种，其概念与 IP 的概念内涵一致。狭义上的旅游 IP 是指与旅游产业相关的知识或信息产权，广义上的旅游 IP 是指有一定旅游影响力、能够带来线上旅游流量热度和线下旅游消费的一切因素的总和。旅游创意 IP 具备内容性、独特性、价值性与共享性的特征。

（二）乡村旅游 IP

乡村旅游 IP 是在乡村旅游创意的基础上形成的，乡村旅游创意源自于乡村文化，乡村文化的乡土性和乡村性为 IP 人格化培育提供了先天优势。因此，乡村旅游 IP 是指在符合社会主流价值观前提下，凡是能展示、反映和传播乡村生态、生产与生活文化，并能带来线上流量热度和线下乡村旅游体验的一切因素的总和。

（三）乡村旅游 IP 类型

1. 自有 IP

依据乡村旅游 IP 的版权归属，可将其分为自有 IP 和借有 IP。自有 IP 主要指能带来线上流量热度并诱发线下乡村旅游体验的旅游知识产权。例如，利用互联网新媒体创作乡村文化线上话题内容，进而带动乡村旅游线下体验的旅游创意 IP。

2020 年 12 月，新疆伊犁市昭苏县 41 岁的女副县长贺娇龙，雪地策马宣传旅游的视频冲上热搜，成为网络热点话题。贺娇龙作为当地文旅部门的主管，受县政府委托利用网络宣传在抖音开通账号"贺县长说昭苏"进行"电商扶贫直播助农"的直播活动，后续为宣传昭苏县旅游业，为当地"雪地万马奔腾"做代言。贺娇龙在当地天马文化园骑马拍摄了一段视频，发布后取得了意想不到的宣传效果。在昭苏成为网络热度话题后，当地依托乡村旅游推出了一批研学、短途、自驾、节庆等系列产品。截至 2022 年 7 月，昭苏县那拉提景区旅游者接待量达 70 万人次，旅游收入 8.03 亿元。"贺县长说昭苏"抖音账号后期升级为"贺县长说伊犁"，并持续不断地推出了宣传当地乡村农产品和乡村旅游的短视频，视频浏览量破亿次。在昭苏取得成功后，新疆各市县文旅局负责人也纷纷效仿亲自上阵，相继在微信、抖音平台开通了"杜局长说新源""欢欢局长带你游霍尔果斯"等新账号。文旅管理部门内容创意直播带动地方农商经济和旅游业，旅游代言人从明星到官员再到普通百姓，这种接地气的旅游信息宣传方式真实而有说服力，既是一种内容创意，也是一种营销方式的创新。

2. 借有 IP

乡村旅游借有 IP 是指在跨界混搭的基础上，乡村旅游与其他已有 IP 的合作。如宁夏银川西部影视城便是一个很好的借用 IP 实例。作为国内较为知名的影视基地主题公园，其创意策划者张贤亮以"出卖荒凉"为卖点，通过实景展示西北黄土高原乡村的生态、生产与生活文化，将我国西北黄土高原乡村风貌以主题公园的形式进行了创意开发，随着早期知名电影《牧马人》《红高粱》《大话西游》等在西部影视城的取景拍摄，该主题公园一举成为国内知名影视基地和旅游景点，西部影视城将乡村与影视 IP 捆绑进行旅游创意运营获得了成功，市场反响很好。甘肃省景泰县在西部影视城创意的启发下，开发了景泰黄河石林主题公园，著名影视明星成龙主演的电影《神话》就曾在这里取景拍摄。借助黄河和黄土资源打造的乡村旅游 IP，有效带动了景泰县及其周边地区的乡村旅游业发展。

近几年，以户外活动为主的《爸爸去哪儿》《一天两夜》等真人秀节目成为热点话题，这些电视真人秀节目不仅带火了明星嘉宾，更是让拍摄地——那些本不为人知的美丽山村变成了旅游目的地，并且吸引了不少旅游者前去参观游玩，许多商家借助真人秀 IP 将参与拍摄的乡村打造成了特色旅游目的地。传统的乡村旅游利用大众传媒作为营销的方式，如乡村旅游宣传片、纪录片等，虽然也能让人较深入地领悟旅游地的风光，但由于纪录片的非综艺化特征，受众相对较少，甚至在信息大爆炸的当今社会，人们已经不再轻易相信这些旅游宣传，但真人秀节目因其创作重心的不同，客观上对参与拍摄的乡村有着较为真实的呈现。例如，在《爸爸去哪儿》节目中，拍摄地大多以乡村为主，每个乡村的自然风景、历史文化、民族风情、特色美食等，爸爸和宝贝们都可以代替观众一一体验，让观众获得有真实感的间接经验，有身临其境的感觉。真人秀节目不仅提高了取景地乡村的知名度，还是一次借助明星效应进行旅游开发的好机会。真人秀节目中所展示的各项活动，不仅是节目的亮点，还可以保留下来成为乡村旅游的固定的项目。真人秀节目+乡村旅游开发是乡村旅游创意通过借用 IP 进行运营的典型案例。（资料来源：真人秀"引爆"的乡村旅游 https://www.sohu.com/a/257092690_822716）

四、乡村旅游 IP 的培育与开发

IP 的培育离不开对创意内容的开发。网络文学的 IP 开发是目前常见的 IP 培育方式，据相关统计数据显示，目前国内网络文学占内容改编的 56%，是 IP 培育开发的主要内容来源，其次是动漫。

农业是传统文化形成的主体产业，乡村文化是优秀传统文化的重要组成部分，其深厚的文化底蕴和丰富的文化内涵为乡村旅游 IP 培育和开发提供了诸多素材。乡村旅游 IP 可通过三个层次进行开发：通过自有 IP 和借有 IP 的生成与授权，进行创意形象或创意故事的浅度旅游开发；对自有 IP 版权的再投资形成 IP 旅游创意经济的中度开发；多产业链的跨界融合形成对自有或借有 IP 的旅游衍生开发。通过三个层次的开发完成乡村旅游 IP 价值链的闭环创新。

在具体实施过程中，浅度开发可借助互联网新媒体以 PGC/UGC/OGC 等方式形成乡村旅游创意内容；中度开发可通过项目运营、用户运营、粉丝运营等模式扩大乡村旅游 IP 影响力，实现线上引流，并利用各类创意营销的手段助推乡村旅游 IP 的线下消费和体验；深度开发可借助乡村旅游已有市场，通过跨行业跨部门的 IP 共生、共享和共创，实现乡村旅游 IP 创意衍生开发。

五、基于 IP 的乡村旅游创意运营

（一）IP 运营的硬核是优质的内容

内容是 IP 的载体和核心，对于经久不衰的 IP 而言，变化的是各种语言表述和呈现形式，不变的是维持 IP 持久度的优质内容。乡村旅游 IP 来自于乡村旅游创意，乡村旅游创意源自于乡村文化但又高于乡村文化，是连接乡村文化和乡村旅游创意消费者的情感纽带。而乡村旅游 IP 的成功与否取决于两大因素：一是优质的乡村旅游创意内容和 IP 的高辨识度；二是成功的运营和推广。

（二）基于 IP 的乡村旅游创意运营

利用互联网与大数据技术对乡村旅游创意消费动机、消费偏好、消费行为、消费习惯等数据的搜集、抓取和精准计算，为乡村旅游 IP 的生成提供市场依据，通过乡村旅游创意组织和开发组织的共同作用实现乡村旅游 IP 的孵化和开发。

乡村旅游 IP 运营环节包括乡村旅游创意模糊前端、内容设定与生产、感知与体验、反馈与实际消费、IP 价值实现。

1. 乡村旅游 IP 创意模糊前端

模糊前端是乡村旅游创意的起点，创意人员或组织根据乡村旅游创意市场需求进行机会识别、机会分析，在梳理乡村地方文脉的基础上产生和丰富创意并进行乡村旅游创意的选择及概念和技术的发展。在模糊前端环节中机会识别和创意的选择至关重要，其关乎乡村旅游 IP 新奇性和商业性。

2. 乡村旅游 IP 设定与生成

乡村旅游 IP 设定与生成是在掌握乡村旅游需求偏好及消费特征的基础上，对乡村旅游创意内容进行的符号转化，会因对乡村文化的取材不同而有所差异。例如，依托乡村建筑文化的民宿创意，其创意内容除考虑设计风格、色彩、装饰装修等与乡村文化的表里关系，还需考虑对乡村建筑文化进行重组与再加工后所呈现的创意效果。再如，在乡村旅游演艺创意中，须考虑故事情节、人物设定、性格特征及悬念设置等内容如何符合观看者的心理需求。

3. 乡村旅游 IP 感知与体验

乡村旅游创意消费者根据各文化偏好，借助百度、谷歌等信息搜索网站或去哪儿网、马蜂窝、大众点评网、飞猪等专业旅行信息服务平台，又或是抖音、B 站、微信等社交软件进行信息获取，在对已有相关信息进行筛选、对比和处理的基础上，形成对乡村旅游创意的感知和基本判断，在乡村旅游营销手段的助推下，诱发乡村旅游创意的消费动机和消费体验。

4. 乡村旅游 IP 反馈与实际消费

乡村旅游爱好者在对乡村旅游 IP 完成注意、体验后，借助各类互联网社交平台和 App 等进行体验信息的反馈，评价反馈将为新的乡村旅游 IP 生成提供市场信息和数据储备，进而形成一定的流量热度和口碑效应，流量热度既是注意力经济的重要因素，又是乡村旅游 IP 消费动机的重要诱发条件，通过乡村旅游创意的付费意愿完成实际消费。例如，对李子柒的乡村田园生活线上流量消费。

5. 乡村旅游 IP 价值实现

通过乡村旅游 IP 创意模糊前端、内容设定与生成、感知与体验、反馈与实际消费等环节完成乡村旅游 IP 的创意运营，形成具有市场交易价值的 IP，并根据相关法律法规要求对乡村旅游 IP 进行专利版权注册，通过 IP 版权发布、授权、共享和衍生开发等方式实现乡村旅游创意的价值创新。

第三节　基于互联网平台的乡村旅游创意运营

一、互联网平台的含义

基于互联网的产业发展经历了"互联网+"的 1.0 时代、"+互联网"的 2.0 时代，前者是以互联网消费为特征，互联网是主角，后者互联网变为工具，成为各行业中各类人群信息传播、内容生产与网络消费的平台。在 2.0 时代互联网有着极大的商业价值，互联网平台概念及平台经济应运而生。从技术上来说，互联网平台是互联网信息平台和各类软件产品技术融合的产物，具备整合不同系统数据的功能，可提供多样化的信息发布和信息共享服务，同时具备信息管理的安全模式、网络文本及各类数据分析的个性化功能。

二、互联网平台类型

目前，互网络平台的类型十分繁多，依据不同标准有以下不同的分类。

（一）依据平台功能分类

1. 社交类网络平台

社交网络软件是一种采用 peer to peer（P2P）技术构建的基于个人的网络基础软件，社交网络平台是指建立人与人之间的社交网络或社交关系的连接。如脸书、推特、字节跳动、快手、哔哩哔哩、微信等社交网络平台。

2. 商务交易类网络平台

商务交易网络平台是建立在互联网技术基础上进行商务活动的虚拟网络空间，是通过网络空间协调、整合信息流、物质流、资金流有序、关联、高效流动的重要平台。个人和组织可充分利用电子商务平台提供的网络基础设施、支付平台、安全平台、管理平台等共享资源有效地、低成本地开展自己的商业活动。商务交易网络平台又可分为电商交易平台和内容交易平台，前者如亚马逊、阿里巴巴、京东和各类电商小程序等，后者如网易、搜狐、优酷、腾讯、豆瓣及各类知识付费的内容交易平台。

3. 公共服务类网络平台

公共服务网络平台指针对某类用户群体一定时期的公共需求，借助互联网技术平台，通过组织整合、集成优化各类资源，提供可共享共用的基础设施、设备和信息资源，以期为此类用户群体的公共需求提供统一的辅助解决方案。常见的公共服务网络平台有政务服务、医疗服务、教育服务等。

（二）依据平台内容生成方式分类

1. UGC 网络平台

UGC 是互联网术语，全称为 user generated content，是指互联网平台由用户生成内容，即用户原创内容，即用户将自己原创的内容通过互联网平台进行展示或者提供给其他用户。UGC 是伴随着以提倡个性化为主要特点的 Web2.0 概念而兴起的，它并不是某一种具体的业务，而是一种用户使用互联网的新方式，即由原来的以下载为主变成下载和上传并重。如当下国内较为流行的抖音、B 站等。

2. PGC 网络平台

PGC 是互联网术语，全称为 professionally generated content，是指互联网平台内容由专业人员或机构进行生产，如各类以专业视频、音频、电商及综合信息网站为业务的网络平台。PGC 网络平台运营的关键是平台用户数量需达到一定规模，相较于 UGC 网络平台，PGC 网络平台在内容的专业性、深入性、系统化日活率、引流等方面有着较强的优势。

三、互联网平台与乡村旅游创意运营

如前所述，创意运营的目标是价值创新，而创意价值创新的实质是粉丝经济。一方面，形成粉丝经济的前提需要对创意进行关注和一定的粉丝效应，而关注和粉丝效应的出现是以对创意的传播和扩散为前提的；另一方面，互联网已成为现代信息传播的主流媒介，互联网信息传播的广度和速度是以往任何信息传播媒介所不具备的。因此，互联网为创意的传播、扩散和粉丝经济的形成提供了便利手段，同时互联网技术也为创意内容的生成和创意的运营提供了技术和平台。

（一）基于社群的乡村旅游创意运营

1. 社群概述

社群是基于圈层基础上的互联网社群文化。互联网社群的形成基础是相互之间的认同，即由兴趣相投、价值观相同，认可彼此行为方式及处世态度的人在互联网环境下聚集而成的群体。在互联网世界中，个体或组织对互联网社群可以有多样化的选择，同一个体可以参加多个不同的社群，而不同的社群之间也并非是孤立和封闭的，彼此之间有着互相融合、彼此渗透、相互影响的机会和可能性，通过在不同社群中的个体或组织让各个社群产生连接。因此，如果社群里有足够多的人，便可以让社群的关系链条无限延展。

互联网社群的本质是社交，是通过各类社交媒介平台，将那些有社交需求和喜欢社交的人连接到一起，并在沟通、互动甚至争辩的过程中，筛选出具有共同或相近兴趣爱好及价值观念的个体或群体，构成一种相对稳定的社群关系。

2. 基于社群的乡村旅游创意运营管理策略

乡村旅游创意的社群运营中，利用社交平台和社交软件等组建网络社群，如国内常用的微信、QQ、社区论坛、微博、贴吧、抖音、B站等，可在了解社群社交和信息交流的规则下，利用社群营销方式逐步扩大社群数量和规模，通过在社群发起具一定吸引力的乡村旅游创意话题和活动，进行社群日活量维护，社群自带筛选功能，将那些对乡村旅游创意有着共同文化偏好和价值取向的人群保留下来，形成一个相对稳定的乡村旅游创意社群，伴随社群人气的积累和信任的建立，再结合行之有效的乡村旅游创意社区营销方式，社群中人员会向乡村旅游创意生成者或消费者进行转化。

由上述可知，乡村旅游创意社群运营的本质仍是粉丝经济，粉丝们加入社群会有一种仪式感、参与感、组织感和归属感。乡村旅游创意IP社群运营的终极目标是社群价值增长，而提升乡村旅游创意社群价值的三个关键问题是社群定位、参与度和运营价值转化，主要覆盖社群日活跃度、乡村旅游创意生成者与消费者转化率、消费者忠诚度等内容。

（1）乡村旅游创意社群定位

乡村旅游创意社群定位是乡村旅游创意运营的前提，具体操作中可借助旅游大数据，对能获取的统计学人口信息、消费动机、消费偏好、消费行为特征等进行分析，为社群目标市场定位提供决策依据。社群的市场不能仅仅局限于乡村文化和乡村旅游爱好者，还应广泛地聚焦于乡村旅游创意主体中的人群和组织，以及对各类创意感兴趣的群体。社群中可以是乡村旅游创意人员或组织，有乡村文化爱好的艺术家、自由职业者、乡村研究人员或研究机构、本地民间艺人、乡村精英、乡村企业家等。

（2）乡村旅游创意社群参与度

乡村可利用网络名人、事件及自媒体的线上引流等社群营销手段，进行乡村旅游社群的建设与开发。社群运营不能仅关注社群人数的增加，还要为社群成员提供更多的价值。社群活跃度是乡村旅游创意社群运营的重要因素，关键是提高社群人员的互动性和参与性，社群运营管理方只需制定规则、定义玩法、抓住头部，就能够让用户自觉维护社群氛围，进行有社群的价值转化。

（3）乡村旅游创意社群运营价值转化

社群中互动和参与活动应积极进行各种形式的成果转化，让社群式参与有获得感和成就感，以此增强乡村旅游创意社群的满意度和忠诚度。在社群运营的过程中要尽力满足不同人群的诉求。例如，可为社群中成员提供乡村旅游创意的信息咨询，为创意人员或组织提供施展才华的机会，为乡村艺人提供演出机会，为研究人员提供研究资料，为文化企业家提供商机等。社群在为群体成员提供更多价值的过程中实现自身的价值增值。

（二）基于 UGC 的乡村旅游创意运营

基于 UGC 的乡村旅游创意运营离不开互联网终端设备的支持，常见的终端设备有智能手机、台式电脑、手提电脑、平板电脑、导航仪等。终端设备为互联网 2.0 时代创意的 UGC 运营提供了硬件支撑。基于互联网终端的乡村旅游创意运营一般机理包括终端的利用或研发、乡村旅游创意生成与传播扩散、共享与共创。基于 UGC 的乡村旅游创意运营实质既是粉丝经济，又是平台共享经济。

1. 终端的利用或开发

在乡村旅游创意的 UGC 运营中，智能手机是利用率较高的电子终端设备。当然，无论哪类终端设备，都能通过各种线上信息推送和引流形成一定的注意力效应，为乡村旅游创意的社群运营和互联网平台运营提供用户基础，乡村旅游创意运营完全可以利用现有终端设备完成相关流程。随着文化创意产业与旅游产业的不断融合升级，旅游创意为消费者提供文化旅游消费内容，基于互联网终端的创意运营将会成为一类重要的运营模式。

2. UGC 的乡村旅游创意生成与传播扩散

互联网 2.0 时代更注重与用户的交互作用，用户既是网站内容的浏览者，也可以成为网站内容的生成者，为互联网人机交互的知识共创提供了技术便利。乡村旅游创意的 PGC/UGC 运营与创意 IP 运营一般机理相同，不同之处在于基于 UGC 的乡村旅游创意运营既可以由个体进行创意内容生成，也可以由创意组织生成创意内容。例如，将 2020 年火爆全网的丁真打造成文旅 IP，就是一种典型的创意 UGC 运营模式。基于 UGC 进行的乡村旅游创意生成过程也是创意传播和扩散的过程。

3. 乡村旅游创意 UGC 的共享与共创

通过互联网 UGC 运营，用户可通过终端进行乡村旅游创意相关信息的搜索和获取，为乡村旅游创意组织或创意个体提供创意生成素材，也可通过终端进行创意的发布、传播与扩散，通过互联网终端资源与平台的共享，开展多种形式的乡村旅游创意价值共创。

（三）基于 PGC 的乡村旅游创意运营

创意运营离不开互联网技术的支撑，创意运营是以价值网中的某一特定主体或某一功能活动为主导来进行运作的。基于 PGC 的乡村旅游创意运营包括创意运营平台建设与共享、创意组织与开发组织培育、创意内容生产、创意消费者网络培育、口碑效应和流量变现。

1. 乡村旅游创意运营平台建设与共享

在与互联网专业人才和组织的合作下，以计算机网络技术为支撑，建设能够连接乡村旅游创意平台建设组织、乡村旅游创意开发组织、乡村旅游创意生成者及消费者之间互动关系的运营技术平台，例如，与乡村文化或乡村旅游创意相关的专题网站或 App 的建设与开发。乡村旅游创意 PGC 平台运营大多是利用现有的网络平台来实现，如腾讯、优酷、抖音、B 站等平台都有关于乡村旅游创意的栏目、文字或视频信息。

2. 乡村旅游创意组织和开发组织的培育

PGC 的平台运营是乡村旅游创意运营的重要方式，该方式需要对技术开发组织和乡村旅游创意开发组织进行培育。创意组织主要负责乡村旅游创意内容的生成，分为个人和团队两个层次，团队的组织形式比较灵活，可以是有组织的实体机构，也可以是通过社群和网络平台发起的线上虚拟组织。平台开发组织通过一定的技术手段，对后台编程、文字、图像、声音、视频和模块进行技术开发，为能被相关消费群体理解和接受的乡村旅游创意形态提供技术支撑。

与社群运营一样，PGC 运营也需要有一定数量的平台用户才能开展。因此，乡村旅游创意社群运营可以通过平台开发转变为平台运营，此时社群运营发挥着为 PGC 运营引流的作用。

3. 乡村旅游创意内容生产

基于 PGC 的乡村旅游创意内容生产，是创意组织与平台开发组织的合作过程，创意组织经过创意模糊前端、内容设定与生成后，需要开发组织结合创意内容和主题，借助互联网技术进行计算机语言的形式转化，形成互联网平台的乡村旅游创意呈现形态。

4. 乡村旅游创意消费者网络培育

在基于 PGC 的乡村旅游创意运营中平台的流量导入是关键，流量的导入需要对平台消费者进行网络培育，只有当平台用户和平台日活量达到或超过临界值后，PGC 平台运营才能发挥价值网的功效。乡村旅游创意 PGC 运营的关键还在于创意的品质，只有优质的乡村旅游创意才能为顾客带来更多价值，顾客价值是消费者网络培育的重要途径，基于 PGC 的乡村旅游创意运营既能通过创意的线上流量变现实现创意的价值，又能借助线上为线下的引流，通过实地消费实现创意的价值。

5. 乡村旅游流量变现和口碑效应

在乡村旅游创意消费者网络培育的基础上，利用线上平台和线下推广的商业运作，通过引流吸引消费者注意，进一步在消费者群体中产生具有线上付费和线下体验消费的粉丝群体。当线上用户群体规模突破临界值，PGC 平台与乡村旅游创意内容生产之间产生正向交叉时，部分核心用户会产生付费意愿形成粉丝效应，从而实现流量变现。无论是线上还是线下的乡村旅游创意消费，关键在于形成消费后的口碑效应，良好的口碑效应可为新一轮的社群运营和 PGC 平台运营实现持久的流量变现和商业价值。

第四节　基于粉丝经济的乡村旅游创意运营

一、粉丝与粉丝经济概述

（一）粉丝

粉丝，起源于英语"fans"的谐音。"fan"原指（电影、运动、明星等）的狂热支持者或热心的爱好者，fans 是 fan 的复数，指代的是一个群体。之前也曾用"发烧友"来形容和指代这样的群体。如今，粉丝的含义已经泛化，把热衷于某一事物或人物的人群称之为粉丝。粉丝现象自古有之，在不同文化背景下的各个年龄人群中都有存在。另外，需要对粉丝和用户的概念进行区别，如一个品牌拥有很多的用户，但是并不意味着这些用户都是这个品牌的粉丝，粉丝是在品牌上投注了强烈个人感情色彩的，甚至有盲目崇拜的因素。因为有这种情感因素的影响，一些存在一定缺陷的产品也能被粉丝接受，甚至形成文化。在信息高度发达的时代，粉丝就是生产力。从服务利润链理论视角看，顾客忠诚是收益的保障，顾客忠诚如同粉丝效应，粉丝不仅是产品的忠实顾客也是产品信息的传播者，粉丝具备需求强、韧性高、后期付费坚挺的特点，带来的社会效应也大。

（二）粉丝经济

粉丝经济，泛指架构在粉丝和被关注者关系之上的经营性创收行为，是一种通过提升用户黏性并以口碑营销形式获取经济利益与社会效益的商业运作模式。由于互联网打破了时间与空间上的束缚，粉丝经济也因此被广泛地应用于文化娱乐、销售商品、服务提供等多个领域。在创意产业领域，当一个 IP 通过社交媒体传播之后，自然而然就会产生一定范围的影响力，也会聚集一定数量的粉丝群体，但值得注意的是早期的粉丝还是处于游离状态，他们绝大部分只是因为某个原因被吸引过来。因此，提高粉丝忠诚、形成粉丝效应是粉丝经济的关键和基础。

二、创意产业中粉丝经济的特征

（一）文化价值认同是粉丝经济的基础

粉丝经济赖以维系的基础是粉丝对商品和服务的价值认同。粉丝经济多见于影视行业，在经济学的视角下明星同样具有商品属性，是以文化市场中大众或流行文化需求为导向，进行明星形象和人设的塑造与包装，粉丝追星的深层动力是对明星所承载的某种文化的价值认同。

经济性和文化性是创意产业和旅游产业的共同属性，在乡村旅游创意的消费中，看中的是乡村旅游创意所带来的顾客价值，乡村旅游创意与其他创意一样，具有功能价值、符号价值和体验价值。顾客价值的核心是借助旅游载体为消费者带来的一种乡村文化体验和价值认同，这是乡村旅游创意运营粉丝经济实现的内在基础。

（二）消费上瘾是粉丝经济的实现机制

从微观经济学理论视角来看，一般商品消费都是符合边际效用递减的规律。但文化类产品消费却存在消费上瘾效应，也就是边际效用递增，史密斯（Smith，1998）通过调查艺术品的消费情况，发现人们对大多数的艺术品消费存在这种效用。这一结论得到了文化经济学界的普遍认可，对于文化类产品而言，消费者在产品消费过程中的认知水平和知识积累是不断提升的，其消费的边际效用是消费的函数，也就是说消费能产生一种不断增加的学习效应，或称之为消费资本，消费资本可以进一步划分为个人资本和社会资本。个人资本与消费者过去的消费和其他相关人群的消费经验有关；社会资本则表现为地位相当的消费者或其他相关人员对个人效应的影响，这种影响取决于人们生活的社会环境。文化创意产业中的粉丝效应兼具消费的个人效应和社会效应。

在乡村旅游创意运营中，创意价值显得尤为重要，这种价值是否能为消费者带来学习效应，以及如何为消费者带来更多的顾客价值形成消费资本，取决于乡村旅游创意 IP 的生成、培育和运营。

（三）互联网生态是粉丝经济的催化剂

互联网生态是以互联网技术为核心，以用户价值为导向，通过跨界纵向产业链整合、横向用户关系圈扩展，在打破工业化时代下产业边界的同时颠覆传统商业生态模式，实现链圈式价值重构的生态体系。随着文化创意产业的数字化和网络化，互联网生态为文化创意生成和商业运营中粉丝效应提供了新的实现路径，在互联网生态环境下，有共同文化偏好的人更容易通过互联网结成一个群体，这是基于粉丝经济的创意运营基础。

三、基于粉丝经济的乡村旅游创意运营

如前所述，创意 IP 的运营实质是粉丝经济，乡村旅游创意的生成、IP 的培育、社群的运营及互联网平台运营的共同目的在于形成创意 IP 的粉丝效应，最终都是以粉丝经济推动乡村旅游创意的价值转化。在粉丝经济下的乡村旅游创意运营可以通过以下几个方面加以实现。

（一）乡村旅游创意定位

创意的定位既包括文化品位的定位，又包括消费市场的定位。对于乡村旅游创意来讲，其创意的文化定位原则是不应脱离乡村文化，重点是要凸显乡村文化的地方特色和文化内涵，牢牢把握乡村旅游创意的乡村性、乡土性等特征，否则乡村旅游创意将失去其存在的意义。只有凸显乡村旅游创意和其他创意的差异性才能有效进行乡村旅游创意市场定位，市场定位可借助大数据进行目标市场分析，找准市场需求。

（二）乡村文化内涵与价值观体现

文化是创意的源头，是某种价值观的抽象与表达，乡村旅游创意通过对乡村文化的萃取和符号转化，体现乡村文化的内涵和价值观念。乡村旅游创意内容应更多地为消费者传递乡土、乡愁、乡情、绿色生态、田园诗意，甚至是天人合一的哲学思想，当然也包括种植、生产、加工制作等乡村生活实践和经验智慧。因此，体现乡村文化的内涵与价值观是形成粉丝效应和粉丝经济的内在基础。

（三）乡村旅游创意产品开发

林明华和杨永忠（2014）提出了五种创意产品开发模式，包括文化资源驱动型、内容创意驱动型、生产制造驱动型、市场推广驱动型及消费者驱动型。乡村旅游创意产品开发是从无形创意到有形产品的过程，创意的产品化能为消费者带来更多的价值，这是实现创意文化价值和商业价值的有效途径。在乡村旅游创意产品开发过程中，文化价值大的创意不见得商业价值就大，商业价值大的创意也许是为了迎合市场的某种需求。创意的文化价值高低决定了其内容品质的优劣，文化价值是创意商业价值实现的基础，内容品质不高的创意终究是会被市场淘汰。

此外，创意的产品化为创意的产业链开发提供了途径。但需要注意乡村旅游产品和乡村旅游创意产品的区别，乡村旅游创意产品开发是对乡村旅游创意产品化的过程，通过创意版权授权、创意投资及创意 IP 的跨界衍生开发实现乡村旅游创意的价值，乡村旅游创意产品开发亦可延伸到乡村旅游食、住、行、游、购、娱的方方面面。

（四）乡村旅游创意体验

派恩和吉尔摩（Pine and Gilmore，1999）提出了体验经济的概念，并把体验划分为娱乐、教育、审美和逃避现实四种类型。胡特尔（Hutter，2006）等认为，体验商品更多的是满足使用者对商品精神效用而非使用效用的需求，产品的价值增值主要在于其产品的创意。创意的体验不仅是对乡村旅游创意的功能体验，还应包括旅游者对乡村旅游创意中有关"乡愁""地方情感"等情感需求的体验。乡村旅游创意体验的实现可通过消费者的认知层面、情感层面与精神层面来获取，乡村旅游创意产品和服务的消费，其实质是对乡村旅游文化的消费，并获得对自身潜在文化身份的一种追求和认同。文化认同是乡村旅游创意消费学习效应和消费资本形成的重要因素，也是粉丝效应和粉丝经济产生的内在驱动力。

（五）顾客价值实现

在基于粉丝经济的乡村旅游创意运营中，创意体验的质量取决于创意能否为顾客带来更多的价值，创意是通过产品向顾客进行价值传递的，其传递的乡村旅游创意顾客价值包括创意产品的功能价值、符号价值与体验价值。

第五节　典型案例

文博 IP 创意运营

一、文博创意先锋：故宫 IP

（一）故宫 IP 培育

故宫是全世界迄今为止保存最大、最完整的宫殿建筑群，距今有 600 多年的历史，它因为拥有众多的皇宫建筑群、文物、古迹，而成为中国传统文化最典型的代表。因此，故宫不仅是北京乃至全中国全世界最具特色的宫殿文化遗存，而且也是和长城一样能代表中国的一个文化大 IP。故宫最初的文化 IP 创意打造是从 2008 年开始的。2008 年 12 月，故宫淘宝店铺正式上线。2013 年故宫淘宝微信公众号上线；公众号刚推出的时候，文章内容比较枯燥，话题严肃，更别说有什么人设和定位了，只是一个普普通通的公众号而已。2014年 8 月，一篇名为《雍正：感觉自己萌萌哒》的文章发出后，故宫淘宝公众号的"画风变了"，一系列萌萌哒的雍正动态图配上轻松的文案注释，将原本高贵严肃的皇室变得古灵精怪、活泼搞笑，网友们开始了解到不一样的故宫，故宫也因此吸引了一大批的粉丝。2014年 10 月，故宫淘宝相继推出以假乱真的朝珠耳机、雍正钓鱼书签、"奉旨旅行"行李牌、"朕就是这样汉子"折扇等一系列文创产品，让网友直呼"萌萌哒"和脑洞大开。

（二）故宫 IP 衍生创意开发

文创产品不仅爆红网络，更让故宫 IP 再度延展。故宫文创产品通过对历史的改编，给传统庄严的文物及古人形象加入了萌化、趣味化的元素及表现方式，形成反差感创意，大受消费者欢迎。2016 年，一则《穿越故宫来看你》在朋友圈中刷屏，古代和现代文化相互碰撞，明朝的朱棣从画中跳出来，唱起了 RAP，跳着街舞，玩着自拍，画风又潮又贱萌。这支 H5 是 treedom 与腾讯 Tgideas 团队为腾讯创新大赛 NEXT IDEA 合作推出的一个宣传广告，即故宫 QQ 表情创作大赛报名通知。新鲜、趣味、有创意的故宫 IP 也是从这支 H5开始正式走进大众的视野，得到更广泛的关注。故宫 IP 在影视方面也有所涉及，先后推出《故宫》（2005）、《故宫 100——看见看不见的紫禁城》（2012）、《故宫往事》（2015）、《我在故宫修文物》（2016）、《故宫新事》（2017）五部纪录片。这五部纪录片在豆瓣都是高分评价，口碑反响很不错。尤其是《我在故宫修文物》2016 年 1 月在央视首播后，意外走红网络，B 站的点击率至今已达 721.8 万次，11.4 万条弹幕。三集纪录片完结后，网友们大呼不过瘾，期盼导演萧寒出续集。于是，2016 年 12 月 16 日大电影《我在故宫修文物》上映，上映 21 天收获 622 万元票房。导演萧寒说自己内心是很开心的，"600 多万元的票房意味着 20 多万人走入电影院看一部普普通通的纪录电影。虽然相比大片及一些商业推广成功的片子来讲，我们在电影市场是可忽略不计的。"文化季播节目《上新了·故宫》的播出也实现了历史文化传承与电视综艺节目内容表达的有机融合。

资料来源：故宫超级 IP 打造记：故宫是怎么一路火起来的？http://www.woshipm.com/marketing/1963188.html

二、《唐宫夜宴》的出圈：河南文博 IP

近年来，融合了传统文化的综艺作品成为电视荧屏上一道亮丽的风景线。这些植根传统文化、创新表现手法的综艺节目，通过汲取传统文化的养分，其内涵和深度得以提升，也让中华优秀传统文化在节目传播的过程中得以传承和弘扬。

2021 年河南春晚上《唐宫夜宴》横空出世，不仅出圈，更"炸圈"。从河南博物院"走出"的唐宫少女，不仅带来了大唐盛世的霓裳羽衣，而且借助 VR 技术，把"妇好鸮尊""贾湖骨笛""莲鹤方壶"等国宝——搬上春晚舞台。20 亿的播放量、上千万条弹幕、5 次上热搜——14 位舞蹈演员身着唐三彩元素的襦裙，肉嘟嘟的脸上画着"斜红"妆容，时而严肃庄重，时而嬉笑打闹，宛如从博物馆中复活的唐宫美人。

极具辨识度的 IP 形象，让《唐宫夜宴》成为文创界的新宠，于是河南博物院开启了《唐宫夜宴》一系列的 IP 衍生品和联名之路。《唐宫夜宴》火爆出圈后，河南博物院的旅游人数倍增，成为春节出游热门目的地。在网友催促下，河南博物院反应迅速，顺势推出了"仕女乐队"盲盒，成为畅销爆款。此后，河南卫视的《元宵奇妙夜》《清明时节奇妙游》用"动画 IP"形式串联节目，融入河南文旅元素，带给观众耳目一新的观感和回甘绵长的余韵。《端午奇妙游》则创新采用"网剧+网综"的形式，从 4 个"唐小妹"的视角，延展出交错故事线，讲述《唐宫夜宴》前传故事。《清明上河图》《兰陵王破阵曲》《洛神赋》《伤寒杂病论》及屈原祭祀等中国人耳熟能详的历史文化内容悉数融入，有历史、有文化、有故事、有趣味、有新意，获得市场一致好评。"以中国传统节日作为抓手，来打造中国节日这个 IP，成为河南卫视创作这一系列节目的初衷。"该节目导演陈佳透露，不再只追求对历史素材的照搬呈现，而是进行趣味性解构和艺术化加工，使其符合当下年轻人的审美。

资料来源：国潮正当时，如何对传统文化进行 IP 化开发？https://xw.qq.com/cmsid/20211217A0622S00

三、文物活起来：《国家宝藏》IP

同样，文博探索类综艺节目《国家宝藏》则通过集合国内顶尖级博物馆的文物资源，一改以往文博节目枯燥严肃的风格，采用情景剧的方式，演绎文物背后的故事，让冰冷的文物"活"了起来，这种平易近人的节目形式，让观众在轻松愉快的观看氛围中，感受到中国古代工匠的智慧，以及文物所承载的文明和中华文化延续的精神内涵。《如果国宝会说话》通过 100 件国宝述说中国古人的创造力，用 5 分钟一集的讲述方式，深入浅出地将每件国宝背后的故事及其承载的厚重文化向观众展现出来。而这种轻体量、短小精悍的传播形式，适应新媒体时代受众碎片化的接受方式，使得该节目更易于传播。如今，这两档节目都火成了"大 IP"，成为传播中华优秀传统文化的重要载体。

"影视助力传统 IP 推广的力量还是很强大的，它的影响力、它的受众广度在某种意义上，也是可以超越文字、超越语言、超越不同民族间的障碍的。这是影视作品天然具备的优势。"全国政协委员、文艺评论家潘凯雄指出，透过影视作品，收藏在博物馆里的文物、流传在广阔大地上的手作技艺及它们身上承载着的中华优秀传统文化的精神内涵不断活跃起来。

资料来源：在"国潮"综艺大爆炸的时代 IP 如何快速火出圈？https://www.bilibili.com/read/cv15407612

四、启示

创意不是对文化资源的原貌呈现，而是有别于文化资源原有形态的创新，这种创新可以打破时空的束缚，可以用任何的形式来进行呈现，静态文物都活了起来，在跨界文化融合的土壤中开出了一朵朵奇特而又绚丽的花朵。那么，在乡村旅游IP的培育和开发过程中，理应根植于特色乡村文化，只要能抓住文化之根之魂，任何形态的创意开发都是可能和可行的。在乡村旅游创意IP开发中，参考当下诸多创意表现形式，不仅可通过音像、视频、歌舞、标志、图案、人物或卡通形象、故事等进行全方位开发，也可尝试与游戏、影视、动漫、主题公园、旅游、体育、博物馆等行业跨界混搭，进行乡村旅游IP的全产业链创意开发。

当下，创意运营价值创新目标的实现离不开互联网商业环境，互联网技术既是创意传播与扩散的重要载体，也是创意从无形到有形的开发手段。因互联网所衍生的眼球（注意力）经济、粉丝经济、网红经济、平台经济、流量经济等各类商业运营模式都可广泛地应用于乡村旅游创意运营中，上述案例中故宫IP和《唐宫夜宴》的成功"出圈"都是互联网运营的典范。

本章小结

（1）旅游创意运营是在互联网与数智化基础上，依据资源禀赋与市场需求进行旅游创意的生成，通过不同的创意决策路径进行旅游创意IP的培育与开发，并借助各类社会网络关系进行创意的传播与扩散，在市场化推广的运营流程中实现创意的价值创新。

（2）乡村旅游创意运营是旅游创意运营的一种类型，是指依据乡村资源禀赋与旅游市场需求进行创意内容的生成，通过乡村旅游创意各类决策路径进行IP的培育与开发，并借助社会网络关系进行乡村旅游创意的传播与扩散，在市场化运营过程中实现乡村旅游创意的价值创新。

（3）乡村旅游创意运营的一般机理：首先是对乡村文化资源的挖掘和萃取进行创意的生成，并依据创意内容进行相应的乡村旅游产品和服务的设计和研发，通过乡村旅游创意的品牌化战略实现创意IP的培育与开发，在乡村旅游创意产品化和市场化过程中，将综合运用各类乡村旅游创意营销方式来完成创意的传播与扩散，进而引起消费者的注意、体验与反馈，最终形成粉丝效应和市场效益。乡村旅游创意运营的一般机理既是创意从无形投入到有形产出的过程，又是乡村旅游创意的文化价值和商业价值的实现过程，该过程的各个环节和层面均贯穿着运营管理的一般理论和方法。乡村旅游创意运营的特征是文化与市场相兼顾、线上与线下相兼容、无形与有形的相结合。

（4）乡村旅游IP具有内容性、独特性、价值性与共享性特征。乡村旅游IP分为自有IP和借有IP。乡村旅游IP运营环节包括乡村旅游创意的模糊前端、内容设定与生产、感知与体验、反馈与实际消费、IP价值实现。

（5）乡村旅游创意 IP 社群运营的终极目标是社群价值增值，而提升乡村旅游创意社群价值的三个关键问题是社群定位、参与度和价值转化，主要覆盖社群日活跃度、乡村旅游创意生成者与消费者转化率和消费者忠诚度等内容。

（6）基于 UGC 的乡村旅游创意运营包括终端的利用或研发、乡村旅游创意生成与传播扩散、共享与共创等环节。基于 PGC 的乡村旅游创意运营包括创意运营平台建设与共享、创意组织与开发组织培育、创意内容生产、创意消费者网络培育、口碑效应和流量变现等环节。

（7）创意 IP 的运营实质是粉丝经济，乡村旅游创意生成后，不论哪种运营方式，其目标均在于增强粉丝与 IP 的黏性，进而形成乡村旅游创意的粉丝效应和粉丝经济。基于粉丝经济的乡村旅游创意运营管理策略包括乡村旅游创意定位、乡村文化内涵与价值观体现、乡村旅游创意的产品开发、创意的体验与顾客价值实现等。

思考题

1. 什么是创意运营？什么是乡村旅游创意运营？
2. 乡村旅游创意运营的一般机理是什么？
3. 乡村旅游创意运营的特征是什么？
4. IP 的含义是什么？IP 的特征有哪些？乡村旅游 IP 的类型有哪些？
5. 基于 IP、互联网平台及粉丝经济的乡村旅游创运营的管理策略分别是什么？

即测即练

自学自测　　扫描此码

第七章

乡村旅游创意营销

学习目标
- 了解乡村旅游创意市场需求
- 掌握乡村旅游创意消费者的类型与行为特征
- 掌握乡村旅游创意品牌概念及品牌定位、形象塑造、价值提升策略
- 掌握乡村旅游创意传播概念及传播内容、方式、手段

第一节 乡村旅游创意市场

营销大师菲利浦·科特勒提出，营销是一种社会管理过程，借助这个过程，个人及群体通过创造并与他人交换产品和价值，从而获得其所需和所求。识别洞悉消费者的需求并创造设计产品，依据企业的战略目标和战术目标设定相应的价格，并借助符合目标受众的传播媒介进行信息的传递，最终保证产品和服务利用恰当的渠道最终到达消费者手中。面对科学技术的更新与迭代，以及激烈的市场竞争，传统的营销方式恐怕无法再保证良好的营销效果。因此，营销也需要创意。创意营销是跳出盒子思考的营销。激烈竞争的市场及飞速发展的数字技术潮流，促使企业和几乎所有的销售人员都需要思考创新的方法，来不断改进他们的营销策略。

乡村旅游创意营销是以满足旅游需求和实现创意企业目标为目的，在洞悉乡村旅游者行为特点的基础上，精准进行市场细分，结合乡村旅游的本质和乡村旅游目的地文化特色，通过确定其所能提供的目标市场并设计适当的乡村旅游创意产品、服务和项目的过程。

乡村旅游创意营销的过程可以理解为"我是谁、给谁说、说什么和怎么说"这四个阶段（见图7-1）。第一步首先需要弄清"我是谁"，即乡村旅游创意的特点和个性；第二步是

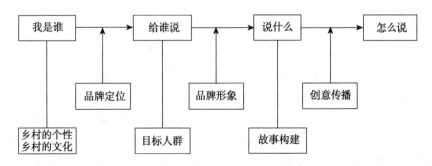

图7-1 乡村旅游创意营销过程

"给谁说",即在传统市场细分的基础上,利用行为数据与调研数据的充分结合挖掘因果关系,凭借对乡村旅游者购买行为和心智的研究,准确把握目标群体特征和相应的人群画像,并确保在潜在目标市场人群的心智中与众不同;第三步是"说什么",即乡村旅游目的地打算给目标消费群体讲什么样的故事,传递什么样的信息;第四步是"怎么说",即怎么样传递故事的信息,借助什么样的工具和平台。所有营销环节的目的都是使乡村旅游目的地能在旅游者的心目中占据一席之地。

一、乡村旅游创意市场需求

近些年,乡村旅游发展迅速,不管是在基础设施的完善还是生态环境的提升方面都取得了明显的进步。我国的乡村旅游起步于庭院经济,以农家乐为基本形式,利用自家闲置的庭院和房间,将农家菜和住宿作为主要产品销售给城市居民,后来延伸至利用田园、鱼塘、林地发展采摘、垂钓等相关休闲活动。但是面对不断升级的消费市场,乡村旅游业开始面临诸多困境,具体表现在资源同质化、产品初级化、模式单一化、竞争白热化等方面,导致旅游者停留时间短、人均消费水平低、体验度低、重游率低。正因为如此,乡村旅游的发展亟须创新发展思路,转变发展方式。乡村旅游的竞争事实上是创意的竞争。乡村旅游创意就是在对乡村社情、文化资源、生态环境、耕种习惯和民风民俗充分研判的基础上,深度挖掘乡村文化内涵,以差异化为出发点,借助创意产业的理念,将创新思想、科学技术、营销方法和人文要素融入乡村地域系统,通过整合资源、嫁接创意、拓展农业外延,将传统农业生产和农耕体验、生态保护、观光旅游、休闲度假、养生保健、文化传承和民居保护融为一体的发展形态。

旅游市场需求是乡村旅游创意开发的重要基础。乡村旅游者因为回归自然、化解怀旧情结、学习发展及休闲放松等动机前往乡村,渴望参与体验满足个性需要。随着乡村旅游者的需求从大众化、无差异转向多样化、个性化,旅游动机更加复杂,期望值更高,旅游市场日益显现出超细划分的不同市场群体。在精准把握旅游者的个性化体验需求的基础上,进行定制化的生产和营销就成为乡村旅游创意开发的必然选择。因此,基于旅游者的需求,依托乡村的青山绿水、田园风光、乡土文化等资源,结合乡村的生产、生活以及生态文化创新构思,设计出独特的创意产品,建设一村一品、一村一景、一村一韵的旅游目的地。

二、乡村旅游创意消费者

创意消费者通常是体验的积极共创者。他们是一群对自己的创造性体验有主观看法和感受的合作者。谭小侃等(Tan et al., 2013)提出创意体验是由内在反思构建的,这不仅包括存在意识/主观意识、需求/动机和创造力,还包括外部互动,即环境、人和活动。然而,不同类型的创意消费者对创意体验的感知各不相同,这些因素是如何相互作用的呢?首先,出游动机是直接推动个人进行旅游活动的内部动因;其次,创意旅游者的出游动机并不是简单的游览观光,他们渴望更真实和独特的体验,融入当地社区,沉浸于当地文化中。

（一）乡村旅游创意消费者的动机

乡村旅游创意的发展需要及时把握前往乡村的创意消费者的出游动机，以及他们在旅游过程中的行为特征，这对乡村旅游创意产品开发和设计具有重要的指导意义。

常见的乡村旅游动机主要有"缓解压力""交际""求知""怀旧"等。前往乡村旅游的旅游者希望缓解工作和生活中的压力，同时增进与亲朋好友的感情。胡绿俊和文军（2009）指出，大多数的城市居民前往乡村旅游的动机是以缓解压力为主，怀旧是乡村旅游者附带的一种需要。总的来看，不同乡村旅游者群体的旅游动机存在差异。徐培和熊云明（2009）以九江庐山周边风景区为例分析乡村旅游者动机，研究显示，年龄、性别、职业、教育程度都会影响乡村旅游者的动机。中年旅游者比青年旅游者更看重增进同行亲朋好友的感情；短程乡村旅游者更注重乡村旅游的精神放松功能；文化层次高的乡村旅游者对文化、民俗风情等具有文化内涵的产品更感兴趣。

前往乡村旅游的创意消费者是对大众文化旅游饱和的回应，他们之所以前往乡村旅游，首先是追求与自然的融合、渴望体验尝试新的生活方式，愿意亲身体验各类乡村创造活动，实现共创。其次，通过参与乡村旅游创意活动，他们想要与当地人和社区建立期待的互动关系。旅游创意活动的参与者期待更高层次的社会、情感和教育互动。对于有创造力的旅游者来说，学习的探索也是动机之一，学习成为旅游创意体验的核心元素。

近年来，乡村旅居客作为一个新型群体，逐渐成为乡村旅游创意的主要消费群体。他们一般来自经济发达地区，在经济和人格上都高度独立。旅居客不同于传统的观光客，通常会在一个乡村旅游目的地停留较长时间，其主要动机往往是获得经济利益、追求人生价值、逃避现实生活和认同乡村生活。

（二）乡村旅游创意消费者的类型

依据每个目标消费市场的动机、偏好、态度以及行为等打造创意活动项目，清晰准确地细分消费市场对乡村旅游创意很关键。

1. 根据旅游动机进行细分

陈丽婵等（Chen et al.，2013）以台湾乡村民宿为例，探究乡村旅游者的动机，将其划分为四个细分群体：追求休闲新奇者、追求实用者、追求社交者和追求趋势者。追求休闲新奇者看重轻松的气氛和热情友好的当地居民，乡村旅游目的地的自然或户外活动会吸引这一群体。追求实用者比较在意精心设计的乡村景观，以及寓教于乐的活动。追求社交者以中老年人居多，他们喜欢与大家庭一起旅行，青睐老年人友好的产品。追求趋势者往往对于当下流行的乡村住宿及活动非常看重，乡村独特的文化、个性化的款待及主人的魅力是他们考虑的要素。

2. 根据追求的利益进行细分

帕克（Park，2014）根据旅游者追求的利益将乡村旅游市场划分为五种类型：追求与家人共度时光、追求逃离日常生活、追求学习与社会化、追求乡村体验、追求教育。弗罗绍（Frochot，2005）根据乡村旅游者追求的利益将旅游市场划分为活跃型、乡村型、休息型和沉思型。

3. 根据心理特征进行细分

多个研究从态度角度将乡村旅游者划分为三种类型：偏好型，即热爱大自然、喜欢乡村旅游者；冷淡型，即对乡村旅游兴趣冷淡者；无所谓型，即对乡村旅游的态度处于喜爱和冷淡之间的人。张利茹（2018）基于生活方式的理论将乡村旅游者分为家庭型旅游者、逃避现实型旅游者、社交享受型旅游者，以及多面旅游者。因此，应根据不同类型旅游者的心理特征以及价值观和生活方式，提供不同的旅游营销策略。

4. 根据乡村旅游体验进行细分

在最新的一些研究中，安娜和阿拉康（An and Alarcón，2021）通过使用网络民族志方法在三个在线社区中对 1002 名旅游者的意见进行了研究，梳理出了与乡村旅游体验相关的三大主题。第一种类型是"舒适驱动旅游者"，这类旅游者主要停留在高质量的农村住宿，很大一部分人喜欢以"家庭"或"朋友团"的形式体验乡村旅游，并寻求价格相对合理的住宿。第二种类型是"乡村氛围消费者"，这部分人群中夫妻比例较高，其特点是在乡村旅游住宿周围追求享受和安静的休息。他们追求乡村旅游的体验，如便利、顾客关怀、整体氛围、乡村风景、美食和物有所值。第三种类型是"主动休闲者"，其特点是以多种方式在自然环境中主动休闲。这些体验包括活动、放松、私密的自然环境和大量的文化旅游。这一类休闲寻求者在自然景区和农村地区从事各种活动，并愿意为提供这些活动条件的农村旅游住宿支付更多费用。

国内外学者关于乡村旅游者细分的讨论为理解乡村旅游创意消费者提供了一些依据。同时结合创意消费者的类型划分，便于更好精准地把握其类型和特征。谭小侃等（2014）运用 Q 方法揭示了旅游者在个人意义建构方面创造性体验的内在主体性，并确定了五组不同的创造性旅游者：寻求新奇的人、知识和技能的学习者、意识到旅游伙伴成长的人、意识到绿色问题的人及寻求放松和休闲的人。寻求新奇的人总是被新活动所吸引，并认为创造力在我们的日常生活中无处不在。知识和技能的学习者则强调的是自我发展而不是本土文化或是家庭团聚。意识到旅游伙伴成长的人希望他们的孩子从导师的创造性经验中学习，而导师在实现这一点上扮演着重要的角色。意识到绿色问题的人认为导师的专业性非常重要，他们同样也会关注当地文化和无形资源的保护。寻求放松和休闲的人他们参与活动主要是为了放松，享受乐趣，忘记日常生活，更关注活动发生地的空间设计。

三、乡村旅游创意消费行为特征

旅游创意消费行为本质上是旅游创意体验。普伦蒂斯和安德森（Prentice and Andersen，2007）指出，旅游创意体验是追求创意的旅游者所向往的，旅游创意体验通常具有以下表现：①社会维度，一般被喜爱充满活力体验的旅游者所欣赏；②品质消费，通过体验为旅游者提供学习新技能的机会；③旅游者参与，旅游者通过在当地环境和社区的积极参与和互动，共同创造自己的体验；④旅游自我实现，通过创造性的活动，为旅游者提供机会了解自己及转变自己的身份；⑤语境的特殊性，源于根植于当地日常生活中的经验。乡村旅游创意消费行为具体表现为以下特征。

（一）独特性

独特性在乡村旅游创意消费中具有重要的意义。乡村独特的自然风光、淳朴的农耕文化、地域文化、民俗文化都是吸引旅游者前往的主要因素。乡村文化与创意产业的融合活化了传统的文化资源，从而打造出有文化内涵的特色旅游产品，可以更好地满足乡村旅游创意消费者寻求新奇独特体验的心理。

（二）学习性

乡村旅游创意消费者希望通过积极融入当地社区，在各类活动中学习和发展自己的创造性技能，成为体验和技能的共同创造者和共同生产者。他们在乡村旅游目的地制作工艺品或产品（如手工艺品、美食、艺术等）的过程中融入当地社区，并实现了自我提升。

（三）互动性

从乡村旅游创意的概念和特征来看，互动性是乡村旅游创意消费的重要特征。一方面是指旅游者的自我互动，即旅游者需要积极融入"创意环境"中，通过自身创意活动的参与获得独特而个性化的旅游体验；另一方面，是指旅游者与当地居民的主客互动，以旅游创意为媒介，改变以往单向与被动的联系，更多地反映在双方心理上的吸引力和满足程度。

（四）创造性

旅游者与当地居民的互动不仅使乡村旅游目的地获得了经济和社会效益，还实现了旅游者个体价值观的塑造，呈现出的是高文化性、高创造性、高附加值的创意体验。没有高创造性的旅游者很难达到自我发展的终极目标。

（五）多样性

乡村旅游创意消费的多样性特征和其"创造性"是密不可分的，旅游者通过创造性的参与，塑造出个性化的消费形式和消费体验，多样化的特征可以满足旅游者不同的个性需求，这样乡村旅游目的地才可以达到构建独特形象的目标。

第二节　乡村旅游创意品牌

一、乡村旅游创意品牌的概念

品牌是用以区别商品的主要标志，它是一个"名称、术语、符号、标志或设计，或者是它们的组合，用以识别一个或一群卖家的商品或服务，并以此区别于其他竞争者"（美国营销协会）。由于大多数行业市场几乎都进入了完全竞争阶段，不少商家需要想方设法吸引消费者，品牌化则是其中最具有战略意义的方式与手段，它是地方或企业获得可持续竞争优势的重要途径。

乡村旅游创意品牌是指通过剖析乡村旅游者的诉求，为其提供创意体验或经历，使得其他竞争对手无法复制，从而在旅游者脑海中留下难忘记忆或独特印象。

二、乡村旅游创意品牌定位

（一）乡村旅游创意品牌定位概念

大卫·A. 阿克（David A. Aaker，2012）指出品牌定位是品牌识别和价值主张的一部分，要积极地传达给目标受众，并显示出相对于竞争品牌的优势。品牌定位可以定义为一种创造品牌产品的活动，这种品牌产品在目标客户的心目中占有独特的位置和价值。品牌定位是一个建立和管理形象、感知和联系的过程，消费者基于与产品相关的价值观和信念来消费产品。品牌定位越有效，品牌价值就越大。品牌价值是超越产品本身的累积物理属性，代表着品牌资产。

乡村旅游创意品牌定位是指积极将乡村旅游创意产品的价值传递给目标群体，使其在潜在旅游者心目中留下特有的印象，这种独特的印象或概念占领旅游者的内心，从而有别于竞争对手。

（二）乡村旅游创意品牌定位策略

近些年，面对激烈的市场竞争和旅游者多元化的需求，乡村旅游创意正在以各种各样的形式出现在乡村旅游目的地，通过凸显其创意的特点和价值积极向旅游者传递一个成功的乡村旅游创意品牌，能够在自身特点与潜在旅游者感知之间架起一座桥梁，让旅游者能够真实地感受到乡村旅游创意带来的满足感。培育和完善乡村旅游创意品牌价值必须构建起持久、相关、易于传播、对潜在旅游者有突出利益的核心价值，需要凸显旅游创意品牌与旅游者之间的关联性和品牌之间的差异性。

在知识经济时代，文化价值是创造产品价值、品牌价值的核心，产业是推动文化发展的基本动力，文化产业影响着人们的日常生活，形成生活形态。

进入"营销革命 3.0"时代，旅游者被看作"整体的人""丰富的人"，而不再是简单的"目标人群"。"交换"与"交易"被提升为"互动"与"共鸣"。然而，易于接受创意理念且重视生活方式的旅游者更在意产品体验背后的价值观念、情感、精神与思想上的共鸣。因此，乡村旅游创意品牌定位的核心是从文化入手，本地文化不仅是创意的灵感来源，也是乡村旅游持续发展的根本动力。旅游者在面对众多而陌生的乡村旅游目的地，往往根据心中的预期形象次序寻找满足他们的乡村游。引起旅游者注意力、使其感兴趣并具有情绪感召力的乡村旅游创意产品是乡村旅游创意品牌定位的关键内容之一。

1. 建立旅游者人群画像

建立旅游者人群画像就是找到品牌的核心用户，即从目标群体身上找到与之共同的一些特征，如年龄、收入、受教育程度、生活环境、态度偏好等。不同的人群对于乡村旅游创意产品的需求存在差异。传统意义上依据地理位置、人口统计要素、心理因素、行为因素等对旅游市场进行划分，然后确定每个细分市场的特点。数字时代用户画像构建更多依托于用户的行为数据。敏锐地把握和精准地绘制乡村旅游者人群画像为乡村旅游创意品牌定位提供了基础。通过对旅游者人群的数据收集和预处理，可以从需求动机、用户属性、兴趣偏好、购买能力等方面进行分析并最终形成形象具体的人群画像。乡村旅游创意产品开发要考虑乡村旅游目的地的竞争优势，将其作为定位依据，有效地向经过慎重选择的目标人群传达乡村旅游创意的特色与形象。

2. 直击旅游者核心需求

乡村旅游创意品牌定位需要直击旅游者的核心需求，弄清旅游者期望从品牌中得到什么样的价值满足。"吃农家饭、住农家院"的 1.0 版本已无法满足当下旅游者的需求。积极唤起旅游者情感的乡村旅游目的地是品牌定位的根本。结合创意旅游者的特点，认同并喜爱乡村旅游创意的旅游者一般是积极的体验共创者，他们被视为一群对创造性体验有主观意见和感受并区别于其他群体的共同制作者。这个群体追求休闲放松、追求新颖，希望通过学习、社交促进自我成长。不难发现旅游者对于乡村旅游的核心需求更多的聚焦于个性化的精神体验诉求。质朴、真诚及充满乡愁的内在意境，乡亲般的人文情感交流，乡愁所蕴含的心灵慰藉，绿色自然的纯粹感受是其核心价值所在。

3. 打造品牌个性

想要打造一个创意别具的乡村旅游产品，除了突出外在物质性或区位性的差异，更为重要的是找到内在的独特性。打造富有个性并难以复制的乡村旅游创意产品能为旅游者提供印象深刻、值得回忆的乡村旅游体验，因此品牌个性也逐渐成为影响旅游者决策的主要因素。品牌个性就好似人的个性一样，在人与人之间相处时总会有人因为个性而彼此吸引或彼此厌恶。个性能够凸显自身的独特性，可以让志趣相投的人彼此吸引。如果一个品牌拥有个性，那么也能凭借个性在市场获得旅游者的喜爱。

品牌个性的维度一般包括纯真、刺激、称职、教养和强壮（Aaker，1997）。结合我国文化背景，黄胜兵等（2003）研究发现，我国本土化品牌个性维度涉及"仁、智、勇、乐、雅"。部分地区存在投射品牌个性与感知品牌个性不一致现象。姜秋芳和成海（2021）以云南、贵州和四川三个美食旅游目的地为样本，研究发现云南的投射品牌个性是自然、民族、生态、纯朴和独特，与旅游者的感知品牌个性一致性较高；贵州市场的投射品牌个性和感知品牌个性之间有较大差异，投射品牌个性是自然、民族、热情、勤奋、欢乐和健康，感知品牌个性是以勤奋、有义气、可信赖和真诚为特征的"诚信"；四川的投射品牌个性是自然、热情、包容和创新，感知品牌个性是以友善、欢乐、热情和亲切为特征的"真挚"。

深入了解产品投射的品牌个性和旅游者感知的品牌个性有助于找到最佳的匹配关系，

进而确定吸引要素。乡村旅游创意品牌定位通过构建品牌个性以达到与旅游者构建情感联系与认同的目的。首先，需要挖掘自身的魅力和特点，其魅力是能够和旅游者发生联结的关键点；其次，洞悉旅游者的感知，积极打造或调整人格化形象进行投射；最后，与旅游者建立情感联系，营造归属感。

三、乡村旅游创意品牌形象塑造

成功的乡村创意品牌形象是根据其战略和目标消费者心理而精心设计的，能够被旅游者认同和接受，甚至形成偏好。它是旅游者对某一品牌的总体印象和判断，这种判断是旅游者在与品牌长期接触的过程中产生，并通过品牌联想得以强化。乡村旅游创意品牌形象是帮助乡村旅游目的地区别于其竞争对手，同时与旅游者发生联结的有效途径。

文化是形象策划和形成的源泉，也是目的地鲜活的内在灵魂。乡村旅游创意品牌形象塑造应注重挖掘其文化内涵，采用各种手段将文化底蕴完整表现出来，努力培育文化性的核心竞争力。

首先，需要确立文化基调。要根据所处地域的文脉分析，深入挖掘乡村资源和产品特色，从中选择作为乡村文化包装的基本要素，并且将旅游者的诉求与乡村目的地价值有机融合，把文化的构成要素用一种精神统一起来。其次，体现文化内涵。可以通过环境建设和产品开发两个方面来体现文化内涵。其中，环境建设包括对乡村旅游地的规划与建设、地理环境的保护、配套设施的开发、环境卫生的保持等；产品开发则更加需要考虑文化的融入，如突出旅游项目的知识性、增加旅游项目的参与性、开发具有当地特色的产品类型等。最后，营造文化氛围。在把握文化基调的基础上，利用视觉符号的设计表现乡村的文化底蕴，开展丰富多彩的文化活动来形成乡村的文化氛围和文化环境，构建和保持独特的文化空间。

乡村旅游创意品牌形象塑造可以通过企业形象设计（corporate identity system，CIS）系统进行，包括理念识别（mind identity，MI）、行为识别（behavior identity，BI）、视觉识别（visual identity，VI）和顾客满意（customer satisfaction，CS）。

1. 理念识别

理念识别作为核心的经营理念，是其价值观、经营使命、目标和经营方针的体现，是形象塑造的基础、核心和灵魂。乡村旅游创意形象塑造理念的基础来源于对当地文脉的把握，以及对时代需求、文化流传、社会趋势和机遇的掌握，以树立强烈的个性化和明确的识别性。创意的理念源自于乡村文化。乡村承载着独特的地方文化，保存了地域、民族、习俗、礼仪、节庆、建筑等风格，应在发展中传承文化，延续乡村的文化脉络。要想塑造独特且受青睐的品牌形象首先需要激发乡土文化发展的内生动力，让当地居民当主角，这样才可以使旅游者感受到文化的活态，才能影响到旅游者的情感和态度。例如，位于中国台湾南投县溪头的妖怪村，9.21 大地震后原有的蜜月度假产业受到了巨大的冲击，以老人修养为主，年轻人鲜有知晓。为了重振地区经济，妖怪村以动漫创作与衍生品开发为手段，借助"妖怪传说"文化，逐步营造极具特色的文化创意乡村。居民从当地神怪传说中获得灵感，以"妖怪"一词第一时间抓住了年轻人的注意力。

2. 行为识别

行为识别是以理念识别为核心和基础，渗透于对内的组织、管理、教育及对外的回馈和参与活动中的动态识别模式。黄山市黟县深冲村的旅游形象理念基础为归意茶园和新意茶乡，其寓意为"回归自然、天人合一"的精神家园。基于这样的理念基础进行具体行为识别模式的设计，其中包括管理形象、居民形象、服务形象和公关活动。

乡村特有的文化是形象创意的理念基础，其内生动力是由乡村居民所激活的，所以行为识别部分是基于文化理念核心来开展的具体活动，从而体现乡村所要打造的特有文化。例如，成都市郫都区唐昌街道战旗村建起了战旗文化广场、农民夜校等文化活动阵地，还开设了各种独具特色的美食技能培训班、蜀绣班、古筝班等来丰富村民生活，同时提高文化技能。成都大邑青霞幸福公社每周邀请一位行业精英、设计师、艺术家、手工匠人、美食家、旅行家来交流，不仅提高了社区居民的文化素质，而且营造了良好的文化氛围。

3. 视觉识别

乡村旅游目的地作为突出的视觉景观实体，使其视觉识别在整个企业形象设计中占据特别显著的位置。由于视觉识别具有比理念识别和行为识别更为有效和直接的传播功能，能够形象、直观地产生视觉冲击力，因此，发展视觉传播媒体，开发具体化、符号化、标志化的视觉设计系统，是传达精神理念、建立高知名度和塑造特色形象最有效的方法。具体而言，视觉识别包含：①视觉景观形象设计，如人文景观、自然景观；②视觉符号识别系统，包括标志、展示环境、广告、内部经营环境等；③服务行为设计；④当地宏观环境和居民形象设计。

乡村墙绘就是目的地形象视觉创意的一种展现形式。随着时代的变化，乡村墙绘在原始功能性的基础上，逐渐融入观赏性和艺术性，形成了创意墙绘、立体墙绘等新形式。波兰郊区 Zalipie 村从屋内到屋外、从生活用品、装饰品到陈列品都是由不同风格的花卉墙画构成。村民自发改善房屋外貌，政府有序规划，使得该地成为非常知名的旅游名村，整个村庄也被称为"民间艺术博物馆"。位于湖南省益阳市南县洞庭湖生态创新生态示范区内的马咀乡罗文村，自然风景宜人，有"万亩油菜花海"的秀美景观，几乎每家每户墙上都有一幅栩栩如生的涂鸦画。自 2015 年起，每年 4 月，罗文村举办"涂鸦艺术节"，邀请世界各地的艺术家来此涂鸦、作画。

4. 顾客满意

因为坚持顾客满意是实现和维护旅游目的地形象的根本，所以旅游目的地的一切行为必须贯彻"以最大限度地满足旅游者的需求"为旅游者提供满意服务为宗旨。

乡村文化创意型旅游目的地不同于普通的乡村旅游目的地，对其旅游者满意度的测评也有差异，精准确定满意度指标有助于提升此类旅游目的地的旅游质量和形象。王凯等（2011）通过研究分析得出了文化创意型目的地旅游者满意度的形成机理，提出形成旅游者满意度的内部驱动因素和外部驱动因素。内部驱动因素包括独特的文化创意景观、文化创意体验环境、科学有效的开发与管理等，外部驱动因素有区域社会文化和经济发展水平。

四、乡村旅游创意品牌价值提升

（一）乡村旅游创意品牌价值概念

品牌价值通常指品牌在需求者心目中的综合形象，包括其属性、品质、档次、文化和个性。品牌价值是品牌管理中最为核心的部分，品牌的资产主要体现在品牌的核心价值上。由于价值理论的多样化，品牌价值被赋予了不同的内涵。在本书中，品牌价值可以更多地被理解为是否能为相关主体带来价值，是否能为其创造主体带来更高的溢价，是否能满足相关主体的功能、体验和情感价值。

乡村旅游创意品牌价值则指乡村旅游创意产品的属性、品质、文化，以及个性是否能满足乡村旅游者功能、体验及情感的价值诉求。虽然旅游创意品牌价值也可以用类似有形资产评估方式来计算金额，但是更需要考虑其品牌价值对目标群体起到的最大的感染力，以及与竞争者形成鲜明差异的要素。

（二）乡村旅游创意品牌价值提升策略

1. 重视情感诉求

乡村旅游创意品牌需要借助旅游者的联想，与其发生情感的联系。因此，设计、风格、个性、生活态度与生活方式这些非物化属性的方面，往往为乡村旅游创意提供了多元的空间。在快速发展的社会中，人们容易缺乏情感享受，同质性的广告逐渐消耗旅游者的耐心与注意力，很难引起其兴趣，更谈不上与品牌产生情感共鸣。因此，乡村旅游创意更需要把握好旅游者的情感需要。

"望山生活"成立于 2015 年，以"保育本地、植入激活、新旧共生、与民共生"的理念，关注美丽乡村，共建山水田园，打造诗意栖居慢生活。其以"诗意栖居、生态优农、全域旅游、研学实践和文创艺术"五位一体的、身心自由的生活形态在北京、黄山、婺源、大理等地已初具规模。望山生活倡导一种关于生命和生活的态度：热爱自然、珍惜生命，在和谐中安身立命，回归一个健全人的态度，以享受充满诗意、悠然的物质和精神世界。望山生活鼓励一种日常的行为：没有健康的地球就没有幸福的人类，在人与自然和谐共生中实现对美好生活的追求；节约利用自然资产，善待文化遗产，在保护自然与文化遗产的真实性和完整性的同时获得自然、文化与精神的服务。望山生活是一种生活的美学，一种可持续的、生态、绿色和低碳的美学。

2. 突出重要优势

任何乡村旅游目的地都具有其自身的地方特性，或称地格。周武忠（2020）提出地格要素是由当地的自然地理、历史文化和民俗风情等因素相互作用而形成的地域特征。它是一个极具个性色彩，并与其他目的地相区别的最本质特征。

日本乡村旅游品牌的价值主要突出在两个方面：一是对传统村落建筑的保护，打造传统建筑品牌，如岐阜县白川乡合掌村的合掌造民宅、京都府美山自然文化村的日式传统茅草房屋等；二是农业、农村品牌的打造，在大力提升农产品质量的基础上，同各国对本地农业资源进行整合，打造特色农业品牌，进而塑造乡村旅游品牌。日本乡村在品牌塑造过程中重点突出当地特色，发展"一村一品"，各村发展的品牌与其他村既有联系又有区别。

3. 文化价值赋能

乡村旅游目的地不仅由地形地貌、建筑空间、硬体设施等建造，更多的是由居民生活场景所构成。乡村文化传统性具有场所精神的代表特征，旅游者对区域文化的认同可加强进入此地时与场所建构的连接。

桃园市富冈地区竹林资源丰富，居民以客家人居多，客家竹工艺产业已有百年历史，因传统工艺保留的浪潮兴起。居住于富冈的工艺大师戴阿炉，有 70 多年的经验，凭借其精湛的手法与技艺经验已成为当地著名旅游吸引物，即使现在手工竹制家具日渐式微，但他仍坚持打造传承，守护着台湾的竹艺。2018 年，台湾"都市酵母"设计公司基于"富冈生活"概念，通过社区参与，探索富冈地区传统文化中日常点滴的故事记忆，以公共艺术和手工艺再设计的方式融入当地居民的生活，凝聚社区向心力。"富冈生活"与戴阿炉的合作不仅展示弘扬了地方文化，还使得人们的情感记忆与当地文化传统产生连接，促进了地方文化可持续发展。

第三节　乡村旅游创意传播

一、创意传播的概念

传播指传送或散布，即说什么和怎么说。在信息传播中通常涉及五大要素：传播者、讯息、媒介、受传者、反馈。传播者在传播过程中负责信息的收集、加工和传递的任务；传播的讯息是由一组有意义的符号组成的信息组合；传播媒介是信息传递所必须经过的中介或借助的物质载体；受传者是传播的最终对象和目的地；反馈或效果是信息到达受众后在其认知、情感、行为各层面所引起的反应。面对互联网上海量的信息和多元化的内容，企业的传播内容不能仅仅靠覆盖和强制性的劝说来影响消费者，因此沟通传播也需要创意创新。

陈刚（2008）提出，创意传播指在对数字生活空间的信息和内容管理的基础上，形成传播管理策略，主要通过多种形式激活生活者参与分享、交流和再创造，并通过精准传播，使生活者转化为消费者，并在此基础上进行延续的再传播。创意传播中使用讲故事的策略往往可以打动人心，极具感染力，给人留下深刻的印象，因此讲故事的艺术非常重要。

二、乡村旅游创意传播内容

"讲好故事"成为旅游目的地营销传播的重要内容，乡村旅游创意传播需要为故事赋能，通过创造和传播有价值、有吸引力的乡村旅游目的地内容，以吸引旅游者和潜在旅游者共同参与，从而为旅游目的地创造利润。例如，韩国的大长今主题公园为故事在旅游实践中的各种应用提供了典范。该主题公园是围绕电视剧的主布景建造的。电视剧《大长今》是该剧的中心故事，主要讲述了 15 世纪朝鲜宫廷中成为厨师和医生的年轻女子徐长今的生活和冒险经历。整个故事世界包括电视剧及其续集、一部舞台剧、一部关于她童年的动画前传电视剧，以及一部女主人公想象她的后代在现代可能如何生活的衍生剧。该主题公园通过提供讲座、演示和参与活动，进一步增加了这个故事世界的元素，如烹饪和武器制作。故事世界可以被定义为一系列故事和基于活动的故事，一般与一个中心故事或一个特定的角色相关联，详述了中心焦点，并以此为观众提供沉浸于围绕着中心故事或人物的整个世界的机会。在旅游创意传播过程中，故事既是吸引旅游者的目的地特色，又是旅游者体验机会的核心元素。

故事已经成为旅游目的地和商业推广的主要特色。在许多不同目的地推广活动中，故事都是重点。2016 年阿布扎比邀请观众在"你的非凡故事"活动中创造自己的故事，2018 年缤客网站告诉我们"这些都是我们的故事"，"你的是什么？书写你的下一个故事"。爱彼迎鼓励旅游者使用 Airbnb，然后让这些客人的故事出现在自己的社交媒体，在网站中增加了故事的 Airbnb 社区。在 2019—2020 年的宣传活动中，澳大利亚旅游局将讲故事作为重要理念之一，不仅讲述旅游目的地故事，还包括旅游者的故事，销售澳大利亚名人的故事集就是其中一种方式。

（一）故事包装的重要性

为什么乡村旅游创意传播需要讲故事呢？从认知心理学的角度来看人类认知研究的三个命题：①知识是通过故事构建；②新的经验是通过旧的故事来解释；③故事通过不断被讲述形成了个体记忆和身份的基础。在创意内容营销中讲故事不是写小说。故事是一种引人注目的交流方式，也是有趣的、难忘的，其有能力点燃灵感。掌握了讲故事的艺术可以将其独特的故事运用到从销售到公关、市场营销到融资的所有业务领域。所以说讲故事是所有创意营销的基础。

（二）故事讲述的概念框架

基于对心理学、社会学和人类学有关故事研究的广泛回顾，故事讲述包括五个维度：故事中的层次、什么时候讲故事、故事能为不同利益相关者提供哪些功能、谁的故事被讲述及旅游者在故事中的角色。

第一个维度是故事中的层次。莫斯卡多（Moscardo，2017）基于自传记忆研究理论和人生脚本理论，从旅游的角度论述了与故事相关的三个层次，最低的层次是旅游者参观特定地方或参与旅游目的地活动后形成的记忆中的经历。这些旅游者的经历故事会被输入到下一个故事或目的地故事中，最终目的地故事会与旅游者的个人生活故事彼此联系。

第二个维度是时间维度。包括三个方面：一是那些在旅游者体验之前就存在的故事；

二是在体验期间出现或展开的故事；三是那些在体验之后被讲述的故事。"无经验故事"包括那些旅游者到达时就已经在他们身边的故事。新兴故事是指那些作为经验的一部分呈现出来的故事，或者是通过经验创造出来的故事。经历后讲述的故事包括旅游者与他人分享的故事，还包括旅游组织可以与他们的客人分享后续的交流。越来越多的旅游组织在他们的宣传材料中使用旅游者经历后的故事，所以一个旅游者经历后的故事通常可以成为另一个无经验的故事。乡村旅游创意传播中不仅可以使用新兴故事，而且可以借助经历后讲述的故事来激发旅游者对乡村旅游目的地的美好憧憬。

第三个维度是故事能为不同利益相关者提供不同的功能。莫斯卡多（Moscardo，2020）认为，旅游者使用无经验的故事做出计划和决策并构建期望。体验中的故事是用来给旅游体验赋予意义和价值，体验后的故事则是让旅游者产生记忆、反思和分享经历。对于旅游从业者而言，在体验之前提供故事是一种促进和鼓励消费，还可以帮助旅游者做好准备，而当旅游者到达目的地后，故事则是提供机会和经验管理的一个方法。

第四个维度是讲述谁的故事。任何的旅游情境中不同的旅游故事都在发生作用，包括旅游者对旅游目的地及当地活动的个人故事，旅游工作人员和旅游组织的故事及这个地方或某项活动的历史和发展的故事。

第五个维度是旅游者在故事中的角色。他们可以成为被动观众的一部分，被告知或阅读完全由其他人创建的一个故事，同时他们可以在一个额外的故事中扮演次要的角色，也可以是故事中的主要人物来创建或重构一个故事，然后他们可以成为故事的讲述者，向其他人展示其经历和目的地的故事。

（三）故事讲述的总体原则

故事讲述的总体原则主要包括建立故事世界、故事具有娱乐性和说服力的特征，以及仔细考虑旅游者和目的地社区居民在旅游故事中的角色。

1. 建立故事世界

确定一个理想的故事世界是关键元素，在这个故事世界中，多个相关的故事由关键的主题连接起来。乡村旅游创意故事世界的开发可以通过新技术得以增强，以便于不同利益相关者和旅游者的共同创造。一组关键的主题选择必须包括那些反映乡村旅游目的地社区想要呈现给旅游者的方式、融入现有的正面故事、突出目的地特色和对目标旅游市场的吸引力的主题。在构建这个故事世界时，查验旅游者是否已经与乡村旅游目的地有联结非常重要。管理所有可能与目的地相关的故事不可能也不可取。因此，这一原则便要求旅游供应商，尤其是乡村旅游目的地营销组织，仔细考虑在体验设计和推广中突出哪些故事，以及如何突出它们与目标故事世界整个主题的关联。

普遍性故事的主题通常包括人类生存和克服挑战、创建和维系个人、家庭和集体的关系、利他主义、反抗非正义的斗争及英雄主义，这些都能吸引目的地社区居民和旅游者。一旦确定了关键的总体主题，并确定了一组潜在故事，就可以将更具体的故事与使用该故事的时间和原因联系起来，这些故事可以作为体验前故事吸引旅游者的注意并说服他们来目的地参观。另外还可以用于现场体验的设计，在体验设计中既要考虑通过一种体验向旅游者讲述的故事，又要考虑旅游者通过一种体验为自己创造的故事。这些故事可以作为经验前的故事告诉旅游者，帮助他们为体验做准备，并告诉他们安全和产生最小影响的行为。然而，还有一些故事可以明确地用于与旅游者进行体验后的交流以强化该地的整体主题，鼓励重游或推荐的行为，支持目的地之外的保护和可持续性等主题。

2. 故事具有娱乐性和说服力

要想旅游故事具有娱乐性和说服力，需要重视感知现实主义、叙事表达、情感投入和角色认同，它们通常与观众的注意力、参与度和对故事的积极反应联系在一起（Cho，Shen & Wilson，2012）。感知现实主义指相信一个故事是可信的或真实的。它并不是基于一个故事是虚构的还是非虚构的，而是基于角色和他们的反应与真人相似的感知，以及因果事件的顺序是否是一致和合理，这也被称为因果或情节的一致性或凝聚力。叙事表达指观众可以在故事中变得投入和沉浸，以至于他们不再旁观故事世界，而是成为故事世界本身的一部分。故事还需要有强烈的情感元素。感知现实主义、叙事传输和情感投入都是由真实的角色所支持的，这些角色被描述得足够翔实丰满以便被观众理解和接受，从而鼓励他们认同角色及其行为，这样便可在准社会互动的过程中视为理想的人。

3. 旅游者和目的地社区居民在旅游故事中的角色

对于旅游者来说，通过给予他们更多的控制权、选择和挑战，让他们参与到故事中是很重要的。一般来说，具有强大影响力的故事可能会给旅游者更积极的经历，从经验中学习，并增加其与他人分享故事的可能性。对于目的地社区来说，需要考虑居民如何在融入旅游的故事中呈现，以及他们在这些故事中扮演的角色。特别考虑如何鼓励社区居民与旅游者共同创作故事，为乡村旅游目的地居民和其他利益相关者提供创造性的机会。

广告专家雪莉·波尔科夫（Shirey Polkoff）认为："创意就是用一种新颖而与众不同的方式来传达单个意念的技巧与才能，即所谓客观的思索，然后天才的表达。"台湾乡村旅游目的地在传播内容叙事和设计方面充分反映出独特性，从体验式的营销，到贩卖生活、到文字耕耘无一都是文创思维。例如，"掌生榖粒"这个农业品牌的故事打造从日常生活的碗底出发，探访我国台湾各地用心耕作的稻农，以文字书写、用影像记录，借助精致的手感包装与诚恳的农家记录，逐步建立起小小的农业品牌。掌生榖粒在平凡平实平常的包装下，用文字故事展现了台湾人的生活风格，雕刻着历史的文化风霜、地理的风土条件、人文的感官飞扬，以及台湾人对待土地的友善态度。每一袋大米的包装上这样写道"与土地重修旧好的学习机会。一包米、一本作业簿，是我们对大地尽心尽力的学习成绩。"这些与消费者的交流文字，洋溢着对土地的爱，其所有的符号呈现，均采用中国文化元素的时尚表达。这种向内深度探索，以精致且细腻的手法创造台湾农产品的附加价值，向外输出文化，传递台湾在地生活的文化价值，它既照顾到产地的"生意"使之生生不息，又借着传播，提升了产品形象、深化了产品价值。台湾农业将文创思维纳入产品之中的商业精神，将产品背后那些充满着感性、温暖、人性的东西，真正值得重视和挖掘的故事，很好地展现在消费者面前。

三、乡村旅游创意传播方式

面对移动互联网的迅猛发展，新的传播方式和营销载体不断涌现，包括品牌先行、口碑辅助、流量驱动、载体营销和内容深耕。

品牌代表的是一部分人对其产品和服务的认可。相较于不知名的品牌，消费者更倾向选择有知名度的品牌。因此，产品在推向市场时更要将品牌形象的树立放在重要的位置上，这样才可能在碎片化的互联网时代迅速吸引用户。消费者体验产品后，会直接带来各种评价，品牌形象建立、用户口碑稳定后，可以将更多的精力放在用户流量上。官网、微博、微信和第三方平台（新闻媒体、搜索引擎体系产品、垂直类媒体、论坛贴吧体系、自媒体平台、视频直播）线上营销载体搭建完成后，就需要渠道的精细化内容的运营和维护。所有精细化内容不仅关系到美誉度、口碑的提升，而且关系到产品实现现金流的转化。

乡村旅游目的地应采取积极主动的合作营销措施，并应寻求中介机构来推广他们的旅游产品。由于数字（电子）口碑的影响，在线目的地形象是目的地管理和营销的有力工具。在线目的地形象是目的地声誉和成功的重要组成部分。互联网上显示的乡村目的地信息出自不同的来源，会影响潜在旅游者的访问意图。微信、微博、抖音等社交媒体网站已经成为旅游目的地营销组织和旅游企业的热门选择。崔恩景（Choi，2007）等提出，在互联网背景下不同的旅游供应商对目的地身份的不同来源和方面进行投射，私人组织倾向于关注特定的产品和活动，而官方旅游组织则着眼于从文化和遗产的角度对目的地形象进行整体投射。

乡村旅游目的地创意传播需重视载体营销、品牌树立、口碑辅助、流量驱动和内容深耕。通过官网、微博、微信和第三方载体进行全方位的传播，强调该地区的独特卖点，这些独特的卖点包括该地区多样化的产品、历史、遗产、文化及当地人。通过这些卖点加深该地区在旅游者心目中的印象，以提升该地区的形象。数字化给乡村旅游带来了机遇，通过各种数字化内容平台使得越来越多的农民、乡村民宿经营者以短视频和直播生动地展现了乡村美景、风俗习惯和当地美食。2020 年，藏族小伙丁真因为一条不到 10 秒的视频意外走红，他所生活的四川省理塘县进入了很多人的视野。面对突如其来的流量，当地政府承受了各种压力。如何使"流量"变成"留量"，什么样的高品质乡村体验活动才能让旅游者为之神往并愿意停留一段时间俨然变成流量驱动后的思考。旅游者通过真实体验形成目的地口碑，良好高效的口碑管理为乡村旅游目的地在进行内容深耕时预备好了素材。

乡村旅游目的地要想进行创意性的传播推广，精细化内容深耕就是创意体现。它不仅赋予其地方品牌个性，同时也是向旅游者传达品牌精神的重要工具。精细化内容深耕是乡村旅游地之间的"情感"切入点，赋予内涵与灵性，感染旅游者并全力激发其潜在购买意识。乡土文化、乡村中的人与事都可以成为内容深耕素材。这些素材不是仅是写在宣传手册上的，而是要做到真正流传起来才有效果。

四、乡村旅游创意传播手段

（一）真实影像的应用

大多数成功的传播都有独特的形象、声音和风格，其利用社交媒体来展示自己的个性和吸引顾客。我们生活在一个视觉世界，因此专注于基于图像的创意营销策略是明智的方法。观看图像是一种强大的交流方式。据统计，每分钟有 350 多万张照片在网上被分享。另一个惊人的数据是，仅在 YouTube 上，每天就有近 50 亿个视频被观看，再加上电视、杂志和报纸。很明显，我们一直在进行视觉传达，因此，运用视觉创意营销概念来传播是营销人需要考虑的。乡村旅游营销人员通过高质量的视频和图像展示让潜在旅游者感同身受。尽管市场营销和广告中会出现一种反对过度编辑、完美润色照片的情况，但是真实的图像并不等同于未经修饰的图像。真实的图像是捕捉一个真实的瞬间，一些看起来真实的东西。因为很多旅游者非常反感并抵制网络上的虚假和错误信息，所以成功的乡村创意营销活动需要真实的影像。如此多的社交媒体是由真实的人们分享他们真实生活的片段组成的，这对如何看待彼此及周围的世界产生了巨大的影响。人们越习惯于看到可信的图像，就越有能力辨别虚假的信息。日常生活中不完美、自然的真情流露往往更能够直击人心，使那些潜藏在人们文化记忆中的乡村文化符号重回大众视野。

（二）情感营销的导入

真实的影像才是可信的。在有创意的营销活动中，最成功的形象是那些能够表达真实情感的形象。情感品牌是一种前瞻性的创意营销策略，已被证明可以提高客户保留率和忠诚度。人们在购物时对这个品牌的感觉是最终的决定因素。能够与顾客建立情感联系的品牌通常被认为是值得信赖、诚实和可靠的。虽然这一直都是事实，但找到即时传达这些特质和价值观的方法却更重要。乡村旅游创意传播需要深度理解人们的"乡愁"情怀。随着城镇化建设的推进，很多人虽然离开了乡村，但是内心深处留下的那些乡村记忆往往正是吸引旅游者再次前往乡村的主要原因。因此，在乡村旅游目的地营销传播中需要在多元圈层人群中细细渗透，引发共鸣，从而唤起潜在旅游者的好感并进行产生行动的转化。

（三）网络直播的借势

直播行业的兴起，不仅彰显出技术的演进、市场的推动、平台的崛起，而且作为一种重要的传播形态，重构出新的社会展演方式、商品流动方式、人群交往方式乃至生存生活方式。

从平台端来看，除了淘宝、快手、抖音等社交平台和淘宝、京东、拼多多等电商平台，小红书、斗鱼等内容平台也积极入驻电商直播。在新浪潮下，所有人似乎都在和直播带货发生关联，从网红到明星，从企业家到政府官员。典型主播类型包括明星/艺人、垂类 KOL、网红/达人、品牌/生产方、政府机构，其特征如表 7-1 所示。

表 7-1　典型主播类型及特征

主播类型	主播特征	主播典型代表
明星/艺人	自带流量、满足用户好奇心	李湘、贾乃亮、王祖蓝
垂类 KOL	圈层号召力、干货内容	罗永浩、许知远
网红/达人	深耕直播行业、运营团队专业	房琪、李佳琦、辛巴
品牌/生产方	熟悉市场和产品，真实不套路，品牌更具自主权	品牌创始人、门店导购、农场主、渔民等
政府机构	具有社会公信力，大部分为公益性质	县长、市长、旅游局长

（四）视频博客的使用

旅游博主总是在网上分享他们对目的地、遇到的人、吃的食物及看到的景象和听到的声音的描述。他们在社交媒体上分享他们的旅程，并获得反馈，同时激励其他人踏上同样的旅程。旅游博主会影响消费者选择目的地的决定，他们被认为是目的地营销工具。特别是对旅游者的特征、动机和偏好、旅游者的决策及目的地选择行为等方面的影响。因此，在线旅游博主影响旅行者的购买决定，是因为旅游者更相信口碑而不是公司广告。

随着科技的飞速发展，旅游博客呈现出新的面貌和阶段。最近的趋势不仅捕捉到了有趣的故事，还捕捉到了年轻人真实的旅行故事，这些年轻人敢于用摄像机或智能手机探索世界。拍摄并上传视频在用于目的地营销的社交媒体上变得越来越流行，它不仅利用文字和照片，还利用智能手机或数码相机等技术捕捉视频，是文本博客的一个扩展功能。与文本博客相比，视频博主允许视频博客作者在目的地拍摄自己的视频，并在社交媒体上分享视频博客，其内容更丰富，问题更广泛，受众范围更广。旅行视频通常是会话视频，显示视频主持人出现在摄像机前谈话，并显示周围的地方。

此外，视频博客可以被称为数字故事，这是由业余爱好者或普通人使用最新的数字工具讲述自己的故事而进行的用户生成的媒体实践。旅游博主可以被认为是目的地营销中的社会影响者，因为他们在网上分享他们的故事，他们从追随者那里得到反馈，这反过来又可以说服或激励追随者。英国视频营销机构 Wyzowl 进行的一项名为"2018 年视频营销状况"的调查，发现视频营销如视频博客，比任何其他媒体更有可能影响客户。2018 年用户平均每天观看在线视频的时长达到 1.5 小时，到 2020 年已跃升到超过 2.5 小时。高达 94%的用户表示，他们会通过观看视频来了解自己感兴趣的服务和产品，另外有 79%的用户表示，会受视频内容的驱动进行购买。

佩拉尔塔（Peralta，2019）研究发现，意象是旅游博客中一个引人注目的因素。用生动的图像、适当的文本和音乐背景来构建目的地的重要方面，可以连贯地确认目的地的投影图像。这些旅行博主不仅能够指导潜在旅游者在旅游地做什么，而且自己作为旅游者的身份能够在旅游地探索新去处、乘坐当地交通工具、品尝当地食物，这些形象很难在文本中被生动地描绘出来，因此，视频博客拥有令人信服的力量，仅靠文本或照片是无法做到的。相较于旅游推介平台，旅游博主的身份和视角更贴近消费者，其内容创作能够更精准地触达用户，这将为旅游消费产业开辟更多的"增量"地带。

第四节　典型案例^①

寻访台湾竹山民宿，品味创意营销真谛

一、台湾竹山民宿创业背景

何培钧，1979 年出生，大学毕业当兵退伍之后去了南投竹山创业。大学二年级时，他在骑摩托车从台南前往竹山时发现了一座占地 900 多平方米的建筑废墟，并得知这个 900 多平方米的房子不是林地，也不是农地，而是建设用地，于是举债买下了房子，在海拔 1000 米的地方，建了当地第一家有执照的民宿。

民宿刚一开张，就陷入了运营的困难。整个村子没有公交车，没有互联网，没有可用之人，每个月要缴纳 6 万元的贷款，户头还有 10 万元的时候，收到了银行的查封通知书，那个时候何先生心情很沮丧。经过计算，发现一个月只要卖出 12 个房间，就可以还贷款，之后的几个月，何先生非常积极地白天跑业务，晚上做网络营销并联系相关部门，得以认识了马修连恩的乐团，他和他的乐团被这座美丽的房子吸引，整整待了一个月的时间，并以此为灵感创作了同名音乐专辑《天空的院子》。就这样，借着"天空的院子"之势，民宿借着专辑，一夜成名，专辑获得了金曲奖，院子也吸引了许多旅游者慕名前来。

二、台湾竹山民宿创意经验借鉴

（一）文化植根

起初，台湾竹山民宿在经营过程中最大的问题在于传统旅游产业的经营手段吸引了大批的外来经营者，但破坏了当地的文化，也迫使当地居民选择离开。管理部门用旅游观光产业振兴地方经济，最关键的指标就是客流量和收益。每个商圈闹市、观光景区里面所有的旅游者，都和当地没有直接关系，旅游区的商品几乎都是从外地批发来再卖给外地的旅游者的，成本低但利润大。同时乡村的发展是要以当地居民未来的需求去做规划的，短期热闹的现象造成当地的房价开始飙升，于是当地居民干脆将房子出租或卖掉。在这种模式下，出现了文化消失、生态被破坏的现象，管理部门则需要投入更多的经费去恢复这些旅游产业的破坏。

竹山秉承着可持续发展和紧扣文化植根的理念开始进行了车站活化项目，将整个车站全部租下来，花了半年的时间把二楼司机的宿舍改造成当地的一家餐厅，就地取材用竹子

---

① 资料来源：陈梦婕. 台湾南投最美民宿："天空的院子"变成天下的院子. https://www.sohu.com/a/111107605_161623；北大光华管理学院. 天空的院子——乡村复苏与社区整体营造的典范. https://www.gsm.pku.edu.cn/ytgy/info/1007/1031.htm.

设计成鸟巢的形状。餐厅与当地农业连接，食材都是由当地农民提供、餐具都是跟竹山的竹子有关，保留了当地的文化特色。原先一楼的候车大厅改造成了一家冰激凌店，用竹子作为冰激凌的器皿，茶叶作为原材料，饼店为冰激凌提供饼干，帮助当地的三个行业实现了盈利。

（二）创意赋能

竹山把旅游者观光收益转化为带有教育意义的行为，每个月公司都会办一场免费的社区活动。另外，开始做一些友善的农业社区支持形态的服务，例如，招募40个家庭付1年的费用，由6个农夫种植绿色的蔬菜，每周运送到车站给对应的家庭。车站还打造成一个风土学校，支持当地的教育系统；此外，通过借用年轻人的思维，在竹山的镇上租下来另外一个空房子，将它经营成一个开放的平台，让有创意、喜欢用打工换住宿去游历各地的年轻人，运用自己的专长，以一件作品、一种体验，或是研究的方式，在竹山这个"当地实验室"找到能够对小镇有所改变的实践。短短一年内，就有世界各地超过600名青年来到小镇，用年轻的双手创造更多可能，第一年就创造了12个广告，设计了4个原创产品，开发了2个网站。

镇上闲置仓库变成"光点聚落"社区教室，每个月最后一个周五晚上7点到10点，鼓励社区居民自发性的关心自己的故乡，想在竹山创业的人都可以来这里提案，用20分钟把自己想做的事和需要的条件说给镇上的居民听，唯一的条件就是必须和"竹山"有关，活动完全免费。从5年前的4个人到现在座无虚席，通过招募年轻人解决当地的问题，慢慢地搭建了一个竹山和外界沟通的平台。

（三）教育思考

乡镇的没落不完全是经济和产业的问题，教育也是值得思考的。竹山孩子基本上是在学校、补习班、家里度过的，对自己的故乡不太了解，因此竹山邀请了云林科技大学设计学院，集合了竹山的小学、初中、高中的校长，编写了竹山孩子的教材，用创新的方式让小朋友了解自己的故乡，热爱自己的故乡，以此为故乡未来的发展添砖加瓦。

（四）案例小结

竹山在资源稀缺没有优越条件加持的情况下，创造性的集合变成了一个可持续可再生的价值创造的过程，这样一种融入和再生，让商业本身的价值和当地的生活、当地的人融合在一起，很多时候我们理解的价值是单方面的，只是满足需求和供给的关系，但是如果将生产者、消费者和生活者都变成一体，这不仅仅是商业，更是一种生活。乡村旅游创意营销就是如何理解地方创生，即在你所在之地，创造你的生活，创意地生活。然后如何将创意生活的想法传递和影响更多的人，和旅游者共同创造和实现彼此的价值，从而让人和环境、生活之间形成一个非常完整的互动。

本章小结

（1）乡村创意旅游消费具有独特性、学习性、互动性、创造性和多样性的特征。

（2）乡村旅游创意营销是以满足旅游需求和实现创意企业目标为目的，在洞悉乡村旅游者行为特点的基础上，精准进行市场细分，结合乡村旅游的本质和乡村旅游目的地文化特色，通过确定其所能提供的目标市场并设计适当的乡村旅游创意产品、服务和项目的过程。

（3）乡村旅游创意品牌定位指积极将乡村旅游创意产品的价值传递给目标群体，使其在潜在旅游者心目中留下特有的印象，这种独特的印象或概念占领旅游者的心智，从而区别于竞争对手。

（4）成功的乡村创意品牌形象是根据其战略和目标消费者心理而精心设计，能够被旅游者认同和接受，甚至形成偏好。它是旅游者对某一品牌的总体印象和判断，这种判断是旅游者在于品牌长期接触的过程中产生的，并通过品牌联想得以强化。乡村旅游创意品牌形象是帮助乡村地区别于其竞争对手，同时与旅游者发生联结的有效途径。

（5）乡村旅游创意品牌价值则指乡村旅游创意产品的属性、品质、文化以及个性是否能满足乡村旅游者功能、体验及情感的价值诉求。

（6）乡村旅游创意传播手段主要包括真实影像的应用、情感营销的导入、网络直播的借势以及视频博客的使用。

思考题

1. 谈谈乡村创意旅游的市场需求特点。
2. 举例说明乡村旅游者的类型和行为特点。
3. 乡村旅游创意品牌定位为什么需要从形象塑造考虑？
4. 举例说明乡村旅游创意品牌故事及设计理念。
5. 举例论证乡村旅游创意品牌塑造时故事讲述的要点。
6. 简述乡村旅游创意品牌推广中使用视频博客的优点。

即测即练

自
学
自
测

扫
描
此
码

乡村旅游创意机制

- 了解利益相关者概念及理论、旅游利益相关者构成
- 掌握乡村旅游创意利益相关者概念、构成
- 掌握乡村旅游创意利益相关者作用及利益诉求
- 了解社区、乡村社区的概念、特点
- 掌握乡村旅游创意社区的概念、特点及空间结构
- 掌握共创共建共享发展理念及乡村社区中心复合网络发展模式内涵
- 掌握乡村旅游创意共创共建共享机制

第一节 乡村旅游创意利益相关者

利益相关者合作被认为是旅游业可持续发展的关键。在乡村旅游创意发展过程中，开展利益相关者合作对解决与乡村旅游目的地相关的可能阻止其成功的因素方面特别有利。

一、利益相关者的概念

据考证，《牛津词典》记载的利益相关者一词最早出现于 1708 年，它表示人们在某一项活动或某企业中"下注"，在活动进行或企业运营的过程中抽头或赔本（Clark，1998）。1927 年通用电气公司的一位经理在其就职演说中首次提出公司应该为利益相关者服务的思想（刘俊然，1999）。关于利益相关者的定义出现在 20 世纪 60 年代以后。1963 年，美国上演了一出名叫"股东"的戏。斯坦福研究院的一些学者受此启发，用"利益相关者"来表示与企业有密切关系的所有人。他们给出的定义是：对企业来说存在这样一些利益群体，如果没有他们的支持，企业就无法生存（Clark，1998）。虽然这个界定比较简单，但它使人们认识到，企业并非仅为股东服务，在企业的周围还存在许多关乎企业生存的利益群体。安索夫是最早正式使用"利益相关者"一词的经济学家，他认为"要制定理想的企业目标，必须综合平衡考虑企业的诸多利益相关者之间相互冲突的索取权，他们可能包括管理人员、工人、股东、供应商以及顾客"（Ansoff，1965）。在 20 世纪 70 年代，利益相关者理论开始逐步被西方企业接受，关注重点从利益相关者影响向利益相关者参与转变（Dill，1975）。

进入 20 世纪 80 年代以后，人们逐渐认识到早期从"是否影响企业生存"的角度界定利益相关者的方法有很大的局限性。1984 年，美国经济学家弗里曼出版了《战略管理：一种利益相关者的方法》，被学术界认为是利益相关者理论正式形成的标志，他给出了一个广义的利益相关者定义：那些能够影响企业目标实现，或者能够被企业实现目标的过程影响的任何个人或群体，包括雇员、顾客、供应商、股东、银行、政府，以及能够帮助或损害企业的其他团体（Freeman，1984）。这个定义扩大了利益相关者的范围，正式将当地社区、政府部门、环境保护主义者、媒体等实体纳入利益相关者研究范畴。然而，经济学家们发现采用弗里曼的界定方法，在实证研究和应用推广时存在困难。卡拉克森（1994）认为，"利益相关者以及在企业中投入了一些实物资本、人力资本、财务资本或一些有价值的东西，并由此而承担了某些形式的风险；或者说，他们因企业活动而承受风险"，进一步加强了利益相关者与企业的关联，强调专用性投资，于是一些集体或个人（如媒体）便不在利益相关者定义之列。

国内学者贾生华和陈宏辉（2002）综合上述两种观点，认为"利益相关者是指那些在企业中进行了一定的专用性投资，并承担了一定风险的个体和全体，其活动能够影响企业目标的实现，或者受到企业实现其目标过程的影响"。这一概念既强调专用性投资，又强调利益相关者与企业的关联性，有一定的代表性。

二、乡村旅游创意利益相关者

（一）利益相关者理论在旅游研究中的应用

随着利益相关者理论的发展，该理论逐渐被应用到旅游研究中。国外研究者率先将"利益相关者"一词引入旅游管理问题的研究之中，大概始于 20 世纪 80 年代末。将利益相关者引入旅游研究主要基于两类问题的关注：一是对旅游发展中的平等参与、公平分享/分担等问题的关注，尤其是对社区参与旅游管理决策、利益分配等问题的关注，这与利益相关者理论强调管理的社会责任和伦理是相呼应的；二是对旅游发展过程中各参与方的分散力量和资源整合问题的关注，通过建立整合分散力量和资源的机制，进而增强旅游目的地的竞争力。1988 年发表于《旅游研究纪事》（*Annals of Tourism Research*）的《社区中负责任和响应灵敏的旅游规划》，主要研究旅游规划中的社区参与。1995 年发表于《旅游研究纪事》的《协作理论与社区旅游规划》，主要探讨社区旅游规划中利益相关者的协作问题。1996 年发表于《旅游管理》（*Tourism Management*）的《从股东到利益相关者：旅游营销者的相关问题》，主要探讨利益相关者理论对旅游营销观念转变的意义。1999 年，"利益相关者"这一概念出现在世界旅游组织制订的《全球旅游伦理规范》中，提供了旅游业发展中不同利益相关者行为参照标准，这标志着"旅游利益相关者"概念正式得到官方认可。

（二）旅游利益相关者的界定

利益相关者的界定是将利益相关者理论运用到旅游领域的基础，而旅游业作为一个综合性的产业，比其他大部分行业所涉及的利益相关者都要多，界定起来也更为困难。不同类型的旅游组织或旅游地，对利益相关者的界定不尽相同，而且以不同的行为主体为中心会涉及不同的利益相关者。大多数文献都在引用管理学中利益相关者的定义，结合各自研究对象进行界定。

简·罗布森和伊恩·罗布森（Robson J and Robson I，1996）指出，旅游经营商的利益相关者包括股东、员工、旅游者、居民、压力集团、国家和地方政府、宾馆、旅游交通、旅游景区、旅游代理商、媒体等，绘制了利益相关者基本图谱。斯沃德布鲁克（Swardbrooke，1999）从可持续发展的角度界定了主要旅游利益相关者，包括：当地社区（直接在旅游业就业的人、不直接在旅游业就业的人、当地企业的人员）、政府机构（超政府机构、中央政府、当地政府）、旅游业（旅游经营商、交通经营者、饭店、旅游零售商等）、旅游者（大众旅游者、生态旅游者）、压力集团（环境、野生动物、人权、工人权利等非政府组织）、志愿部门（发展中国家的非政府机构、发达国家的信托和环境慈善机构等）、专家（商业咨询家、学术人员）、媒体等。索泰和雷森（Sautter and Leisen，1999）在弗里曼（Freeman）的利益主体谱系图的基础上绘制了一幅旅游业利益主体图，包括政府、本地商户、旅游者、员工、本地市民、竞争者、积极团体和旅游规划师等。赖安（Ryan，2002）在其基础上对潜在的利益相关者进行了补充修订，提出了旅游经营商12类利益相关者，包括地方和国家吸引物、交通供应商、媒体组织、国家旅游组织、地方政府旅游营销部门、中央政府、旅行代理商、最终消费者、饭店、地方旅游局、压力群体和员工。伯恩斯和霍华德（Burns and Howard，2003）指出澳大利亚昆士兰州 Fraser 岛旅游风景区存在 10 种利益相关者，包括旅游者、员工、居民、顾问委员会、动植物保护协会、保护组织、地方利益团体、旅游经营商、地方政府、昆士兰州公园。希恩和里奇（Sheehan and Ritchie，2005）则根据各利益主体与旅游目的地管理机构（DMO）合作或对其形成威胁的可能性大小，运用实证研究的方法指明了 DMO 的 13 类利益相关者。

进入 21 世纪之后，国内研究者对旅游利益相关者的关注日益增多。2000 年，由中山大学旅游发展与规划研究中心主持编写的《桂林市旅游发展总体规划（2001—2020）》中，确认了桂林旅游发展的主要利益相关者，包括旅游者、政府、商业部门、本地居民、景点开发商等，并分析了各利益相关者的利益表现、决策过程与行为、主要利益相关者之间的相互制约和相互影响关系。宋瑞（2005）基于可持续发展思想，提出了我国生态旅游利益相关者的构成，包括政府、保护地、旅游企业、旅游者、非政府组织、学术界及相关机构、媒体、其他国际组织及其在华机构、社会公众。王德刚和贾衍菊（2008）根据旅游开发所涉及的领域、不同领域利益主体的利益性质、相关程度和影响方式，将旅游利益相关者分为三个层次：①核心层：旅游者、政府（国家、地方政府）、旅游企业（投资商、供应商、代理商、员工）和当地社区；②支持层：社会公众、竞争或合作对手、非政府组织等；③边缘层：人类的和非人类的、现实的和潜在的以及影响旅游开发的宏观环境——政治、经济、社会文化和技术环境等。

（三）乡村旅游创意利益相关者的界定

利益相关者理论对研究乡村旅游具有重要指导意义。乡村旅游发展涉及众多利益相关者，各利益相关者拥有不同的权力和利益，并相互作用，其作用机制对乡村旅游发展成效产生着影响。辛普森（Simpson，2008）提出了社区利益旅游模式，在这种外来企业主导的发展模式中就涉及政府、非政府组织、私人企业和社区四个利益相关者。胡文海（2008）基于利益相关者理论，分析了乡村旅游开发涉及的主要利益相关者，包括当地政府、社区居民（村民）、旅游企业、旅游者等。而对于乡村创意旅游产业来讲，创意是其核心竞争力，文化要素和人的创造力成为推动乡村旅游经济增长的主导因素。在创意经济时代，旅游创意阶层不断崛起，并成为影响乡村旅游创意发展的核心力量。

综上所述，我们可以将乡村旅游创意的利益相关者界定为：那些能够用自己的方式参与和影响乡村旅游创意目标实现，或者能够被乡村旅游创意活动影响的任何个人和群体。根据乡村旅游创意特点，本书所讲利益相关者为主要相关利益主体，包括当地政府、社区（居民）、旅游企业（投资者）、旅游创意阶层、旅游者、非政府组织。

三、乡村旅游创意利益相关者的作用及利益诉求

乡村旅游创意活动是多元的、综合性的，涉及众多的领域及其利益相关者，这些利益相关者在乡村旅游创意活动中处于不同的位置，扮演不同的角色，发挥着不同的作用，有着不同的利益诉求。各利益相关者以不同的方式参与到乡村旅游创意开发过程中来，形成了错综复杂、相互影响的互动关系。

（一）政府

1. 政府的作用

政府是国家战略及政策的制定者与执行者，是乡村旅游创意发展的核心利益主体之一，其作用尤为重要。乡村旅游创意开发涉及的政府部门主要包括各级政府部门及其所属的文化旅游、发展改革、农业农村、扶贫、规划、国土、交通等主管部门。政府部门往往拥有规划审批、土地管理、财政投入等方面资源的支配权力，对乡村旅游目的地选择、开发方向、基础设施建设等有很强的话语权，其政策、决策质量的高低对乡村旅游创意发展成功与否往往起着决定性作用。

政府在乡村旅游创意早期规划中主要提供以下支持：①提供资金、信息和政策支持；②营造良好营商环境；③推介乡村旅游创意项目；④向公众提供指导。

在乡村旅游创意发展过程中的作用主要体现在：①使乡村旅游创意项目合法化；②提供旅游基础设施及公共服务设施；③实施乡村旅游创意人才培训计划；④提供指导、协助和推广；⑤调控和监督。

2. 政府的利益诉求

（1）寻求经济发展机遇。因乡村旅游的综合带动作用强，近年来，政府对乡村旅游的

支持力度越来越大。各级政府部门希望通过乡村旅游创意开发，发展乡村特色产业，促进第一、第二、第三产融合发展，缩小地区发展差距，提高居民生活质量。

（2）实现全面可持续发展。乡村经济要与文化、生态同步发展，在乡村振兴战略大背景下，各级政府逐步转变过去重经济、轻文化、轻生态的发展理念。一方面重视优秀传统文化的传承与创新，并以此提升文化软实力；另一方面重视乡村自然生态和文化生态环境的保护，通过发展乡村旅游创意，留住青山绿水和田园风光。

（3）提高地方知名度、美誉度。地方政府通过开展乡村旅游创意活动，吸引大量旅游者前来旅游，宣传地方文化特色，进而提高地方知名度和美誉度。

（二）社区（居民）

1. 社区（居民）的作用

作为核心文化旅游资源的所有权主体或重要载体，社区（居民）是国家战略及政策的承接者，也是乡村旅游创意开发过程中要考虑的重要因素。社区（居民）积极参与乡村旅游创意产品的开发、经营管理及服务工作，理所当然成为乡村旅游创意的核心利益相关者。通过利用当地社区（居民）的智慧潜力，可实现小规模、环境友好型开发，并为当地社区提供经济、社会、生态方面的好处，当地社区（居民）无论是在早期规划中还是在未来的发展中都扮演着非常重要的角色。

当地社区（居民）在乡村旅游早期规划中的作用主要有以下几个方面：①最重要的承诺和社区支持；②保持清洁和环境；③提高人力资源的质量；④发掘当地旅游创意的潜力。

经过两三年的初创开发，当地社区（居民）参与旅游发展的人数不断增加，作用更加明显，主要体现为：①提供旅游配套设施；②建立旅游支持机构（如旅游协会、旅游专业合作社等）；③参与旅游创意设计与开发；④宣传当地旅游创意发展潜力。

2. 社区（居民）的利益诉求

（1）实现就业增收。发展乡村旅游创意的目的，就是为了人的生存、享受和发展，当然首先是基于当地人的生存、享受和发展。社区（居民）首要的诉求是自身得到发展，他们希望通过乡村旅游创意开发，加强对外交流与合作，带来丰富的就业机会，实现脱贫致富，提高生活水平。

（2）改善人居环境。发展乡村旅游创意是优化社区人居环境的重要抓手，社区（居民）依托当地区位优势、文化优势、生态优势、人力优势等，开发乡村创意旅游，不断完善基础设施和公共服务设施，加大环境综合治理，打造宜居、宜业、宜游的美丽家园。

（3）体现主人地位。社区是为旅游者提供新鲜感和亲切感的必要基础，是旅游者体验旅游生活的重要载体。当地居民是旅游目的地的真正主人，长期与这片土地相生相亲，是维持当地生态系统平衡的最主要成员，也是优秀民族文化的创造者和传承者（李辉等，2008）。因此，乡村旅游创意开发要充分体现民声、民情，增强当地居民的主人翁意识。使其充分参与乡村创意旅游决策、管理、监督、保护、利益分配等。

（三）旅游企业（投资者）

1. 旅游企业（投资者）的作用

在乡村旅游创意发展过程中离不开旅游企业（投资者）的参与，旅游企业（投资者）是乡村旅游创意项目的策划者、投资者、执行者，也是旅游者的服务提供者、教育者，当地社区居民的雇佣者。艾麦德·苏尼亚斯塔·阿梅尔塔（Emade Suniastha Amerta，2017）将旅游企业（投资者）定义为：那些在旅游领域有参与行为并与旅游者直接接触的主体。作为利益相关者之一，旅游企业（投资者）的重要作用主要来自于丰富的投资经验和资金渠道。旅游企业（投资者）基本可分为三类：①具有政府背景的旅游开发（投资）企业；②外来投资商；③当地集体经济组织和社区居民开办的个体户。这些企业由于所占资源不同，参与的服务类型不同，所获利益不尽相同，但总体处在一种平等的竞争格局中（宋瑞，2005）。

在乡村旅游创意早期规划阶段，旅游企业（投资者）的作用主要包括：①提出乡村旅游创意开发项目；②给予旅游激励；③提供服务设施。

在乡村旅游创意发展过程中，旅游企业（投资者）的作用主要体现在：①促进目的地乡村旅游发展；②提供创新性旅游吸引物；③为社区居民（尤其是返乡青年、妇女和老年人）提供就业机会。

2. 旅游企业（投资者）的利益诉求

（1）良好的营商环境。良好的营商环境是旅游企业（投资者）发展的重要基础，包括完善精准有效的政策环境、完善的基础设施、公平竞争的市场环境、充足而稳定的旅游客源、高素质高技能的人才、广阔的发展空间等。

（2）经济利益最大化。旅游企业（投资者）的诉求主要表现在经济利益上。他们希望充分介入乡村旅游创意开发全过程，能够拥有乡村旅游目的地创意开发决策权和经营权，试图通过旅游创意产品开发，吸引更多旅游者消费，并依靠科学运营实现商业价值。

（3）赢得良好社会声誉。旅游企业（投资者）在创造利润、对股东和员工承担法律责任的同时，还要承担对社区、旅游者和环境的责任。1975年，戴维斯和布洛斯特罗姆（Davis and Blomstrom）在《经济与社会：环境与责任》一书中，给社会责任下了一个明确的定义，他们声称"社会责任是指决策制定者在促进自身利益的同时，采取措施保护和增进社会整体利益的义务"。旅游企业（投资者）通过支援社区（居民）教育和医疗卫生、开展文化与艺术活动、保护环境、创新产品等，帮助社区改善公共环境，引导健康生活观念，进而赢得良好社会声誉。

（四）旅游创意阶层

1. 旅游创意阶层的作用

旅游创意阶层包括文化人士、艺术家、民间工艺者、专家学者、文化企业家、旅游规划师、旅游产品开发设计专业人士等，他们是乡村旅游创意的策划者、生产者和实施者，具有专业的理论功底或一技之长，其自身专业素养直接影响乡村旅游创意质量的高低，是乡村旅游创意的核心利益相关者之一。在部分地区，他们被称为"新移民""新村民"或"新乡民"。

在乡村旅游创意早期规划阶段，旅游创意阶层的作用主要包括：①发掘当地文化旅游创意资源；②文化旅游创意生成；③策划乡村旅游创意项目。

在乡村旅游创意发展过程中，旅游创意阶层的作用主要体现在：①设计乡村旅游创意产品；②参与乡村创意空间建设；③参与乡村社区治理。

2. 旅游创意阶层的诉求

（1）自身得到发展。创意设计是旅游创意阶层的工作职责，他们希望能够形成好的创意，设计高质量的旅游创意产品，增强对旅游者的吸引力；设计能够得到顺利实施，其专业水平得到好评和表扬，并获得相应经济报酬。

（2）文化传承与保护。旅游创意阶层因工作需要对乡村旅游目的地文化了解较深，或与当地社区存有某种社会关系、情感联结，地方认同度高，是文化传承和保护的主要力量之一。他们希望通过旅游创意开发，促进当地经济社会发展，保护当地的优秀传统文化和生态环境。

（3）寻找"第二居所"。对于旅游创意阶层来讲，乡村旅游目的地自然环境优美、文化氛围浓厚、生活方式健康，是生活、创意、创业的理想空间，他们希望以"新乡民"的身份融入当地社区。

（五）旅游者

1. 旅游者的作用

旅游者是乡村旅游创意产品的消费者和体验者，是乡村旅游创意活动的主体，也是乡村旅游创意产品设计的重要参与者。乡村旅游创意产品的市场客源主要来自于周边城市居民和部分乡村居民，以城市居民为主，主要包括两类人群：一类是出生于乡村的人群，他们拥有乡土情怀，前往乡村寻找生活记忆；另一类是成长于城市的人群，他们被乡村良好的生态资源、自然风景和形成强烈反差的生产、生活、生态文化所吸引，前往乡村休闲、度假、体验特色文化。

在乡村旅游创意早期规划阶段，旅游者的作用主要包括：①提供市场需求信息；②探索新的旅游目的地。

在乡村旅游创意发展过程中，旅游者的作用主要体现在：①消费乡村旅游创意产品，并反馈产品和服务质量信息；②参与设计乡村旅游创意产品；③参与乡村创意空间建设；④发挥营销媒介功能。

2. 旅游者的诉求

（1）获得丰富的文化体验。体验文化、增长见识，成为越来越多旅游者的主要出游目的。旅游者通过体验乡村独特的生产、生活、生态文化，或参与乡村旅游创意产品设计、生产过程，获得物质、精神和文化的享受。

（2）寻找"第二居所"。旅游者前往乡村旅游，他们想拥有更新鲜的空气、水和食物，想有更开阔的运动空间，更专业的康养设施，更贴心的日常服务，真正享受和体验生活的美好。与旅游创意阶层不同的是，旅游者停留时间较短，一般不在乡村旅游目的地定居。

（3）关注文化、环境效益。随着经济社会发展水平的提高，旅游者的整体素质和消费品位也不断提升，具有一定的文化知识和环保意识，主动与当地社区居民交流，学习当地文化，并积极参加优秀文化和环境保护。

（六）非政府组织（NGO）

1. 非政府组织的作用

非政府组织指的是除政府之外的其他社会公共组织，包括事业单位（如科研院所）、社区管理型组织（如旅游协会）、社会团体、民办非企业单位等。非政府组织利用非传统形式、非政治的手段整合社会资源，在多元价值方面体现了独特的作用，争取了较多民众的支持，有很大的群众基础，国内较为知名的非政府组织有自然之友、绿色江河、阿拉善 SEE 生态协会等（吴祖梅，2014）。他们对社区增权、地方环境、文化保护方面的利益诉求使其具有参与乡村旅游创意发展的积极性，是乡村创意旅游重要的利益相关者之一。非政府组织与乡村旅游目的地存在"双重嵌入"关系，在身份合法性和非正式关系两个维度上嵌入地方政府，在资源、网络和制度三方面由浅至深地嵌入社区（杨莹和孙九霞，2018）。

在乡村旅游创意早期规划阶段，非政府组织的作用主要包括：①对接地方政府引入乡村旅游创意项目；②作为"文化中间人"引入外部创意人才和经济资源；③向公众提供指导。

在乡村创意旅游发展过程中，非政府组织的作用主要体现在：①充当协调者和监督者；②引导、培育社区自组织成长；③对社区居民进行乡村旅游创意开发、历史文化保护等方面的宣传、教育、培训；④提供资金、技术、咨询等援助，助力乡村旅游创意空间建设；⑤开展公益旅游[①]。

2. 非政府组织的诉求

（1）社区增权。非政府组织在西部地区的影响更为突出，他们通过利用专业优势对当地社区居民开展教育培训，宣传新时代发展理念，协助建设社区自组织，与政府、企业等主体进行沟通，保障社区（居民）权益，提升社区（居民）话语权。

（2）地方环境保护。环境保护是非政府组织工作的重点内容，通过志愿行为宣传环境保护理念，使更多人认识环境资源保护的重要性，并通过各种方式组织发动民众参与环境保护工作，对政府的环境政策、决策施加影响，对企业的环境行为进行监督。

（3）文化遗产传承与创新。除生态环境之外，非政府组织还关心文化遗产传承与创新。

---

① 公益旅游是一种新兴的非大众旅游形式，开始于 20 世纪 70 年代，这种旅游将利他主义的志工服务与旅游活动相结合，参与具有教育、文化、科学、冒险性的旅游活动。志工旅游者在旅游过程中自愿做出整治目的地生态环境和保护濒危物种、建设孤儿院、改善贫民住房条件、扶贫捐资、赈灾、支教等职工服务行为。

他们希望在保证文化传统的前提下，通过发展乡村创意旅游为乡村优秀传统文化的保护、传承与创新提供一定的经济支持。

第二节　乡村旅游创意机制构建

一、乡村旅游创意社区

（一）社区

"社区"一词源于拉丁语，意思是共同的东西和亲密的伙伴关系。德国社会学家滕尼斯在社会学名著《社区与社会》（*Community and Society*）中首先将"社区"概念（一般译为"共同体""团体""集体""公社"等）应用到社会学的研究中，当时是指"由具有共同的习俗和价值观念的同质人口组成的关系密切的社会团体或共同体"。滕尼斯关于社区的理论，为以后的社区研究奠定了基础。美国芝加哥大学的社会学家罗伯特·E. 帕克（Robert Ezra Park）第一次给"社区"进行了定义："占据在一块被或多或少明确地限定了的地域上的人群汇集"，"一个社区不仅仅是人的汇集，也是组织制度的汇集。"罗伯特对社区的定义主要包含两层意思：一是从功能主义观点出发，认为社区是由共同目标和共同利益关系的人组成的社会团体；二是从地域性观点出发，认为社区是在一定地域内共同生活的有组织的群体。在此之后，学术界对社区的性质、类型、特征等问题进行了大量的研究。1955年，美国学者 G. A. 希莱里（George A. Hillery）就发现人们对于社区至少有94种解释，不过，其中69个有关定义表述都包括地域、共同的纽带以及社会交往三方面的含义。截至目前，社会学家关于社区的定义有140多种。

20世纪30年代初，费孝通先生在翻译滕尼斯著作 *Community and Society* 时，把英文单词"Community"翻译为"社区（共同体）"，后来被许多中国学者引用，并逐渐地流传下来。因与区域相联系，社区有了地域的含义，强调社区群体生活是建立在一定地理区域之内的。《中国大百科全书》对其的定义是："以一定地理区域为基础的社会群体。"2000年11月19日《中共中央办公厅、国务院办公厅关于转发〈民政部关于在全国推进城市社区建设的意见〉的通知》（中办发〔2000〕23号）指出，"社区是指聚居在一定地域范围内的人们所组成的社会生活共同体"。师凤莲（2008）将社区界定为："通过社会交往而形成的具有共同利益和意识的一定区域内的社会生活共同体。"刘视湘（2013）从社区心理学的角度定义为："社区是某一地域里个体和群体的集合，其成员在生活上、心理上、文化上有一定的相互关联和共同认识。"

（二）乡村社区

尽管人们普遍承认社区是建立在"一定的地域"基础上的基于"共同的纽带"及"认同意识"而形成的共同体，但对于乡村社区的识别一直存在分歧。学术界对乡村社区的边界划分有两种倾向：一是从社区或共同体的空间地理及地域边界来划分，如以村落聚居（自然村落）、基层行政区（农村的组织与管理单位）为边界、乡镇及城镇等为社区边界；二是从社区及共同体的内在联系及认同意识的角度划分社区和共同体，以农民生产及经济活动范围、最基本的经济活动空间为边界（项继权，2009）。

在中国乡村社区建设实践中，各地也不断进行探索，出现了"一村一社区""一村多社区""多村一社区""集中建社区""社区设小区"等发展模式（项继权，2009）。2007年，党的十七大报告将"社区"的概念运用于乡村，提出"把城乡社区建设成为管理有序、服务完善、文明祥和的社会生活共同体。"2012年，党的十八大报告提出"在城乡社区治理、基层公共事务和公益事业中实行群众自我管理、自我服务、自我教育、自我监督，是人民依法直接行使民主权利的重要方式。"2017年，党的十九大报告提出"加强社区治理体系建设，推动社会治理重心向基层下移，发挥社会组织作用，实现政府治理和社会调节、居民自治良性互动。"2022年，党的二十大报告提出"完善网格化管理、精细化服务、信息化支撑的基层治理平台，健全城乡社区治理体系；加快推进市域社会治理现代化，提高市域社会治理能力。"从这里可以看出，"社区"不同于家族、人民公社、村委会、乡镇等概念，它是新型的乡村社会生活共同体，主要功能是解决乡村社会生活问题，并对分散孤立的家庭社会进行社会整合（徐勇，2012），且强调自治。

因乡村建设及治理需要，在新农村建设及乡村振兴战略实施过程中，"乡村社区"并非是一种自发形成的"社区"，也不是一般意义上的"共同体"，而是一种政府主导的规划性的社会生活共同体（项继权，2009）。

（三）乡村旅游创意社区

根据社区的内涵及乡村旅游创意活动特点，我们将乡村旅游创意社区界定为：在一定的乡村地域范围内，以旅游创意活动为纽带而形成的具有共同利益和意识的社会生活共同体。其特征主要有以下内容。

1. 乡村社区是乡村旅游创意资源的重要载体

乡村社区是为旅游者提供新鲜感和亲切感的必要基础，是旅游者体验乡村旅游生活的重要区域。从旅游目的地的角度来看，在吸引旅游者的要素中，除了风景优美的自然景观和必备的硬件条件外，当地人的文化素质、文化背景，特别是当地人的生存状态，也是吸引旅游者流连忘返的一个重要方面。经过长期实践，当地社区逐步形成和发展了具有地域特色的价值观念、生产生活方式、行为模式等文化现象，是当地特色文化的生产地、生存地和传播地，是乡村旅游创意活动重要的资源。

2. 社区居民是乡村传统文化传承与创新的主体

当地社区居民是乡村旅游目的地的真正主人，长期与这片土地相生相亲，是优秀传统文化的创造者和传承者，对传统文化的内涵体会最深。传统文化往往通过村寨建筑、构筑物、传统工艺品、服饰、家居、饮食等物化形态的民俗及生产过程、人生礼仪、岁时节日、信仰、歌舞、游戏等非物化形态的民俗得以全面、系统的展示。传统文化的保护和传承依赖当地居民，旅游创意活动也离不开他们的参与和支持。

3. 乡村旅游创意社区是一种规划性的社会生活共同体

乡村旅游创意社区承载多种功能，是国家战略和政策的实践空间，是社区居民生产生活的主要场所，也是旅游者、旅游创意阶层等主体寻求的体验空间和"第二居所"。乡村旅游创意利益相关者的大部分活动都是在乡村旅游创意社区这一地域空间内进行的。他们相互作用、相互影响，基于各自利益诉求及优势，共同致力于乡村旅游创意社区创建，以达到实现多重价值的目标。乡村旅游创意社区建设要考虑多种供给和服务功能，是一种规划性的社会生活共同体。

4. 乡村旅游创意社区是不断发展变化的

在乡村旅游创意发展初期，乡村旅游创意社区成员主要是本社区的居民，以血缘关系、地缘关系等为主要社会联结。随着旅游者、旅游创意阶层等"新乡民"的不断嵌入，当地社区人口结构发生变化，人口素质不断提高，社会关系日趋复杂，血缘关系、地缘关系、业缘关系同时并存。

二、乡村旅游创意社区是多重空间的集合

（一）空间三元论

空间是地理学的核心概念之一。20 世纪之前，空间概念的主流解释具有形而上学性质，亚里士多德的"有限空间"、牛顿的"力学绝对空间"和康德的"纯直观形式空间"是其典型代表，空间被看作是死亡、刻板和静止的东西，对空间的剖析充其量只是罗列空间存在的清单。

20 世纪以来，人文地理学经历了"区域差异—空间分析—社会理论"三次重大变革，空间的内涵也不断随之演进（石崧和宁越敏，2005），在"社会转向"的大背景下，空间先后经历了"制度转向""文化转向""关系转向"和"尺度转向"（苗长虹，2004）。

现代法国思想大师列斐伏尔是空间转向最具影响力的先驱。他以马克思的实践生产理论为基础，指出"（社会）空间是（社会）的产物"，提倡学界要从关心"空间中的生产"转为关心"空间本身的生产"。空间生产理论指出，空间生产就是空间被开发、规划、使用和改造的全过程；空间的形成不是设计者个人创造的结果，而是社会生产的一部分，受多种社会驱动力的控制。在空间生产的理论体系中，列斐伏尔创立了"空间三元论"，将空间的生产划分为三个重要层面：空间表征、表征空间与空间实践。在列斐伏尔论述的基础上，孙九霞和周一（2014）对这三个概念做出如下解读。①空间表征，即构想的空间。由科学家、工程师、城市学家、政府等社会空间的主要规划者的知识或意识形态所支配的概念性的空间，是空间的主流秩序话语。②表征空间，即生活的空间。它是透过意象与象征而被直接"生活"（lived）出来的，是居住者与使用者在场所中"生活"出来的社会关系。空间

表征是支配性的，而表征空间是被支配的，却又是日常生活空间中的反抗性所在。③空间实践：即感知的空间，是每一社会构成特有的生产、再生产过程及具体场景和空间体系。属于社会空间的物质建构的维度，是社会构成物生产的过程与结果。空间实践支持和体现了空间再现与再现空间，而后两者以支配或抵抗的方式同时塑造或激活了空间实践。

（二）乡村旅游创意社区的空间结构

根据列斐伏尔的"空间三元论"，乡村创意旅游社区空间结构由文化体验空间、生活空间、旅游创意空间三部分组成（表8-1）。

表8-1　乡村旅游创意社区的空间结构

三元空间分析框架	对应概念	乡村旅游创意社区的空间结构	含义
空间表征	构想的空间	文化体验空间	地方政府、乡村（社区）管理者、旅游企业、规划师、设计师、旅游者等所构想的文化体验空间，属于社会空间被构想的维度，是一个概念化的空间
表征空间	生活的空间	生活空间	社区居民、创意阶层（艺术家）等直接生活的空间，或被描述的空间，表现为社区内部的各种非正式关系
空间实践	感知的空间	旅游创意空间	利益相关者通过村貌整治、景观建设、创意活动开展等途径共同构建旅游创意空间，包括建筑物、街区、道路、乡村景观等，是物化的空间

文化体验空间（空间表征），是指为了发展乡村创意旅游，占据支配地位或统治地位的相关主体（如地方政府、本地精英、旅游企业、规划师、设计师等）通过政府文件、乡村发展（建设）规划、营销广告等，共同建构旅游者对于乡村社区空间的想象，即特色鲜明的文化体验空间。在我国乡村发展实践中，政策规划往往由地方政府主导完成，对空间表征影响最大。旅游者的旅游行为特点（短暂停留）决定着他们并不直接参与文化体验空间生产的实践，而是通过自身对乡村文化的理解和自身生活习惯产生对文化体验空间的想象，在旅游过程中往往寻求与自己想象一致的现实空间。因此，为旅游者服务的旅游创意利益相关者作为文化体验空间生产的主体之一，将旅游者对文化体验空间的想象融入空间生产的集体想象之中，最终将旅游者与文化体验空间的生产联系了起来，参与文化体验空间的生产，成为乡村社区空间生产的主体之一（孙九霞和苏静，2014）。

生活空间（表征空间），是指不同的生产方式会产生不同的社会空间。在乡村旅游创意活动开展之前，表征空间主要为社区居民的日常生活。乡村旅游创意活动开展之后，使得新的空间主体进入原本是属于社区居民的空间，在大多数乡村旅游目的地，政府、旅游企业、旅游者、创意阶层、非政府组织等都会进入这一空间，乡村原有的空间格局和社会关系也会发生改变。同时，相关主体的利益诉求不同也会导致新矛盾产生。

旅游创意空间（空间实践），是指乡村旅游创意利益相关者采用租赁、购买等形式占有土地、宅基地等社区资源对传统乡村社区空间进行再生产，通过村貌整治、景观建设、创意活动开展等途径共同构建旅游创意空间，包括建筑物、街区、道路、田园景观等。

三、共创、共建、共享理念的引入

乡村旅游创意开发涉及乡村规划设计、文化资源利用与保护、产品定位与研发、项目运营与管理、市场营销活动等众多环节，涵盖一个完整的产业链，各利益相关者很难独立完成从资源到产品再到产业的运作过程，也难以兼顾体验价值、经济价值、社会价值、生态价值的协调统一。各利益相关者需要对自己的内部资源进行评估、梳理，并通过与外部资源整合，优势互补，构建社会生活共同体，共创、共建、共享，最终获得多元价值实现与提升。

（一）共创

共创活动主要表现为空间共创和价值共创。

1. 空间共创

乡村社区空间在开展旅游创意活动的过程中，其功能和蕴含的意义不断演变，它不仅是千百年来当地居民积累的一种乡土智慧，也可通过现代规划设计理念和传统智慧营造景观和旅游体验场所。作为各利益相关者共同体验、生活、创意的空间，空间共创可实现资源优化整合和空间多元化利用，最大限度发挥每个利益相关者的优势，降低投资成本。

2. 价值共创

旅游者不再是纯粹的价值消耗者，而是与生产者互动进行价值共创，价值共创活动将旅游者从传统价值链的幕后拉向幕前，与旅游创意产品生产者进行互动，实现乡村旅游创意价值链重构和价值增值。在乡村旅游创意实践中，因乡村社区的特殊性，价值共创的范围从体验价值、经济价值延伸到社会价值和生态价值，如脱贫致富、乡村振兴、文化传承、生态保护等工作，就是由国家发起、地方政府组织实施、全社会共同参与的价值共创活动。

（二）共建

共建活动主要表现为平台共建和制度共建。

1. 平台共建

乡村旅游创意发展不仅是政府部门的职责，还需要调动全体利益相关者的积极性，参与乡村旅游创意发展平台建设，一起维护和管理。基础设施的提升、人居环境的改善是乡村旅游创意发展的基础性保障，涉及道路、停车场、网络、垃圾和污水处理、绿化、街区改造、房屋修缮等方面，除政府财政专项资金之外，也需要社区（居民）、旅游企业（投资者）等主体的资金、人员、技术投入，共同参与建设与管理。

2. 制度共建

制度是经济社会发展不可或缺的重要因素，这一观点在国内外学术界已达成共识。以科斯和诺斯为代表的新制度经济学派认为制度能决定经济绩效。诺斯认为，制度由正式规则（成文法、普通法、规章）、非正式规则（习俗、行为准则和自我约束的行为规范），以及两者执行的特征组成。正式规则和非正式规则对乡村旅游创意社区发展均具有重要影响，各利益相关者均积极地参与乡村旅游创意社区制度建构过程。一般而言，内部的非正式制度占据主导因素，当其脱嵌时，外部的正式制度会嵌入社区，成为旅游发展的关键因素。在社区旅游的制度嵌入性研究中，学者们普遍认为要加强社区增权。

（三）共享

共享活动主要表现为空间共享和利益共享。

1. 空间共享

共享意为分享，将一件物品或信息的使用权或知情权与其他所有人共同拥有，有时也包括产权。乡村旅游创意社区是一个共享的空间，为促进乡村旅游创意发展，社区居民与其他利益相关者共享社区空间，以及所包含的设施、服务、发展机遇等。规范的市场化交易可以强化整合共享，持续激发各利益相关者的参与活力和创造力。

2. 利益共享

利益共享是各利益相关者开展合作的关键。利益相关者因诉求不同经常会导致矛盾和冲突发生，在乡村旅游创意开发过程中，需要充分照顾各利益相关者的投入成本及价值诉求，在合理的利益分配模式下进行合作。

四、乡村社区中心复合网络发展模式提出

（一）提出依据

在中国现代化进程中，通过"阶级化"实现家族社会到阶级社会的转变，通过"集体化"实现个体社会到集体社会的转变，通过"社区化"实现家庭社会到社区社会的转变（徐勇，2012）。在发展乡村旅游创意的过程中，社区（居民）的社会化生产和生活需求大量增加，远远超出单个家庭和村庄范围，而政府公共服务却不能及时延伸到乡村，乡村成为事实上的政府服务的"薄弱地区"。因此，需要加强社区组织建设，提升乡村治理能力和公共服务水平，强化社区营造。

1. 乡村旅游创意是乡村社区旅游创意的代名词

在 1978 年美国政府出版的《美国国家旅游政策研究总报告》中，旅游被定义为人们离开其家庭所在社区去往他处的旅行活动。唐顺铁（1998）认为，旅游是在社区之间开展的活动，只有从社区的角度来研究旅游，才能全面深入地把握它。与景点旅游不同，乡村旅游更加强调旅游社区空间的开放性，更加注重旅游者与社区居民的互动体验，社区居民不断从"幕后"走向"前台"，成为乡村旅游发展的见证者、参与者和受益者。有学者很早就注意到了这一点，彼得·墨菲（Peter Murphy）在 1985 年就出版了《旅游：社区方法》一书，提出了"社区参与"的概念。1997 年联合国颁发的《关于旅游业的 21 世纪议程》明

确提出了社区参与是旅游可持续发展的重要内容。潘秋玲、李九全（2002）提出了旅游社区一体化的思想框架，一体化的社区参与过程和三个关键性的因素（社区意识、社区整体、权力关系）相关，社区意识具体体现在社区居民是否关心和支持社区旅游业的发展；是否有参与旅游开发、规划和管理的意愿；是否愿意以"社区主人"的身份参与社区旅游事务。社区权力是体现居民意愿和保障居民利益的能力，社区参与的目标就是获得社会政治权力，并最终保障社区居民从旅游业中受益。

2. 社区空间营造是乡村旅游创意发展的着力点

乡村旅游创意开发是一项复杂的系统工程，除涉及吃、住、行、游、购、娱等旅游活动要素之外，为充分满足旅游者的文化体验需求和社区居民的生活需求，并吸引文化企业家和返乡青年投资创业，激发旅游创意阶层的根植意愿，乡村旅游目的地需要完善基础设施及公共服务设施，营造特色鲜明的文化体验空间、理想的生活空间和宜居、宜业的旅游创意空间。社区居民作为土地和房屋的拥有者、乡村的建设者和守护者、文化的创造者和传承者，必须参与到乡村旅游创意发展中来，发挥他们的智慧、劳动和经验，是乡村旅游创意发展必不可少的力量。返乡青年、旅游创意阶层等"新乡民"回归乡村生活、就业、创业，要促进他们融入乡村，参与乡村建设和治理，营造一种社区居民和"新乡民"共创共建共享的乡村旅游创意社区空间。以社区为中心，倡导第二居所理念，有助于发展"新乡民"，有助于建立新乡贤社区治理结构。

3. 乡村振兴是乡村旅游创意的价值表现

发展乡村旅游创意不是单一的经济活动和产业发展，更重要的是乡村社区的综合发展。社区参与乡村旅游创意发展的核心是让社区作为一个整体参与开发，使各利益相关者公平地从乡村旅游创意开发中受益，既能满足旅游者高质量的旅游体验需求，又能实现社区经济、文化、环境效益的最优化，而且它所追求的并不是个别集团、社区内部某一个居民的利益，而是共同利益。目前，各地区因区位条件、经济发展水平、资源禀赋等存在差异，选择了不同的发展模式，主要有社区主导、企业主导和政府主导三种模式（张洪昌，2019）及多中心治理模式（卢俊阳和邓爱民，2020）。在乡村旅游创意开发实践中，乡村旅游目的地因资金、技术、人才等要素匮乏，有时会过度赋予旅游企业（投资者）政策、土地、资金等方面的优先权而放弃社区相当部分的利益，不符合发展乡村旅游创意的初衷。

（二）内涵

乡村社区中心复合网络发展模式是指从乡村旅游创意社区共同利益出发，建立由当地政府、社区（居民）、旅游企业（投资者）、旅游创意阶层、旅游者、非政府组织等利益相关者共同参与的共生组织，最大限度发挥每个利益主体的优势，如政府的政策优势、旅游企业（投资者）的资本优势、社区（居民）的资源优势、创意阶层的技术优势、旅游者的市场优势、非政府组织的信息优势等，共创共建共享乡村旅游创意社区空间，促进资源优化整合，最终获得多元价值实现与提升（图8-1）。

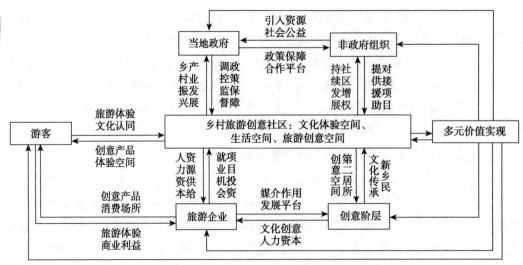

图 8-1　乡村社区中心复合网络发展模式

需要指出的是，乡村社区中心复合网络发展模式不是简单的社区主导模式，而是以乡村旅游创意社区为中心和平台，开展乡村旅游创意活动，充分发挥当地政府、社区（居民）、集体经济组织等地方力量的主导作用，并提升外来投资者、旅游创意阶层等主体的参与水平及在当地社会的嵌入度，强调主客互动和非政府组织的中介作用。其主要内涵如下所示。

1. 促进乡村社区全面发展是乡村社区中心复合网络发展模式的核心

发展乡村旅游创意要以乡村社区全面发展为立足点，不断提升社区（居民）能力，深入挖掘社区（居民）土地、宅基地、民间技艺等本土资源，充分参与乡村旅游创意开发、规划、决策、经营管理等环节，保障社区（居民）的主人地位和整体权益。无论哪一利益相关者资源禀赋占优，都不能将社区居民剥离，作为当地主人，势必要加强社区参与和社区增权。

2. 乡村旅游创意社区是各利益相关者共创共建共享的空间

乡村旅游创意社区是各利益相关者共同的文化体验空间、生活空间、旅游创意空间，也是各利益相关者利益博弈和协作共赢的空间，是具有特殊意义的"利益场"和"权力场"。共建共创共享发展模式可以有效降低投资成本，各利益相关者参与程度取决于资源禀赋和权力分配。

3. 乡村社区中心复合网络发展模式凸显多元价值

乡村是具有自然、社会、经济特征的地域综合体，兼具生产、生活、生态、文化等多重功能，与城镇互促互进、共生共存，共同构成人类活动的主要空间，发展乡村旅游创意要实现经济价值、社会价值、生态价值的统一。此外，满足旅游者的旅游体验需求是开展乡村旅游创意活动的持续动力，凸显体验价值是前提和基础。

五、乡村旅游创意机制构建

乡村旅游创意开发应以乡村社区整体利益为出发点，以社区（居民）为主体，以乡村旅游创意社区空间（文化体验空间、生活空间、旅游创意空间）为依托，当地政府、社区（居民）、旅游企业（投资者）、旅游创意阶层、旅游者、非政府组织等利益相关者基于各自资源优势及利益诉求，共同介入和充分参与，共享乡村旅游创意发展成果，最终获得多元价值实现与提升。为进一步提升乡村旅游创意发展的持续性，需要明确各利益相关者所扮演的角色，完善支撑和保障体系，充分调动各利益主体积极性，提升参与能力及获益水平，建立利益相关者共创共建共享的机制。其中，共创是乡村旅游创意发展的核心，共建是乡村旅游创意发展的抓手，共享是乡村旅游创意发展的落脚点（图8-2）。

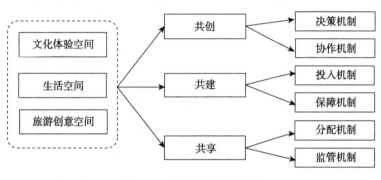

图 8-2　乡村旅游创意机制

　　乡村旅游创意开发是一项系统工程，涉及经济、社会文化、生态环境等各方面内容，要以乡村旅游创意社区和社区人口发展为核心目标，整合各利益主体资源和力量，形成乡村旅游创意发展推进合力，以更好助力乡村旅游创意社区实现乡村振兴。此外，还需充分考虑乡村多重矛盾并存及基础薄弱的现实，科学分析乡村社会文化和生态环境承载能力，探索"生产、生活、生态"三元融合发展路径。

第三节　乡村旅游创意共创机制

一、共创是乡村旅游创意发展的核心

　　共创包括三层含义：共同创意、共同创新和共同创造。乡村旅游创意共创主要表现为空间共创和价值共创，是乡村旅游创意发展的核心，也是乡村旅游目的地获得可持续的竞争优势的必备条件。

　　乡村旅游具有鲜明的空间属性，是宏观性产品的一种，拥有多个构面，包含了当地政府、社区（居民）、旅游企业（投资者）、旅游创意阶层、旅游者、非政府组织等主体之间的多重互动。共创贯穿乡村旅游创意发展的全过程，包括乡村发展定位、空间规划、项目创意、产品创新、品牌传播、价值创造、社会影响输出等环节。借助政府的主导作用和社区（居民）的主体力量，不断引入外来资源，促进城乡要素流动，形成人才、资本、技术、信息等资源向乡村集聚的良性互动局面，盘活乡村自然环境、土地作物、农舍院落、民俗文化等文旅资源，最终打造出第一、第二、第三产业融合发展的乡村旅游创意产业链、宜居宜业宜游的文化创意空间。

另外，乡村旅游创意要维护多元价值，包括体验价值、经济价值、社会价值、生态价值等，这离不开各利益相关者的互动共创。互动共创行为包括参与行为和社区行为两个方面。一方面，各利益相关者通过互动共创，创造并满足各自价值诉求，从传统价值共创的理论逻辑看，占据中心地位的是企业和顾客，聚焦顾客价值创造，企业获取竞争优势；另一方面，各利益相关者在乡村旅游创意社区共创共生，在乡村脱贫致富、产业联动发展、乡土文化传承、生态环境保护等方面要巧妙引导外来力量有机融入，共创美好家园。

二、乡村旅游创意决策机制

决策机制在共创机制中处于主要地位，不仅是设计其他机制的基础，而且又贯穿其他各机制运行的始终。乡村旅游创意是一项系统性的工程，涉及领域广、部门多，需要各部门政策、项目、资金的精准投入，需要动员各利益主体共同推进。

各地区可建立由政府主要负责人担任组长，文化旅游、发改、农业农村、乡村振兴、林业、交通、金融等部门组成的乡村旅游创意开发领导小组，切实加强乡村旅游创意工作的统筹领导，整合各部门涉农资源和力量，协调解决区域内乡村旅游创意发展中的重大问题，提升旅游创意项目统筹规划和监督管理能力。乡村旅游创意开发领导小组办公室可设在文化旅游主管部门，组织和协调政策制定、规划编制、重大项目安排、基础/公共服务设施建设、统计监测、教育和培训、项目审查和监管、社会文化与环境保护、绩效评估、人才引进、宣传推广等工作。领导小组要协调好政府、市场主体、创意阶层、非政府组织及社区居民之间的关系，营造健康营商环境，积极培育和引进龙头文旅企业，并为创意阶层和社区居民参与乡村旅游创意项目提供便利和支持。此外，领导小组要积极鼓励和引导非政府组织参与乡村旅游创意开发，在社区居民教育培训、文旅项目审查和监管、社会文化与环境保护、乡村旅游创意绩效评估等方面发挥积极作用。

三、乡村旅游创意协作机制

协作机制是共创机制的基础，为实现乡村旅游创意发展目标，各利益相关者之间需要协调与配合、协同创新。乡村旅游创意活动涉及众多利益主体，形成长效的运行决策机制，可以统一利益相关者思想，调动各主体参与的积极性。

为充分吸引社会力量参与乡村旅游创意开发，调动社区居民参与乡村旅游创意开发的积极性，须不断完善乡村旅游创意协作机制。由于各利益相关者参与力量不均衡，在乡村旅游创意发展实践过程中，部分利益相关者的价值诉求容易被忽视。创意阶层及社区居民作为弱势群体，很难表达自己的意见或建议，进而影响其参与积极性。在乡村旅游创意开发领导小组的指导下，乡村旅游创意社区应建立包括以乡镇和村委会为主的政府组织、文旅企业、以社区居民为主的旅游合作组织、社区居民代表、创意阶层代表（新乡民）等多元主体共创共建共享的协商协作平台。该平台主要作用为统一各利益相关者的思想，并通过制度约束成员的行为。协商协作平台应建立开放包容的机制，获取非政府组织和旅游者的支持，充分吸纳他们的意见和建议。2016 年 4 月，厦门鼓浪屿成立了公共议事会，发布了相关章程和选举办法。鼓浪屿公共议事会是在鼓浪屿管委会、鼓浪屿街道办的指导下，在厦门大学社会治理与软法研究中心的支持与帮助下，由鼓浪屿驻岛单位、居民、商事主体和社会组织、人民团体等多方主体搭建的，共同参与鼓浪屿治理的公共协商平台。

第四节　乡村旅游创意共建机制

一、共建是乡村旅游创意的抓手

共建是指共同建设，体现共同参与，各利益相关者发挥各自优势和潜能，形成新的合作优势。乡村旅游创意共建主要表现为平台共建和制度共建，是乡村旅游创意发展的重要抓手和切入点。

乡村旅游创意社区是具备多种功能的空间集合，既是社区居民的生产、生活空间，又是旅游者的文化体验空间，旅游企业（投资者）、旅游创意阶层等利益主体进行创意实践的空间，多个空间相互叠合、相互关联发展。当地政府、社区（居民）、旅游企业（投资者）、旅游创意阶层、旅游者、非政府组织等需建立合作开发机制，共同进行乡村旅游创意社区营造，实现资源共享、要素互补、利益互显，在满足各自利益诉求的同时，保持乡村持续、和谐发展。

乡村旅游创意社区是一种规划性的社会生活共同体，包括乡村文化共同体和经济共同体两个方面，两者互利共生。乡村社会生活共同体需要建立乡村发展共同目标，涉及经济、社会、文化、生态等多个领域，只有实现多规合一，建立有效的乡村管理秩序，才能保障各主体的利益。

二、乡村旅游创意投入机制

投入机制是共建机制的重点和难点，乡村旅游创意发展首先要解决资金、技术、人才等要素资源从哪里来的问题。要加大政府投入力度，同时要引导企业和金融机构以适当方式加大支持，鼓励社会力量参与进来，形成持续稳定的多元投入机制。

促进乡村旅游创意可持续发展，需不断拓展资金渠道，激活市场、激活要素、激活主体，在发挥社区居民主体作用的基础上，形成财政优先保障、金融重点支持、社会积极参与的多元投入格局。首先，社区（居民）是乡村旅游创意发展的重要投入主体和最大受益者。提高社区（居民）投入水平，须在两个层面进行保障：第一，深化农村集体产权制度改革，分类有序提高集体产权的流动性，壮大农村集体资产，发展新型经营主体（如家庭农场、农民专业合作社等），提高农村集体资产的投融资能力；第二，加强土地确权登记，盘活土地资源，探索社区居民以土地经营权、宅基地使用权、房屋所有权、民间技艺入股等形式参与乡村旅游创意开发。其次，乡村旅游创意发展的许多建设项目——如基础设施和公共服务设施项目——属于公共产品范畴，需要财政资金投入，一些先期竞争性项目，同样需要财政投入发挥先导和引领作用。金融机构要不断创新金融服务机制，根据乡村旅游创意项目特点提供金融产品和服务，解决资金短缺问题。再次，鼓励和引导社会资本介入乡村旅游创意开发。社会资本的进入，不仅可以弥补政府和社区投入的不足，而且可以带来先进的理念、创意、管理和技术。地方政府应创新社会资本参与乡村旅游创意开发准入机制，鼓励旅游企业投资适合产业化、规模化经营的乡村旅游创意项目，提供区域性、系统性解决方案，并通过契约型、股权型利益联结机制，与社区居民形成互惠共赢的产业共同体。最后，旅游创意阶层、旅游者、非政府组织等作为重要投入主体，可以人力资本、市场信息、援助资源等形式投入到乡村旅游创意开发中来。

三、乡村旅游创意保障机制

保障机制是共建机制的重要组成部分，是推进各利益相关者合作朝着"共生共赢、顺畅持久"方向发展的基础。除完善的制度和协商协作平台之外，各利益相关者平等有序参与显得尤为重要。

保障机制构建的核心是使当地政府、社区（居民）、旅游企业（投资者）、创意阶层、旅游者、非政府组织等利益相关者能够平等地参与乡村旅游创意开发，并充分地从旅游业中受益，从而达到社区经济、社会文化、环境效益的最优化，而且它所追求的并不是乡村旅游创意社区内部某一个居民、个别集团的利益，而是共同利益。第一，政府通过实施乡村旅游创意项目弘扬和传承优秀传统文化、改善地区发展环境，进而促进地区全面持续发展。第二，壮大乡村旅游创意社区集体经济，实现社区居民入股分红，并为社区居民提供环卫等公益性就业岗位，保证每一户家庭都能够享受旅游发展红利；通过教育培训等手段，提高社区居民技能水平及综合素质，提高其乡村旅游创意项目参与能力及收入水平。第三，政府为企业参与乡村旅游创意项目提供政策、法律等方面的保障，为企业参与乡村旅游创意项目营造健康环境，确保资本的保值、增值，取得资本收益最大化，还可以通过公益项目提升企业形象。第四，为旅游创意阶层、旅游者融入当地社会提供就业创业环境和良好文化体验空间，增强其对乡村旅游创意社区社会生活共同体的认同。第五，非政府组织通过参与乡村旅游创意项目，为地区发展贡献力量，帮助政府科学施策、精准帮扶，并监督政府和企业行为，确保遵守相关法律法规及文化、生态不受破坏，进而实现自身的公益目标。

第五节　乡村旅游创意共享机制

一、共享是乡村旅游创意的落脚点

　　共创共建必然要求共享，没有共享，共创共建就不能持续，共享是乡村旅游创意发展的根本目标，主要表现为空间共享和利益共享。

　　乡村旅游创意社区为旅游者提供优质文化体验的同时，也要为本地居民提供一个良好的人居环境，各利益相关者共创共建，共享美好生活空间。随着旅游创意的持续发展，各种资源与力量不断涌入乡村社区，并不断重塑着乡村社会的方方面面，在这一背景下，乡村新型社区正在形成，并逐渐呈现出多样化形态，具有开放性、包容性的特点。

　　在党的十八届五中全会上，习近平总书记把共享发展作为五大新发展理念之一，强调"坚持共享发展，必须坚持发展为了人民、发展依靠人民、发展成果由人民共享，作出更有效的制度安排，使全体人民在共建共享发展中有更多获得感，增强发展动力，增强人民团结，朝着共同富裕方向稳步前进"。共同参与、共同受益，应该是乡村旅游创意发展的出发点和落脚点。构建乡村旅游创意发展中的共享机制，就是让利益相关者共享发展成果，并为最终实现地区经济发展、社区（居民）受益、旅游企业盈利、创意阶层价值实现、旅游者满意、非政府组织扩大影响的共赢局面建立各种机制。

二、乡村旅游创意分配机制

　　建立科学合理的收益分配机制是乡村旅游创意持续发展的动力来源。乡村旅游创意开发利益分配要坚持两个原则：一是谁投资谁受益原则；二是各主体利益均衡原则。

　　谁投资谁受益是吸引社会资本介入的基本原则，是对社会资本收益权的保障，可进一步拓宽社会资本投资渠道，鼓励旅游企业、旅游创意阶层参与乡村旅游创意项目。但是，只坚持谁投资谁受益，可能会引发乡村旅游伦理问题。在谁投资谁受益这种极端商业理念的驱使下，社区（居民）可能会失去对社区发展的控制权，在利益分配关系中也处于弱势地位。因此，构建社区（居民）持续增收机制是乡村旅游创意分配机制建设的重点。首先，通过对社区居民技术培训、资金扶持、引进工商企业等形式，改善创业就业环境，促进工资性收入快速增长。其次，壮大集体经济，建立基于利益均衡原则的"全民持股、全村分红"的乡村旅游创意发展模式，促进乡村旅游创意社区低收入群体致富并长期分享乡村旅游发展的成果。再次，挖掘和保护乡村社区优秀传统文化，提高传统文化创意开发水平，发展一批乡村文化旅游创意项目，将乡村文化资源优势转化为资本优势，参与收益分配。最后，考虑乡村社区居民整体参与能力较弱的现实，乡村社区要通过能人带动，积极培育多元化和新型旅游经营主体，壮大旅游龙头企业，通过实施合作社＋居民、企业＋合作社＋居民的方式提升社区居民参与水平。

三、乡村旅游创意监管机制

共享机制需要监管机制配套保障，进一步保障弱势群体权益不受侵害。乡村旅游创意开发遵循公平、环保、共享、以人为本的原则，每一个主体的利益理应得到充分的保护。

首先，在制定乡村旅游创意发展规划、行政法规或提出重大建设项目时，应通过媒体向全社会公布，广泛征求各方面的意见，并建立有关公众意见处理情况的说明制度，使旅游创意开发充分考虑绝大多数人民群众的根本利益。其次，在乡村旅游创意开发项目立项时，应加大对其环境影响和社会文化影响的审查，应当事先组织专家进行必要性和可行性论证。最后，考虑到社区居民的弱势地位，由社区居民自发组建旅游社团组织，或引入非政府组织第三方力量监督旅游创意开发项目的实施过程，维护乡村社区合法权益，社团组织可以聘请有关专家学者作为顾问，为组织工作提供指导，以确保组织政策及行为的科学性和合理性。

第六节　典型案例①

明月村共创共建共享发展模式

明月村隶属四川省成都市蒲江县甘溪镇，位于甘溪镇西部。甘溪镇明月村位于大五面山浅丘地带，地处蒲江、邛崃、名山三（市）县交汇处，属浅丘地区，占地面积 6.78 平方千米，现辖 15 个村民小组，共 727 户、2266 人。2009 年以前是市级贫困村，主要以种植玉米、水稻等粮食作物为主，农民收入以农业为主，年人均可支配收入不足 4000 元，村集体经济也十分薄弱。

明月村是四川高岭土储藏量最大的区域之一，自古以来一直有人建窑、烧窑，其中一口邛窑有三百余年历史。近年来，明月村深入挖掘本地历史文化资源，依托茶、竹特色产业基础，积极探索有效的发展模式，推动邛窑旧址与文创项目联姻，生态农业与文旅商贸融合，激发了农村发展新活力，走出了一条以"生态＋文创＋旅游"为主线的乡村振兴路。明月村通过产业结构调整，以 8000 余亩雷竹和 3000 余亩茶叶为主发展农业产业，以"明月窑"为主线发展陶艺、蓝染、篆刻等文创产业，让"茶山、竹海、明月窑"成为明月村的新名片。2019 年，明月村接待旅游者 24 万人次，文创及乡村旅游总收入达 1 亿元，全村人均可支配收入达 24282 元。

目前，明月村已形成了多元主体共创、共建、共享的发展格局，先后获得 40 余个国家、省、市级殊荣，被中央电视台、《人民日报》等主流媒体及多家知名新媒体报道。其中，2017 年 11 月，明月村获评第五届全国文明村镇，2019 年 7 月 16 日，入选第二期国际可持续发

① 资料来源：何晓梅. 四川明月村：文创点亮乡村振兴之路. https://new.qq.com/omn/20210203/20210203A076ST00. html；张珏娟，张良娟. 艺术家戴"嫁妆"来到明月村. 四川日报，2016-01-14；微蒲江. 走进省级乡村振兴示范村——甘溪镇明月村. https://www.sohu.com/a/392484061_120205623.

展试点城市名单，2019 年 7 月 28 日，入选首批全国乡村旅游重点村名单，2019 年 12 月 12 日，入选"2019 年中国美丽休闲乡村"名单，2019 年 12 月 24 日，列入全国乡村治理示范村，2020 年 4 月，明月村被命名为 2019 年度四川省实施乡村振兴战略工作示范村，走出了一条"生态＋文创＋旅游"的乡村振兴可持续发展路径。

一、当地政府全方位支持

明月村自古就采用邛窑的工艺烧制陶瓷，至今仍保留着四口老窑。其中，有着三百多年历史的明月老窑一直到 2008 年才停产。2012 年底，来自景德镇的陶艺家李敏相中了明月老窑，并做出一个大胆的决定——离开景德镇，进驻明月村。李敏提出了"修复古窑、打造明月国际陶艺村、成立陶瓷文创产业区"的构想。该构想得到了蒲江县委、县政府的大力支持，明月村的复兴自此拉开帷幕。她成立了一家公司，正式接管保护明月老窑。

在明月村振兴发展的过程中，当地政府给予了政策和财政支持。蒲江县政府提供 187 亩国有建设用地供明月村筑巢引凤，为村庄发展提供"启动器"；从外边引进文旅项目策划、运营人才，并在县级部门选派当地人才，共同组成项目工作推进组，负责项目策划、规划、招商、推广和管理工作，为明月村的发展提供"助推器"；相继出台《蒲江县促进乡村振兴的若干意见》《蒲江县促进文化创意和旅游产业发展若干意见》《蒲江县人才引进若干意见》等文件，为文化创意和旅游产业的发展提供政策保障，为明月村的发展提供"稳定器"。甘溪镇政府、村委会负责园区管理、用地保障、项目服务等，整合资金完善游客接待中心、道路、停车场、水、电、气等基础设施保障。

2013 年 4 月，明月国际陶艺村项目正式启动。第一步便是对老窑进行修复和保护，并给它起了一个新名字——明月窑。在此基础上，研发了"明月窑"系列产品，并建成陶艺博物馆、陶艺家工作室、陶艺体验区等功能区域。2014 年 5 月 1 日，明月窑正式对外开放，开始接待陶艺爱好者和旅游者。2014 年 12 月，蒲江县明月国际陶艺村项目工作领导小组应运而生，由时任蒲江县委副书记、县长刘刚任组长。在发展过程中，领导小组积极探索出"党建引领、政府搭台、文创撬动、产业支撑、公益助推、旅游合作社联动"的发展机制。

明月村的发展离不开党建引领作用。为有效整合资源，当地政府成立了明月国际陶艺村园区党委，下设文创党支部、明月乡村旅游专业合作社党支部、雷竹土地股份合作社党支部，现已形成"以园区党组织为核心，村民委员会、明月乡村旅游合作社、明月雷竹土地股份合作社、3＋2 读书荟、社区营造研究机构'夏寂书苑'等社会组织多元参与"的党群服务中心治理体系。园区党委按照"六新工作法"开展工作，即领办新经济、联系新村民、培育新乡贤、落实新项目、引领新风尚、推动新发展，定期把新老村民召集在一起，共同商讨园区建设、产业发展和社区治理问题。文创党支部负责凝聚新村民党员力量，团结新村民，并在日常工作和生活中为他们提供指导和服务。明月乡村旅游专业合作社和雷竹土地股份合作社均是国家级合作社。其中：明月乡村旅游专业合作社除了提供讲解、旅游咨询和服务之外，还为明月村品牌塑造、宣传、营销以及产业链延伸等提供服务；雷竹土地股份合作社主要对农户进行种植培训、指导，对农产品品质进行把控。

二、"新村民"为乡村注入生机与活力

在明月村接待中心的规划展示厅里，挂着 30 余位"新村民"的照片和简介。这些"新村民"入村，都带着丰厚"嫁妆"：李清带着自己的品牌蜀山窑工坊入驻，赵晓钧开设了"呆住堂艺术酒店"，水彩画家 YOLI 有绘画工作室，诗人阿野带来了朵云艺术咖啡馆……

从 2015 年开始，在明月村"安居、乐业、家园"、"明月村·理想村"的生活理念与"共创共享幸福美丽新乡村"愿景的感召下，先后吸引了 100 余名有影响力、有创造力、有情怀的艺术家和文化创客入驻明月村成为"新村民"，在此创作、创业和生活。他们有的通过"招、拍、挂"的方式获得土地的使用权，在村里开发文创项目，有的租赁当地村民的闲置房屋，改造成文创工作室。一些文创公司、艺术家、专业人士等作为投资主体，创建了以"陶"为主题的手工艺文创园区。目前，明月村共引进文创项目 50 个，其中 30 个已经建成并对外开放。

三、"老村民"有效融入夯实乡村旅游创意基础

生态农业是明月村持续发展的坚实基础。明月村从一开始就坚定"竹海茶山明月窑"的发展思路，发展与资源环境、生态相协调的生态农业，深化农商文旅融合发展，探索"农创 + 文创"发展模式，促进农业产业增收。雷竹是明月村最具特色的经济作物，病虫害少，经济价值高，现已形成以雷竹产业为先导，茶、柑橘、猕猴桃、粮油、养殖为重要构成的生态农业体系。生态农业不仅为村民提供了稳定的收入来源，也为发展旅游创意奠定了良好的环境基础。明月村加强对茶山、竹海、松林等生态本底的保护与发展，注重保护马尾松林及凉山渠、明月渠水系特征，推进景观梳理、绿道建设、旅游厕所、农户风貌整治及院落美化，先后实施多个院落改造和川西林盘整治项目，持续改善乡村环境，农旅相得益彰、融合发展。

明月村重视社区参与能力提升。明月村邀请"新村民"及全国具有影响力的乡建研究者与实践者来明月村进行产业、技术、文化方面的培训。通过"新村民"的示范带动和新老村民的互动融合，不断提高村民素质，带动村民参与文创旅游产业发展。此外，村集体经济组织建设提高了社区参与乡村旅游创意的专业能力。2015 年 3 月，成都明月乡村旅游专业合作社成立，该合作社由村集体、村民、政府按等比入股设立，聘请了返乡创业青年双丽作为职业经理人。合作社产生的可分配利润，村集体、入股农民各占 1/3，政府分红部分留给合作社用于经营发展，目的是壮大村集体经济，调动村民参与的积极性。明月乡村旅游专业合作社统筹明月村范围内的旅游项目建设、运营和乡村旅游发展，指导村民开设特色餐饮、精品民宿，参与乡村旅游项目，整个村庄形成共创、共享的良好发展态势，先后引导村民开办门前椿宿、谌家院子、青黛、张家陶艺等创业项目 30 余个，培育"新乡贤"、新型职业农民、农村职业经理人 150 余人。2019 年 7 月，明月乡村旅游专业合作社党支部被评为四川省先进党组织。

四、公益组织助力乡村发展

明月村通过引进或建立"3 + 2"读书荟、乡村研究社、村陶艺协会、县社区营造支持中心、村老年协会、奥北环保等社会组织，开展宣传、教育、培训等公益活动，助力乡村发展。

明月国际陶艺村正式开村后挂牌"国家西部旅游人才培训基地乡村旅游实训点"，由公益组织"3 + 2"读书荟开设的明月讲堂每月举行一期，目前已成功开办52期。作为国家乡村旅游人才培训基地的精品课程，明月讲堂专注乡村文化、乡村建设和乡村发展，通过邀请相关领域的研究者、实践者和新村民代表进行主题演讲与开放对话，提升明月村治理水平和整体发展，参与美丽新村基层文化建议，推动区域生态、经济、社会、文化协调发展。

明月夜校于2016年3月7日正式开讲，目前已经举办了98期。夜校课程注重对当地村民的培训和引导，促进了新老村民的互动和沟通。课程内容涵盖乡村产业发展、乡村文化、房屋改造、村民创业、农业种植、法律、垃圾分类及环境保护等。入驻明月村的文创人才和艺术家依托镇文化站、文创院落等平台定期开展明月画室、陶艺培训、草木染培训、篆刻书画培训等公益活动，促进原生态乡土文化与外来新村民创作互动、融合、提升，助推明月村的文化建设。

2017年明月村开始与奥北环保合作，奥北环保可回收车每周会来村里运送可回收垃圾；村民们也开展了晨跑捡垃圾的活动，积极投入垃圾分类工作中，环保意识和环保理念得到了塑造和提升。

 **本章小结**

（1）利益相关者合作被认为是旅游业可持续发展的关键。乡村旅游创意主要相关利益者包括当地政府、社区（居民）、旅游企业（投资者）、旅游创意阶层、旅游者、非政府组织。各利益相关者在乡村旅游创意活动中处于不同的位置，扮演不同的角色，发挥着不同的作用，有着不同的利益诉求。

（2）乡村旅游创意社区指在一定的乡村地域范围内，以旅游创意活动为纽带而形成的具有共同利益和意识的社会生活共同体。

（3）根据列斐伏尔的"空间三元论"，乡村创意旅游社区空间结构由文化体验空间、生活空间、旅游创意空间三部分组成。

（4）乡村旅游创意各利益相关者需要对自己的内部资源进行评估、梳理，并通过与外部资源整合，优势互补，构建社会生活共同体，共创、共建、共享，最终获得多元价值实现与提升。共创活动主要表现为空间共创和价值共创，共建活动主要表现为平台共建和制度共建，共享活动主要表现为空间共享和利益共享。

（5）基于乡村旅游创意社区理论及共创共建共享发展理念，本书提出乡村社区中心复合网络发展模式，最大限度发挥每个利益主体的优势，共创、共建、共享乡村旅游创意社区空间，促进资源优化整合，最终获得多元价值实现与提升。

（6）为进一步提升乡村旅游创意发展的持续性，需要明确各利益相关者所扮演的角色，完善支撑和保障体系，充分调动各利益主体积极性，提升参与能力及获益水平，建立包括决策、协作、投入、保障、分配、监管等内容的共创共建共享机制。

思考题

1. 简述乡村旅游创意主要利益相关者的作用及利益诉求。
2. 简述乡村旅游创意社区的概念、特征。
3. 简述乡村旅游创意社区的空间结构。
4. 简述共创、共建、共享理念的内涵。
5. 简述乡村社区中心复合网络发展模式的概念及内涵。
6. 简述共创共建共享理念下的乡村旅游创意机制。

即测即练

自学自测　扫描此码

参 考 文 献

[1] A. R 拉德克利央—布朗. 原始社会的结构与功能[M]. 潘蛟，王贤海，刘文远，等译. 北京：中央民族大学出版社. 2002.

[2] 爱德华·因斯克普. 旅游规划：一种综合性的可持续的开发方法[M]. 张凌云，译. 北京：旅游教育出版社，2004.

[3] 爱德华·泰勒. 原始文化[M]. 连树声，译. 桂林：广西师范大学出版社，2005.

[4] 埃德娜·多斯桑托斯. 创意经济报告——创意经济评估的挑战面向科学合理的决策[M]. 张晓明，周建钢，译. 北京：三辰影库音像出版社，2008.

[5] 白翠玲. 旅游学概论[M]. 杭州：浙江大学出版社，2013.

[6] 彼得·德鲁克. 21 世纪的管理挑战[M]. 朱雁斌，译. 北京：机械工业出版社，2009.

[7] 安妮宝贝. 二三事[M]. 海口：南海出版公司，2004.

[8] 查尔斯·R. 戈尔德耐，J. R·布伦特·里奇，罗伯特·W. 麦金托什. 旅游业教程：旅游业原理、方法和实践[M]. 8 版. 大连理工大学出版社，2003.

[9] 陈巧燕. 泛娱乐营销 IP 化运营之路[M]. 北京：电子工业出版社，2018.

[10] 陈睿，杨永忠. 互联网创意产品运营模式："互联网+文化创意"的微观机制[M]. 北京：经济管理出版社，2017.

[11] 成文，王迎军，高嘉勇等. 商业模式理论演化评述[J]. 管理学报，2014(3): 462–468.

[12] 丹尼斯·卡尔顿，杰弗里·佩洛夫. 现代产业组织[M]. 北京：中国人民大学出版社，2004.

[13] 段轩如. 创意思维实训[M]. 2 版. 北京：清华大学出版社，2018.

[14] 费尔迪南·德·索绪尔. 普通语言学教程[M]. 高名凯，译. 北京：商务印书馆，1980.

[15] 冯雷. 理解空间：现代空间观念的批判与重构[M]. 北京：中央编译出版，2008.

[16] 费孝通. 乡土中国[M]. 北京：北京大学出版社，2012.

[17] 傅云新. 旅游学概论[M]. 广州：暨南大学出版社，2004.

[18] 金元浦. 中国文化概论[M]. 北京：首都师范大学出版社，2003.

[19] 金元浦. 文化创意产业概论[M]. 北京：高等教育出版社，2010.

[20] 杰克·R. 梅雷迪思，斯科特·谢弗. MBA 运营管理[M]. 唐奇，译. 5 版. 北京：中国人民大学出版社，2018.

[21] 杰德拉·卡桑，克里斯蒂安·特维施. 运营管理[M]. 任建标，译. 北京：中国财政经济出版社，2016.

[22] 克里斯·比尔顿，斯蒂芬·卡明斯. 创意战略：商业与创新的再连结[M]. 向方勇，译. 北京：金城出版社，2015.

[23] 罗伯特·库珀，斯科特·埃迪特. 突破性创意的生成[M]. 陈劲，于飞，译. 北京：企业管理出版社，2017.

[24] 理查德·E. 凯夫斯. 创意产业经济学——艺术的商业之道[M]. 孙绯，译. 北京：新华出版社，2004.

[25] 理查德，佛罗里达. 创意经济[M]. 方海萍，魏清江，译. 北京：中国人民大学出版社，2006.

[26] 刘丽文. 生产与运营管理[M]. 5 版. 北京：清华大学出版社，2016.

[27] 铃木忠义. 现代观光论[M]. 长春：吉林省经济学会，1983.

[28] 李美云. 服务业的产业融合与发展[M]. 北京：经济科学出版社，2007.

[29] 林明华，杨永忠. 创意产品开发模式：以文化创意助推中国创造[M]. 北京：经济管理出版社，

2014.

[30] 林南枝, 陶汉军. 旅游经济学[M]. 天津: 南开大学出版社, 1994.

[31] 刘视湘. 社区心理学[M]. 北京: 开明出版社, 2013.

[32] 刘曙霞. 乡村旅游创新发展研究[M]. 北京: 中国经济出版社, 2017.

[33] 厉无畏. 创意产业导论[M]. 上海: 学林出版社, 2006.

[34] 厉无畏, 王慧敏. 创意产业新论[M]. 上海: 东方出版中心, 2009.

[35] 迈克尔·波特. 竞争战略[M]. 陈丽芳, 译. 北京: 华夏出版社, 2008.

[36] 马克斯·霍克海默, 西奥多·安道尔诺. 启蒙辩证法[M]. 渠敬东, 曹卫东, 译. 上海: 上海人民出版社, 2003.

[37] 马克思. 资本论: 第 1 卷[M]. 北京: 人民出版社, 2004.

[38] 马林诺夫斯基. 文化论[M]. 费孝通, 译. 北京: 华夏出版社, 2002.

[39] 尼尔·科德. 超创意管理[M]. 台北: 高宝国际（集团）有限公司, 1999.

[40] 卿志军. 旅游文化传播学研究[M]. 成都: 四川大学出版社, 2009.

[41] 苏东水. 产业经济学[M]. 北京: 高等教育出版社, 2000.

[42] 沈登学, 黄萍. 旅游企业人力资源管理[M]. 成都: 西南财经大学出版社, 2009.

[43] 上海创意产业中心. 上海创意产业发展报告[M]. 上海: 上海科学技术文献出版社, 2006.

[44] 孙慧. 运营管理[M]. 上海: 复旦大学出版社, 2011.

[45] 世界旅游组织. 旅游业可持续发展: 地方旅游规划指南[M]. 北京: 旅游教育出版社, 1997.

[46] 思罗斯比大卫. 文化经济学[M]. 台北: 典藏艺术, 2003.

[47] 苏珊·朗格. 情感与形式[M]. 刘大基, 译. 北京: 中国社会科学出版社, 1986.

[48] 田中喜一. 观光事业论[M]. 东京: 观光事业研究会, 1950.

[49] 威廉·史蒂文森, 张群, 张杰, 等. 运营管理[M]. 12 版. 北京: 机械工业出版社, 2016.

[50] 王铁军. 创意经济学[M]. 北京: 中国金融出版社, 2012.

[51] 王晓红, 蒋三庚. 创意经济概论[M]. 北京: 首都经济贸易大学出版社, 2009.

[52] 许宏, 朱伟. 乡村旅游创意开发[M]. 北京: 中国农业大学出版社, 2019.

[53] 谢彦君. 基础旅游学[M]. 北京: 中国旅游出版社, 1999.

[54] 谢彦君. 基础旅游学[M]. 2 版. 北京: 中国旅游出版社, 2004.

[55] 谢彦君. 旅游体验研究: 一种现象学的视角[M]. 北京: 中国旅游出版社有限公司, 2017.

[56] 约翰·伊托韦尔, 默里·米尔盖特, 彼得·纽曼. 新帕尔格雷夫经济学大辞典(Ⅱ)[M]. 北京: 经济科学出版社, 1996: 736–744.

[57] 约翰·O·麦克莱恩, L·约瑟夫·托马斯, 约瑟夫·B·马佐拉. 运营管理[M]. 3 版. 北京: 中国人民大学出版社, 2001.

[58] 叶突乾, 何存道, 梁宁建. 普通心理学(修订版)[M]. 上海: 华东师范大学出版社, 1997.

[59] 叶孝忠, 易晓春, 毛燕鸿, 等. 孤独星球: 云南[M]. 北京: 生活·读书·新知三联书店, 2010: 164–165.

[60] 喻晓马, 程宁宁, 喻卫东. 互联网生态重构商业规则[M]. 北京: 中国人民大学出版社, 2015.

[61] 杨永忠. 创意成都[M]. 福州: 福建人民出版社, 2012.

[62] 杨永忠. 创意管理学导论[M]北京: 经济管理出版社, 2018.

[63] 于燕燕. 社区自治与政府职能转变[M]. 北京: 中国社会出版社, 2005.

[64] 杨治. 产业经济学导论[M]. 北京: 中国人民大学出版社, 1985.

[65] 中共中央文献编辑委员会. 毛泽东著作选读(下册)[M]. 北京: 人民出版社, 1986.

[66] 张辉. 转型时期中国旅游产业环境、制度与模式研究[M]. 北京: 旅游教育出版社, 2005.

[67] 邹统钎. 旅游度假区发展规划[M]. 北京: 旅游教育出版社, 1996.

[68] 张晓明, 胡惠林, 章建刚. 中国文化产业发展报告: 2005 年[M]. 北京: 社会科学文献出版社, 2005.

[69] 周振华. 信息化与产业融合[M]. 上海: 上海人民出版社, 2003.

[70] 曹花蕊, 郑秋莹, 韦福祥. 基于多视角的顾客参与行为分类[J]. 现代管理科学, 2013(3): 41–44.

[71] 褚劲风. 世界创意产业的兴起、特征与发展趋势[J]. 世界地理研究, 2005, 14(4): 16–21.

[72] 成文, 王迎军, 高嘉勇, 等. 商业模式理论演化评述[J]. 管理学报, 2014(3): 462–468.

[73] 陈颖, 龚雪, 高长春. 全球创意指数的比较与分析[J]. 软科学, 2010, 24(12): 30–33.

[74] 杜江, 向萍. 关于乡村旅游可持续发展的思考[J]. 旅游学刊, 1999(1): 15–18.

[75] 付俊文, 赵红. 利益相关者理论综述[J]. 首都经济贸易大学学报, 2006(2): 16–21.

[76] 范学刚, 朱竑. 西方乡村性研究进展[J]. 热带地理, 2016, 36(3): 503–512.

[77] 郭华. 国外旅游利益相关者研究综述与启示[J]. 人文地理, 2008(2): 101–105.

[78] 郭山. 旅游开发对民族传统文化的本质性影响[J]. 旅游学刊, 2007, 22(4): 30–35.

[79] 郭凌. 乡村旅游发展与乡土文化自觉——旅游人类学视野中的文化结构与解构[J]. 贵州民族究, 2008(1): 44–50

[80] 何景明, 李立华. 关于"乡村旅游"概念的探讨[J]. 西南大学学报(社会科学版), 2002, 28(5): 125–128.

[81] 胡绿俊, 文军. 乡村旅游者旅游动机研究[J]. 商业研究, 2009(2): 153–157.

[82] 何立胜. 产业融合与产业竞争力[J]. 河南社会科学, 2005(3): 19–21.

[83] 何琦, 高长春. 论创意产品的价值特征与价值构成——基于市场价值实现视角[J]. 商业经济与管理, 2013, 1(02): 83–89.

[84] 黄清燕, 白凯. 陕西袁家村跨地方的乡村性生产与呈现[J]. 地理研究, 2020, 39(4): 164–180.

[85] 黄胜兵, 卢泰宏. 品牌个性维度的本土化研究[J]. 南开管理评论, 2003, 6(1): 6.

[86] 胡文海. 基于利益相关者的乡村旅游开发研究——以安徽省池州市为例[J]. 农业经济问题, 2008(7): 82–86.

[87] 黄向. 旅游体验心理结构研究——基于主观幸福感理论[J]. 暨南学报(哲学社会科学版), 2014(1): 104–163.

[88] 胡映兰. 论乡土文化的变迁[J]. 中国社会科学院研究生院学报, 2013, 198(6): 15–16.

[89] 贾生华, 陈宏辉. 利益相关者的界定方法述评[J]. 外国经济与管理, 2002, 24(5): 13–18.

[90] 李冬. 文化创意产业及其政策探析[D]. 沈阳: 东北大学, 2007.

[91] 李辉, 王生鹏, 孙永龙. 民族地区社区参与旅游发展现状与对策研究[J]. 西北民族研究, 2008(3): 137–142.

[92] 李具恒. 创意人力资本"信念硬核"认知[J]. 中国软科学, 2007(10): 68–75.

[93] 卢俊阳, 邓爱民. 乡村旅游助推乡村振兴的实现机制与社会支持研究[J]. 湖北民族大学学报(哲学社会科学版), 2020(6): 51–60.

[94] 刘莉. 我国台湾地区的"社区总体营造"及其启示[J]. 文化艺术研究, 2016, 9(4): 50–58.

[95] 娄阳. 大理双廊旅游创意阶层的生存机制研究[D]. 昆明: 云南师范大学, 2018.

[96] 林明华, 杨永忠. 中国创意产业发展的影响因素及策略研究[J]. 华东经济管理, 2012, 26(8): 19–23.

[97] 李美云. 国外产业融合研究新进展[J]. 外国经济与管理, 2005(12): 12–20, 27.

[98] 梁茜. 社会主义核心价值体系引导下的乡村文化价值重建[J]. 武汉理工大学学报: 社会科学版, 2014, 27(3): 489–492.

[99] 李庆雷, 张思循, 吴宝艳. 乡村旅游的创意转向[J]. 西部经济管理论坛, 2019, 30(2): 51–55.

[100] 卢荣轩, 童辉波. 试论村落文化的基本特征及历史性变革[J]. 社会主义研究, 1993(1): 58–61.

[101] 厉无畏, 王慧敏, 孙洁. 创意旅游: 旅游产业发展模式的革新[J]. 旅游科学, 2007(6): 1–5.

[102] 李孝坤. 文化旅游资源开发与乡村旅游可持续发展[J]. 重庆师范大学学报(自然科学版), 2004(2): 80–82.

[103] 李元元, 曾兴雯, 王林雪. 基于创意人才需求偏好的激励模型研究[J]. 科技进步与对策, 2011, 28(12): 150–155.

[104] 李正欢, 郑向敏. 国外旅游研究领域利益相关者的研究综述[J]. 旅游学刊, 2006, 21(10): 85–91.

[105] 李智永, 景维民. 中国文化创意产业的低端锁定困局与突围[J]. 现代管理科学, 2015(7): 88–90.

[106] 马波. 转型: 中国旅游产业发展的趋势与选择[J]. 旅游学刊, 1999(6): 34–38.

[107] 苗长虹. 变革中的西方经济地理学: 制度、文化、关系与尺度转向[J]. 人文地理, 2004(4): 68–76.

[108] 马健. 产业融合理论研究评述[J]. 经济学动态, 2002(5):78-81.

[109] 马建云. "乡村旅游+文化创意"产业融合发展的发力点[J]. 人民论坛, 2019(16): 138–139.

[110] 麻学锋, 张世兵, 龙茂兴. 旅游产业融合路径分析[J]. 经济地理, 2010, 30(4): 678–681.

[111] 马勇. 中国旅游文化史论纲[J]. 湖北大学学报(哲学社会科学版), 2007, 34(5):90–93.

[112] 马勇, 童昀. 从区域到场域: 文化和旅游关系的再认识[J]. 旅游学刊, 2019, 34(4): 7–9.

[113] 牛振邦, 白长虹, 张辉, 等. 浅层互动能否激发顾客价值共创意愿——基于品牌体验和价值主张契合的混合效应模型[J]. 科学学与科学技术管理, 2015, 36(11): 112–123.

[114] 潘海颖, 张莉莉.创意旅游之内涵特征、构建图谱与发展前瞻[J]. 旅游学刊, 2019,34(5): 128–136.

[115] 潘秋玲, 李九全. 社区参与和旅游社区一体化研究[J]. 人文地理, 2002, 17(4): 38–41.

[116] 钱佳, 汪德根, 牛玉. 城市创意旅游资源分类、评价及空间分异——以苏州中心城区为例[J]. 经济地理, 2014, 34(9): 172–178.

[117] 钱进. 驻华新闻机构中新闻助理的日常实践及其意义———一项基于文化中间人概念的考察[J]. 新闻大学, 2014(1): 20–31.

[118] 秦冉. 乡村振兴背景下的乡村旅游资源分类与评价体系研究[N].中国旅游报, 2019.

[119] 全小国. 文化旅游产业创意管理研究[J]. 内蒙古师范大学学报(哲学社会科学版), 2018, 47(3): 34–38.

[120] 申葆嘉. 关于旅游发展规划的几个问题[J]. 旅游学刊, 1995, 10(4): 34–38.

[121] 申葆嘉. 国外旅游研究进展(连载之二)[J]. 旅游学刊, 1996(2): 48–52.

[122] 师凤莲. 农村社区: 概念的误解与澄清[J]. 浙江学刊, 2008(5): 148–151.

[123] 孙九霞, 周一. 日常生活视野中的旅游社区空间再生产研究——基于列斐伏尔与德塞图的理论视角[J]. 地理学报, 2014, 69(10): 1575–1589.

[124] 孙九霞, 黄秀波, 王学基. 旅游地特色街区的"非地方化": 制度脱嵌视角的解释[J]. 旅游学刊, 2017, 32(9): 24–33.

[125] 史青春, 妥筱楠. 基于创意产品链的创意管理研究: 一个综述[J]. 中国科技论坛, 2018(2): 93–102.

[126] 宋瑞. 我国生态旅游利益相关者分析[J]. 中国人口·资源与环境, 2005, 15(1): 36–41.

[127] 石崧, 宁越敏. 人文地理学"空间"内涵的演进[J]. 地理科学, 2005(3): 340–345.

[128] 孙九霞, 苏静. 旅游影响下传统社区空间变迁的理论探讨: 基于空间生产理论的反思[J]. 旅游学刊, 2014, 29(5): 78–86.

[129] 孙永龙, 王生鹏. 民族村落文化的旅游价值及开发利用[J]. 资源开发与市场, 2015, 31(3): 375–377.

[130] 单元媛, 赵玉林. 国外产业融合若干理论问题研究进展[J]. 经济评论, 2012(5): 152–141.

[131] 沈祖祥. 旅游史学科建设的若干构想[J]. 社会科学, 1990(7): 76–79.

[132] 沈祖祥, 林弈言. 我国"八大古都"古都文化旅游发展战略思考[J]. 旅游科学, 2006, 20(3): 13–15.

[133] 唐顺铁. 旅游目的地的社区化及社区旅游研究[J]. 地理研究, 1998, 17(2): 145–149.

[134] 谭业. 旅游隐性营销: 新时代的旅游营销理念变革[J]. 经济地理, 2013, 33(9): 184–187.

[135] 陶玉霞. 乡村旅游根性意涵的社会调试与价值重建研究[J]. 人文地理, 2015(5)117–125.

[136] 王爱东. 新型企业组织的创意管理[J]. 商业研究, 2001(4): 48–50.

[137] 王兵. 从中外乡村旅游的现状对比看我国乡村旅游的未来[J]. 旅游学刊, 1999, 14(2): 38–42.

[138] 王德刚, 贾衍菊. 成本共担与利益共享: 旅游开发的利益相关者及其价值取向研究[J]. 旅游科学, 2008, 22(1): 9–21.

[139] 王德刚. 文化自信、利益均衡是确立乡村旅游伦理关系的基础[J]. 旅游学刊, 2014, 29(11): 9–11.

[140] 吴国娇. 时尚企业创意管理能力评价体系构建研究[D]. 上海: 东华大学, 2012.

[141] 王晶晶, 王晓红, 李鑫萍. 乡村振兴战略下的乡村旅游产品知识产权保护研究[J]. 旅游论坛, 2020, 4: 30–32.

[142] 王凯, 唐承财, 刘家明. 文化创意型旅游地游客满意度指数测评模型——以北京 798 艺术区为例[J]. 旅游学刊, 2011, 26(9): 36–44.

[143] 王猛, 宣烨, 陈启斐. 创意阶层集聚、知识外部性与城市创新——来自20个大城市的证据[J]. 经济理论与经济管理, 2016(1): 59–70.

[144] 王琪延, 徐玲. 基于产业关联视角的北京旅游业与农业融合研究[J]. 旅游学刊, 2013, 28(8): 102–110.

[145] 武文珍, 陈启杰. 价值共创理论形成路径探析与未来研究展望[J]. 外国经济与管理, 2012, 34(6): 66–54.

[146] 王熙元. 创意产业的价值塑造结构研究[J]. 理论与改革, 2015(4): 97–101.

[147] 吴铀生. 东西部旅游营销管理分析比较[J]. 北京大学学报: 哲学社会科学版, 2001(S1): 206–211.

[148] 吴祖梅. 非政府组织参与民族地区旅游产业的探索和创新[J]. 贵州民族研究, 2014, 35(10): 157–160.

[149] 杨鹍国. 民族村落文化: 一个"自组织"的综合系统[J]. 中南民族学院学报(哲学社会科学版), 1992, 57(6): 69–72.

[150] 徐红罡, 袁红. 广州文化生产的旅游功能研究[J]. 城市问题, 2007(5): 70–74.

[151] 新华社. 中国共产党第十八届中央委员会第五次全体会议公报[J]. 求是, 2015(21): 3–7.

[152] 徐静, 胡晓梅, 何静. 创意阶层理论的英国实践与批评[J]. 城市发展研究, 2008, 15(6): 87–90.

[153] 项继权. 论我国农村社区的范围与边界[J]. 中共福建省委党校学报, 2009(7): 4–10.

[154] 夏蜀. 旅游 IP 概念探微: 范式转换与信息产品[J]. 人民论坛·学术前沿, 2019(11): 102–111.

[155] 谢彦君. 论旅游的本质与特征[J]. 旅游学刊, 1998, 4(4): 41–41.

[156] 肖佑兴, 明庆忠, 李松志. 论乡村旅游的概念和类型[J]. 旅游科学, 2001(3): 8–10.

[157] 徐勇. 阶级、集体、社区: 国家对乡村的社会整合[J]. 社会科学战线, 2012(2): 169–179.

[158] 徐忠爱. 二元经济结构转型产业融合与消费提升[J]. 经济与社会发展, 2003(12): 60–62.

[159] 姚素英. 浅谈乡村旅游[J]. 北京第二外国语学院学报, 1997(3): 42–46.

[160] 杨阿莉. 从产业融合视角认识乡村旅游的优化升级[J]. 旅游学刊, 2001, 26(4): 9–11.

[161] 易华. 创意阶层理论研究述评[J]. 外国经济与管理, 2010, 32(3): 61–65.

[162] 杨旦修, 聂钰石. 文化创意产业的概念整合与升级[J]. 重庆社会科学, 2010(2): 79–82.

[163] 尤海涛, 马波, 陈磊. 乡村旅游的本质回归: 乡村性的认知与保护[J]. 中国人口·资源与环境, 2012, 22(9): 158–162.

[164] 杨莹, 孙九霞. 乡村旅游发展中非政府组织与地方的关系: 一个双重嵌入的分析框架[J]. 中南民族大学学报(人文社会科学版), 2018, 38(6): 123–127.

[165] 杨伊宁. 返乡青年的认知重构与价值重塑: 基于"慢城"生活方式的研究视角[J]. 中国青年研究, 2020(12): 65–70.

[166] 杨永忠, 罗丹. 创意管理学的形成与发展——四川大学商学院教授、博士生导师杨永忠访谈[J]. 广西师范学院学报: 哲学社会科学版, 2016, 37(4): 1–6.

[167] 张斌, 张澍军. 基于胡塞尔现象学的旅游体验研究[J]. 旅游科学, 2010, 24(6): 1–8.

[168] 植草益. 信息通信业的产业融合[J]. 中国工业经济, 2001(2)24–27.

[169] 张朝枝. 文化与旅游何以融合: 基于身份认同的视角[J]. 南京社会科学, 2018(12): 162–166.

[170] 于法稳, 黄鑫, 岳会. 乡村旅游高质量发展: 内涵特征、关键问题及对策建议[J]. 中国农村经济, 2020(8): 27–39.

[171] 张广瑞. 全球旅游伦理规范[J]. 旅游学刊, 2000(3): 71–74.

[172] 张洪昌, 舒伯阳. 社区能力、制度嵌入与乡村旅游发展模式[J]. 甘肃社会科学, 2019(1): 186–192.

[173] 赵红梅. 对旅游体验及相关研究的解读[J]. 广西民族研究, 2007(4): 171–179.

[174] 赵华, 于静. 新常态下乡村旅游与文化创意产业融合发展研究[J]. 经济问题, 2015(4): 50–55.

[175] 赵江. 电视纪录片《记住乡愁》对文化认同的建构: 基于文化记忆理论[D]. 西安: 西北大学, 2021.

[176] 周玲. 旅游规划与管理中利益相关者研究进展[J]. 旅游学刊, 2004, 19(6): 53–59

[177] 张凌云. 国际上流行的旅游定义和概念综述: 兼对旅游本质的再认识[J]. 旅游学刊, 2008(1): 86–91.

[178] 于秋阳, 冯学钢. 文化创意助推新时代乡村旅游转型升级之路[J]. 旅游学刊, 2018, 33(7): 3–5.

[179] 赵曙明, 李程骅. 创意人才培养战略研究[J]. 南京大学学报(哲学·人文科学·社会科学版), 2006(6): 111–118.

[180] 邹统钎. 乡村旅游发展的围城效应与对策[J]. 旅游学刊, 2006(3): 8–9.

[181] 左文君. 基于旅游资源整合的边境县域旅游产品品质提升研究[D]. 昆明: 云南师范大学, 2017.

[182] 张位中, 胡北明. 民族地区旅游开发中的 IP 认知研究[J]. 贵州民族研究, 2017, 38(4): 167–171.

[183] 钟贤巍. 旅游文化学初探[J]. 社会科学战线, 2006, 142(4): 34–38.

[184] 张艳, 张勇. 乡村文化与乡村旅游开发[J]. 经济地理, 2007(3): 509–512.

[185] 周钧, 冯学钢. 创意旅游及其特征研究[J]. 旅游论坛, 2008, 19(3): 394–397, 401.

[186] 宗圆圆. 欧美的公益旅游研究[J]. 四川师范大学学报(社会科学版), 2010, 37(1): 133–140.

[187] 赵玉宗, 潘永涛, 范英杰, 等. 创意转向与创意旅游[J]. 旅游学刊, 2010, 25(3): 69–76.

[188] 张振鹏. 文化创意产业的中国特性和中国道路[J]. 经济问题探索, 2011(11): 37–4.

[189] 张紫霄. 创意经济时代中国创意阶层的特征初探[J]. 经济师, 2017(9): 177–178, 180.

[190] BOORSTIN D J. The Image: A Guide to Pseudo–Enent in American[M]. New York: Harper & Row, 1964.

[191] BURKART A J, MEDLIK S. Tourism: Past, Present and Future[M]. London: Heinemann, 1981.

[192] BERKER, G. Accouting for Tastes[M]. Cambridge, MA: Harvard University Press, 1996.

[193] BOSWIJK A, THIJSSEN T, PEELEN E. The Experience Economy: A New Perspective[M]. London: Pearson, 2007.

[194] BURT R S. Structural Holes: The Social Structure of Competition[M]. Cambridge, MA: Harvard

University Press, 2009.

[195] Cooperation Development O. What Future for Our Countryside? A Rural Development Policy.[M]. Paris: OECD, 1993.

[196] CASTELLS M. Communication Power[M]. Oxford: Oxford University Press, 2009.

[197] COOKE P, DE LAURENTIS C, MACNEILL S, et al. Platforms of Innovation: Dynamics of New Industrial Knowledge Flows[M]. London: Edward Elgar Publishing, 2010.

[198] DANIEL BELL. The Coming of Post–Industrial Society: A Venture in Social Forecasting[M]. Basic Books, 1973.

[199] DICKMAN S. Tourism: An Introductory Text[M]. Hodder Headline, 1997.

[200] DUXBURY N, RICHARDS G. A Research Agenda for Creative Tourism[M]. UK: Edward Elgar Publishing, 2019.

[201] EDWARD INSKEEP. Tourism Planning–An Integrated and Sustainable Development Approach[M]. US: Van Nostrand Reinhold, 1991.

[202] FRITZ MACHLUP. The Production and Distribution of Knowledge in the United States[M]. Princeton University Press, 1962.

[203] FUCHS V. The Service Economy[M]. New York: Columbia University Press, 1968.

[204] FLORIDA R. The Rise of the Creative Class: and How It is Transforming Work. Leisure, Community, and Everyday Life[M]. New York: Basic Banks, 2002.

[205] HALL C M. Introduction to Tourism in Australia: Impacts, Planning and Development[M]. Longman Cheshire, 1991.

[206] HOWKINS J. The Creative Economy: How People Make Money From Ideas[M]. Lonon: Penguin, 2002.

[207] HUTTER M, SHUSTERMAN R. Value and the Valuation of Art in Economic and Aesthetic Theory[M]//Ginsburg V, Throsby D. (Eds.). Handbook of the Economics of Art and Culture. Amsterdam: Elsevier, 2006.

[208] KOLB B. Tourism Marketing for Cities and Towns: Using Social Media and Branding to Attract Tourists[M]. Routledge, 2017.

[209] SWARBROOK J. Sustainable Tourism Management[M]. Washington. D. C: CABI, 1999.

[210] LINNAN, PETER V, MARSDEN EDS. Social structure and Network Analysis[M]. Sage Publications, 1982.

[211] LEFEBVRE H. The Production of Space[M]. Oxford UK &Cambridge USA: Blackwell, 1991.

[212] LEIPER N. Tourism Management[M]. CoUingwood, VIC: TAFE Publications, 1995.

[213] LANDRY C. The Creative City: A Toolkit for Urban Innovators[M]. London: Earthscan, 2000.

[214] MASLOW. Psychological Assessment[M]. Renmin University Press, 1943.

[215] MURPHY P E. Tourism. A Community Approach[M]. New York and London: Methuen, 1985.

[216] MIDDLETON V T C, HAWKINS R. Sustainable Tourism: A Marketing Perspective[M]. Oxford: Butterworth–Heinemann, 1998.

[217] MCCARTHY, KEVIN F, ELIZABETH H. Ondaatje, Laura Zakaras, Arthur Brooks. Gifts of the Muse: Reframing the Debate About the Benefits of the Arts[M]. Santa Monica, CA: RAND Corporation, 2004.

[218] MOSCARDO G. Stories as A Tourist Experience Design Tool[M]. Springer International Publishing, 2017.

[219] PAUL FUSSELL. Class: A Guide Through the American Status System[M]. Simon&Schuster, 1983.

[220] PEARCE D G, BUTLER R W. Tourism Research: Critiques and Challenges[M]. London: Routledge, 1993.

[221] PINE B J, GILMORE J H. The Experience Economy[M]. Harvard University Press, 1999.

[222] PUTNA R D. Bowling Alone: America's Declining Social Capital[M]//Culture and Politics. Palgrave Macmillan, New York, 2000.

[223] ROBERT B, REICH. The Work of Nations: Preparing Ourselves for 21st Century Capitalism[M]. Simon & Schuster, 1991.

[224] ROGERS E M. Social Change in Rural Societies: An Introduction to Rural Sociology[M]. New Jersey: Prentice-Hall, 1988, 1–376.

[225] RYAN C. Recreational Tourism: A Social Science Perspective [M]. London: Routledge, 1992.

[226] GOELDNER C R, RITCHIE J R B. Tourism Principles, Practices, Philosophies[M]. John Wiley & Sons, 2007.

[227] RAYMOND C. Tourism, Creativity and Development[M]. London: Routledge, 2007.

[228] RICHARDS G, MARQUES L. Creating Synergies Between Cultural Policy and Tourism for Permanent and Temporary Citizens[M]. Barcelona: UCLG/ICUB, 2018.

[229] SMITH V L. Hosts and Guests: The Anthropology of Tourism[M]. Pennsylvania: University of Pennsylvania Press, 1997.

[230] SENNETT R. The Craftsman[M]. Yale: Yale University Press, 2008.

[231] TOFFLER A. The Third Wave[M]. New York: William Morrow, 1980.

[232] GRANOVETTER M. Social Structures: A Network Approach[M]. CUP Archive, 1988.

[233] WURZBURGER R, AAGESON T, Pattakos A, et al. A Global Conversation: How to Provide Unique Creative Experiences for Travelers Worldwide[M]. Santa Fe: Sunstone Press, 2010.

[234] WISANSING J. Redesign Tourism[M]. Bangkok: DASTA, 2015.

[235] WASSERMAN S, FAUST K. Social Network Analysis: Methods and Applications[M]. Cambridge University Press, 1994.

[236] AGHION P, TIROLE J. The Management of Innovation[J]. Quarterly Journal of Economics, 1994, 109(4): 1185–1209.

[237] AAKER J. Dimensions of Brand Personality[J]. Journal of Marketing Research, 1997(34): 342–352.

[238] ARIE R, ODED L, ADY M. Rural Tourism in Israel: Service Quality and Orientation[J]. Tourism Management, 2000, 21(5): 451–459.

[239] ALMUKHAMEDOVA O, VILENSKAYA M. Perspectives of Development of Rural Tourism in Russia[J]. Mod Knowl Intensive Technol, 2013(10): 245–246.

[240] ALI F, RYU K, HUSSAIN K. Influence of Experiences on Memories, Satisfaction and Behavioral Intentions: A Study of Creative Tourism[J]. Journal of Travel & Tourism Marketing, 2016, 3(1): 85–100.

[241] BURNS G L, HOWARD P. When Wildlife Tourism Goes Wrong: A Case Study of Stakeholder and Management Issues Regarding Dingoes on Fraser Island, Australia [J]. Tourism Management, 2003, 24(6): 699–712.

[242] BLACKSTOCK K. A Critical Look at Community Based Tourism[J]. Community Development Journal, 2005, 40(1): 39–49.

[243] BINKHORST E, DEN DEKKER T. Agenda for Co–creation Tourism Experience Research[J]. Jour-

nal of Hospitality Marketing & Management, 2009, 18(23): 311–327.

[244] BOVE L L, PERVAN S J, BEATTY S E, et al. Service Worker Role in Encouraging Customer Organizational Citizenship Behaviors[J]. Journal of Business Research, 2009, 62(7): 698–705.

[245] BUTCHER J. The Mantra of "Community Participation" in Context[J]. Tourism Recreation Research, 2010, 35(2): 201–205.

[246] BALLANTYNE R, PACKER J, FALK J. Testing Short–and Long–term Impacts of Wildlife Tourism Experiences Using Structural Equation Modelling[J]. Tourism Management, 2011, 32(6): 1243–1252.

[247] BOURDIEU P. The Forms of Capital[J]. Cultural Theory: An Anthology, 2011,(1): 81–93.

[248] BUHALIS D, FOERSTE M. Socomo Marketing for Travel and Tourism: Empowering Co–creation of Value[J]. Journal of Destination Marketing & Management, 2015, 4(3): 151–161.

[249] BLAPP M. Creative Tourism in Bali's Rural Communities Examination of the Current Offer and Advice on Future Product Development[D]. NHTV Breda University of Applied Sciences, 2015.

[250] BLAPP M, MITAS O. Creative Tourism in Balinese Rural Communities[J/OL]. [2017]. http: //doi: 10. 1080/13683500. 2017. 1358701.

[251] CREATIVE LONDON COMMISSION. Creativity Industries Mapping Document[R], 1998.

[252] CHO H, SHEN L, WILSON K. Perceived Realism[J]. Communication Research, 2012, 41(6): 828–851.

[253] CHEN L C, LIN S P, KUO C M. Rural Tourism: Marketing Strategies for the Bed and Breakfast Industry in Taiwan[J]. International Journal of Hospitality Management, 2013, 32: 278–286.

[254] CHAN W Y, TOCK, CHU W C. Desire for Experiential Travel, Avoidance of Rituality and Social Esteem: An Empirical Study of Consumer Response to Tourism Innovation[J]. Journal of Innovation & Knowledge, 2016, 1(1): 24–35.

[255] CHENG T, CHEN M. Creative Atmosphere in Creative Tourism Destinations: Conceptualizing and Scale Development[J]. Journal of Hospitality & Tourism Research, 2021,(2): 1–26.

[256] DANN GM S. Tourist Motivation: An Appraisal[J]. Annals of Tourism Risearch, 1981, 8(2): 187–219.

[257] DREDGE D. Policy Networks and the Local Organisation of Tourism[J]. Tourism Management, 2006, 27(2): 269–280.

[258] DIAS Á, GONZALEZ RODRIGUEZ M R, PATULEIA M. Retaining Tourism Lifestyle Entrepreneurs for Destination Competitiveness[J]. International Journal of Tourism Research, 2021, 23(4): 701–712.

[259] DIAS Á, SILVA G M, PATULEIA M, et al. Transforming Local Knowledge into Lifestyle Entrepreneur's Innovativeness: Exploring the Linear and Quadratic Relationships[J]. Current Issues in Tourism, 2021, 24(22): 3222–3238.

[260] FROCHOT I. A Benefit Segmentation of Tourists in Rural Areas: A Scottish Perspective[J]. Tourism Management, 2005, 26(3): 335–346.

[261] GRANOVETTER M. The Strength of Weak Ties[J]. American Journal of Sociology, 1973(6): 1360–1380.

[262] GILBERT D, TUNG L. Public Organizations and Rural Marketing Planning in England and Wales[J]. Tourism Management, 1990, 11(2): 164–172.

[263] GRUEN T W. The Outcome Set of Relationship Marketing in Consumer Markets[J]. International Business Review, 1995, 4(4): 447–469.

[264] GREENSTEIN S, KHANNA T. What Does Industry Convergence Mean?In: Yoffie, D(ed.): Com-

peting in the Age of Digital Convergence[C]. Boston, 1997.

[265] GROTH M. Customers as Good Soldiers: Examining Citizenship Behaviors in Internet Service Deliveries[J]. Journal of Management: Offcial Journal of the Southern Management Association, 2005, 31(1): 7–27.

[266] GOODWIN H, SANTILLI R. Community-based Tourism: A Success[J]. ICRT Occasional paper, 2009, 11(1): 37.

[267] GRONROOS C, VOIMA P. Critical Service Logic: Making Sense of Value Creation and Co-creation[J]. Journal of the Academy Science, 2013, 41(2): 133–150.

[268] GATO M, DIAS Á, PEREIRA L, et al. Marketing Communication and Creative Tourism: An Analysis of the Local Destination Management Organization[J]. Journal of Open Innovation: Technology, Market and Complexity, 2022, 8(1): 40.

[269] HUNT J D, LAYNE D, Evolution of Travel and Tourism Terminology and Definitions [J]. Journal of Travel Research, 1991, 29(4): 7–11.

[270] HACKLIN F, RAURICH V, Marxt C. Implications of Technological Convergence on Innovation Trajectories: the Case of ICT Industry[J]. International Journal of Innovation and Technology Management, 2005, 2(3): 313–330.

[271] HARRISON S, Tatar D. Places: People, Events, Loci–the Relation of Semantic Frames in the Construction of Place[J]. Computer Supported Cooperative Work, 2008, 17(2–3): 97–133.

[272] HEINONEN K, STRANDVIK T, VOIMA P. Customer Dominant Value forMation in Service[J]. European Business Review, 2013, 25(2): 104–123.

[273] HUNG W, LEE Y, Huang P. Creative Experiences, Memorability and Revisit Intention in Creative Tourism[J].　Current Issues in Tourism, 2014, 19(8): 763–770.

[274] HUIJBENS E H, JÓHANNESSON G T. Tending to Destinations: Conceptualising Tourism's Transformative Capacities[J/OL]. Tourist Studies, 2019.

[275] I MADE SUNIASTHA AMERTA. The Role of Tourism Stakeholders at Jasri Tourism Village Development, Karangasem Regency[J]. International Journal of Social Sciences and Humanities, 2017, 1(2): 20–28.

[276] JASON, POTTS, STUART, et al. Four Models of the Creative Industries[J]. Revue D'économie Politique, 2010, 120(1): 163–180.

[277] JOHNSON P A. Realizing Rural Community-based Tourism Development: Prospects for Social Economy Enterprises[J]. Journal of Rural and Community Development, 2010, 5(1): 150–162.

[278] KOEN et al. Providing Clarity and A Common Language to the "Fuzzy Front End"[J]. Research Technology Management, 2001, 44 (2): 47–55.

[279] KOZAK M, BALOĞLU Ş, BAHAR O. Measuring Destination Competitiveness: Multiple Destinations Versus Multiple Nationalities[J]. Journal of Hospitality Marketing & Management, 2009, 19(1): 56–71.

[280] LEE S J, BAI B. Influence of Popular Culture on Special Interest Tourists' Destination Image[J]. Tourism Management, 2016, 52(2): 161–169.

[281] LUO Q, WANG J, YUN W. From Lost Space to Third Place: The Visitor's Perspective[J]. Tourism Management, 2016, 57: 106–117.

[282] LIMA F B C, e SILVA Y F. "Project Querença" and Creative Tourism: Visibility and Local Development of a Village in the Rural Algarve[J]. E-review of Tourism Research, 2017, 14(1/2).

[283] LUCIAA M D, TRUNFIO M. The Role of the Private Actor in Cultural Regeneration Hybridizing Cultural Heritage with Creativity in the City[J]. Cities, 2018, 82: 35–44.

[284] MARTILLA J A, JAMES J C. Importance Performance Analysis[J]. Journal of Marketing, 1977 , (1): 77–79.

[285] MCGREGOR I, HOLMES J G. How Storytelling Shapes Memory and Impressions of Relationship Events Over Time[J]. Journal of Personality and Social Psychology, 1999, 76(3): 403–419.

[286] MALHOTRA A. Firm Strategy in Converging Industries: An Investgation of US Commercial Bank Responses to US Commercial-invertment Banking Convergence[D]. University of Maryland, College Park, 2001, 1123–1140.

[287] MARIA M. Mediatized Tourism[J]. Annals of Tourism Research, 2011, 38(4): 1634–1652.

[288] MATHIS E F, KIM H L, UYSAL M, et al. The Effect of Co-creation Experience on Outcome Variable[J]. Annals of Tourism Research, 2016, 57: 62–75.

[289] MARQUES L, BORBA C. Co-Creating the City: Digital Technology and Creative Tourism[J]. Tourism Management Perspectives, 2017, 24: 86–93.

[290] MOSCARDO G. Exploring Mindfulness and Stories in Tourist Experience[J]. International Journal of Culture, Tourism and Hospitality Research, 2017, 11(2): 1–27.

[291] MOSCARDO G. Stories and Design in Tourism[J]. Annals of Tourism Research, 2020, 83: 102950.

[292] NIEUWLAND S, LAVANGA M. The Consequences of Being"the Capital of Cool". Creative Entrepreneurs and the Sustainable Development of Creative Tourism in the Urban Context of Rotterdam[J]. Journal of Sustainable Tourism, 2021, 29(6): 926–943.

[293] OECD. Tourism and the Creative Economy[R]. Paris: OECD, 2014.

[294] PHILIPPE A, JEAN T. The Management of Innovation[J]. Quarterly Journal of Economics, 1994, 109(4): 1185-1209.

[295] PRAHALAD C K, RAMASWAMY V. Co-creation Experiences: the Next Practice in Value Creation[J]. Journal of Interative Marketing, 2004, 18(3): 5–14.

[296] PRENTICE R, ANDERSEN V. Interpreting Heritage Essentialisms: Familiarity and Felt History[J]. Tourism Management, 2007, 28(3): 661–676.

[297] PREBENSEN N K, Dahl J V T I. Value Co-creation Significance of Tourist Resources[J]. Annals of Tourism Research, 2013, 42: 240–261.

[298] PAPPALEPORE I, MAITLAND R, SMITH A. Prosuming Creative Urban Areas. Evidence from East London[J]. Annals of Tourism Research, 2014, 44: 227–240.

[299] PARK D B, LEE H J, YOON Y S. Understanding the Benefit Sought by Rural Tourists and Accommodation Preferences: A South Korea Case[J]. International Journal of Tourism Research, 2014, 16(3): 291–302.

[300] PAPPALEPORE I, DUIGNAN M B. The London 2012 Cultural Programme: A Consideration of Olympic Impacts and Legacies for Small Creative Organisations in East London[J]. Tourism Management, 2016, 54: 344–355.

[301] PERA R. Empowering the New Traveller: Storytelling as A Co-creative Behaviour in Tourism[J]. Current Issues in Tourism, 2017, 20(4): 331–338.

[302] PAWSON S, D'ARCY P, RICHARDSON S. The Value of Community-based Tourism in Banteay Chhmar, Cambodia[J]. Tourism Geographies, 2017, 19(3): 378–397.

[303] PERALTA R L. How Vlogging Promotes a Destination Image: A Narrative Analysis of Popular

Travel Vlogs About the Philippines[J]. Place Branding and Public Diplomacy, 2019, 15(4): 244–256.

[304] ROBSON J, ROBSON I. From Shareholders to Stakeholders: Critical Issues for Tourism Marketers[J]. Tourism Management, 1996, 17(7): 533–540.

[305] RAMIREZ R. Value Coproduction: Intellectual Origins and Implications for Practice and Research[J]. Strategic Management Journal, 1999, 20(1): 49–65.

[306] RICHARDS G, Raymond C. Creative Tourism[J/OL]. ATLAS News, 2000,(23): 16–20.

[307] RYAN C. Equity, Management, Power Sharing and Sustain Ability:Issue of "New Tourism"[J]. Tourism Management, 2002, 23(1): 17–26.

[308] RITCHIE J R B, CROUCH G I. Destination Management: the Key to Maintaining A Sustainable Competitive Advantage[J]. The Competitive Destination: A Sustainable Tourism Perspective, 2003, 183–232.

[309] RICHARDS G, WILSON J. Developing Creativity in Tourist Experiences: A Solution to the Serial Reproduction of Culture? [J]. Tourism Management, 2006, 27(6): 1209–1223, 1408–1413.

[310] ROSS J W, WEIL P, ROBERTSON D C, et al. Enterprise Architecture as Strategy: Creating A Foundation for Business Execution[J]. Journal of Information Technology Case and Application Research: JITCAR, 2007,(2): 9.

[311] RICHARDS G. Tourism Development Trajectories: From Culture to Creativity?[Z]. In Paper presented at the Asia-Pacific creativity forum on culture and tourism, 2009.

[312] RICHARDS G. Creativity and Tourism-the State of the Art[J]. Annals of Tourism Research, 2011, 38(4): 1225–1253.

[313] RICHARDS G, MARQUES L. Exploring Creative Tourism: Editors Introduction[J]. Journal of Tourism Consumption and Practice, 2012: 4(2), 1–11.

[314] RICHARDS G. Creativity and Tourism in the City[J]. Current Issues in Tourism, 2014, 17(2): 119–144.

[315] RICHARDS G. The Challenge of Creative Tourism[J]. Ethnologies, 2016, 38(1–2): 31–45.

[316] RICHARDS G. Tourism, An Underestimated Driving Force for the Creative Economy[J]. Revista Turismo em Análise, 2018, 29(3): 387–395.

[317] RICHARDS G. Cultural Tourism: A Review of Recent Research and Trends[J]. Journal of Hospitality and Tourism Management, 2018, 36: 12–21.

[318] RICHARDS G. Creative Tourism: Opportunities for Smaller Places?[J]. Tourism & Management Studies, 2019, 15(1SI): 7–10.

[319] REMOALDO P, SERRA J, MARUJO N, et al. Profiling the Participants in Creative Tourism Activities: Case Studies From Small and Medium Sized Cities and Rural Areas from Continental Portugal[J]. Tourism Management Perspectives, 2020, 36: 100746.

[320] REMOALDO P, MATOS O, GÔJA R, et al. Management Practices in Creative Tourism: Narratives by Managers from International Institutions to A More Sustainable form of Tourism[J]. Geosciences, 2020, 10(2): 46.

[321] STEPHEN L, SMITH J. Defining Tourism a Supply-side View[J]. Annals of Tourism Research, 1988, 15(2): 179–190.

[322] SMITH S L J. The Tourism Product[J]. Annals of Tourism Research, 1994, 21(3): 582–595.

[323] SUSANNE G SCOTT, BRUCE A REGINALD. Determinants of Innovative Behavior: A Path Model of Individual Innovation in the Workplace[J]. The Academy of Management Journal, 1994, 37(3):

580–607.

[324] SMITH, THOMAS. The Addiction to Culture[R]. Paper presented on the Biannual Meeting of the Association for Cultural Economics International in Barcelona, 1998.

[325] SAUTTER E T, LEISEN B. Managing Stakeholders: A Tourism Planning Model[J]. Annals of Tourism Research, 1999, 26(2): 312–328.

[326] SHEEHAN L R, RITCHIE J R. Destination Stakeholders: Exploring Identity and Salience[J]. Annals of Tourism Research, 2005, 32(3): 711–734.

[327] SCOTT A J. Creative Cities: Conceptual Issues and Policy Questions[J]. Journal of Urbanaffairs, 2006, 28(1): 1–17.

[328] SCOTT M, CLARE F. The Role and Function of Narrative in Tourist Interaction[J]. Journal of Tourism and Cultural Change, 2006, 4(3): 194–215.

[329] SACCO P L, BLESSI G T. European Culture Capitals and Local Development Strategies: Comparing the Genoa 2004 and Lille 2004 cases[J]. Homo oeconomicus, 2007, 24(1): 111–143.

[330] SIMPSON, M C. Community Benefit Tourism Initiatives A Con-ceptual Oxymoron?[J]. Tourism Management, 2008, 29(1): 1–18.

[331] STOLARICK K, DENSTEDT M, DONALD B, et al. Creativity, Tourism and Economic Development in A Rural Context: the Case of Prince Edward County[J]. Journal of Rural and Community Development, 2010, 5(1/2): 238–254.

[332] STYLIANOU L T. Gazing from Home: Cultural Tourism and Art Museums[J]. Annals of Tourism Research, 2011, 38(2): 403-421.

[333] SANO H. Theoretical Consideration on Creative Tourism[J]. Journal of Global Tourism Research, 2016, 1(2): 127–132.

[334] SUHARTANTO D, BRIEN A, PRIMIANA I, et al. Tourist Loyalty in Creative Tourism: the Role of Experience Quality, Value, Satisfaction, and Motivation[J]. Current Issues in Tourism, 2020, 23(7): 867–879.

[335] SOMNUXPONG S. Chiang Mai: A Creative City Using Creative Tourism Management[J]. Journal of Urban Culture Research, 2020, 20: 112–132.

[336] TEPCHENKOVA S, MORRISON A M. The Destination Image of Russia: from the Online Induced Perspective[J]. Tourism Management, 2006, 27(5): 943–956.

[337] TOM O. Tourist Experiences and Academic Junctures[J]. Scandinavian Journal of Hospitality, 2007, 7(1): 34–45.

[338] TAN S K, KUNG S FAR, LUH D B. A Model of "Creative Experience" in Creative Tourism[J]. Annals of Tourism Research, 2013, 41: 153–174.

[339] TAN S K, LUH D B, KUNG S K. A Taxonomy of Creative Tourist in Creative Tourism[J]. Tourism Management, 2014(42): 248–259.

[340] UNESCO. Towards Sustainable Strategies for Creative Tourism Discussion Report of the Planning Meeting for 2008 International Conference on Creative Tourism Santa Fe, New Mexico[R]. USA: UNESCO, 2006.

[341] UNWTO. Report on Tourism and Culture Synergies[R]. Madrid: UNWTO, 2018.

[342] VARGO S L, LUSCH R F. Service-dominant Logic: Continuing the Evolution[J]. Journal of the Academy of Marketing Science, 2008, 36(1): 1–10.

[343] VAN DER ZEE E, VANNESTE D. Tourism Networks Unravelled: A Review of the Literature on

Networks in Tourism Management studies[J]. Tourism Management Perspectives, 2015, 15: 46–56.

[344] WANG C, LIU J, WEI L, et al. Impact of Tourist Experience on Memorability and Authenticity: A Study of Creative Tourism[J]. Journal of Travel & Tourism Marketing, 2020, 37(1): 48–63.

[345] ZDOROV A. Comprehensive Development of Tourism in the Countryside[J]. Studies on Russian Economic Development, 2009, 20(4): 453–455.

[346] ZWASS VLADIMIR. Co-creation: Toward A Taxonomy and An Integrated Research Perspective[J]. Internationnal Journal of Elecreonic Commerce, 2010, 15(1): 11–48.

[347] ZACH F, RACHERLA P. Assessing the Value of Collaborations in Tourism Networks: A Case Study of Elkhart County, Indiana[J]. Journal of Travel & Tourism Marketing, 2011, 28(1): 97–110.

[348] ZHANG Y, XIE P F. Motivational Determinates of Creative Tourism: A Case Study of Albergue Art Space in Macau[J]. Current Issues in Tourism, 2019, 22(20): 2538–2549.

教师服务

感谢您选用清华大学出版社的教材！为了更好地服务教学，我们为授课教师提供本书的教学辅助资源，以及本学科重点教材信息。请您扫码获取。

▶▶ 教辅获取

本书教辅资源，授课教师扫码获取

▶▶ 样书赠送

旅游管理类重点教材，教师扫码获取样书

 清华大学出版社

E-mail: tupfuwu@163.com
电话：010-83470332 / 83470142
地址：北京市海淀区双清路学研大厦 B 座 509

网址：http://www.tup.com.cn/
传真：8610-83470107
邮编：100084